왜 신약성경을 연구하는가 외

왜 신약성경을 연구하는가 외

넌쁘띠 알맹e 신약학 I

김선용 편집
웨인 믹스, 한스 디터 벳츠, 새뮤얼 샌드멜, 옌스 슈뢰터, 캐롤린 오시에크, 리처드 헤이스 지음
김선용, 임충열, 진규선 옮김

편집 & 표지/내지 디자인 맹호성
펴낸이 김진실, 맹호성
펴낸곳 알맹e
등록 제25100-2014-000047호(2014년 7월 25일)
주소 서울특별시 노원구 동일로 1700, 1031호 (파르코오피스텔) 01624
e우편 rmaenge@rmaeng2.com
웹집 rmaenge.com
얼굴책 facebook.com/rmaenge

종이책
2024년 2월 28일 발행
ISBN 9791191822618

이 합본판은 기존에 출간된 전자책을 모아서 종이책으로 출간한 것입니다. 이 합본판의 전자책 출간 계획은 없으니, 전자책이 필요한 경우 개별 전자책을 참고하기를 바랍니다.

넌쁘띠 알맹e 신약학 I

왜 신약성경을 연구하는가 외

김선용 편집

웨인 믹스, 한스 디터 벳츠, 새뮤얼 샌드멜, 옌스 슈뢰터, 캐롤린 오시에크, 리처드 헤이스지음

김선용, 임충열, 진규선 옮김

알맹e

목차

일러두기

1. 이 책은 원래 2022년부터 전자책으로 출간된 총 6편의 해설이 딸린 소논문을 묶어서 종이책으로 낸 합본판입니다.
2. 이 책은 합본판인 관계로 각 소논문의 개별적인 일러두기가 있습니다. 책마다 편집된 방식이나 특이 사항이 약간씩 다르므로 본 일러두기와 함께 개별 일러두기를 함께 참고하기 바랍니다.
3. 이 책은 합본판인 관계로 기존의 전자책 구매자/독자들을 존중하기 위해 기존 개별 전자책의 쪽수를 그대로 남겨뒀습니다. 이 합본판의 전체 쪽수는 시리즈명(넌쁘띠 알맹e 신약학 I)의 좌나 우측에 표기했습니다.

뻐띠 알맹e 신약학 시리즈

김선용 시리즈 편집장

본 기획은 다양한 수준의 신약학도를 염두에 두고 (1) 신약학의 필수 고전에 해당하거나, (2) 조직신학적 논의에 경도되지 않은 다양한 주제를 다루거나, (3) 신약학이라는 학문의 본질을 성찰하는 데 도움을 주거나, (4) 최근 신약학계의 중요한 논의를 개괄하는 소논문을 선별하여 소개하는 것을 목표로 삼는다. 그러니까 신약학도에게 '필독서'에 해당하는 에세이들이라고 할 수 있다. 이 논문집을 통해 신약학이 다루는 방대한 주제와 날카로운 문제의식, 다양한 방법론, 그리고 흥미진진한 주장과 학자들 간의 생생한 '싸움'을 조금이라도 맛보고 신약학에 더 관심을 가지게 되거나 신약학에 몸담는 사람이 한 사람이라도 더 생기면 기획 의도는 충분히 달성된 것이다.

병행구절광증. 새뮤얼 샌드멜. 김선용 옮김. 2022.
초기 기독교의 가족: "가족의 가치" 재고, 개정판. 캐롤린 오시크. 임충열 옮김. 2024.
왜 신약성경을 연구하는가. 웨인 믹스, 리처드 헤이스. 김선용, 임충열 옮김. 2022 .
헬레니즘계 종교로서의 기독교의 출생. 한스 디터 벳츠. 진규선 옮김. 2023.
기억, 역사 이론, 그리고 예수 수용. 옌스 슈뢰터. 임충열 옮김. 2023.
왜 로마제국은 바울에게 중요치 않았는가. 존 M. G. 바클레이. 임충열 옮김. 2024년 근간.
Paul and Jewish Apocalyptic Eschatology. Martinus C. de Boer. 임충열 옮김. 2024년 근간.

저자들, 편집자, 역자들

(가나다순)

김선용
김선용은 성서학 독립연구자다. '신학자'라기보다는 '역사가'로서, 초기 기독교라는 역사 속의 사건을 역사비평의 방법으로 탐구한다. 바울의 편지들을 중점적으로 연구하며, 초기 기독교의 다양성과 기독 공동체의 정체성 형성에 관심을 두고 있다. 또한 종교학, 인류학, 서양 고대철학, 고전 수사학, 그리스-로마 종교, 고대 유대교 등 인접 인문학과 긴밀한 학제간 연구에도 힘쓰고 있다. 갈라디아서의 저주 모티프를 연구한 박사논문은 독일 모어 지벡(Mohr Siebeck) 출판사의 WUNT II 시리즈에 출판되었다.

웨인 A. 믹스 (Wayne A. Meeks, 1932-)
웨인 믹스는 미국의 신약학자요 초기 기독교 사회사 연구자다. 1932년에 미국에서 태어나 예일 대학교에서 신약학으로 Ph.D. 학위를 받고, 이후 예일 대학교를 비롯하여 여러 대학교에서 가르쳤다. 초기 기독교 사회사, 복음서, 초기 기독교의 윤리관에 초점을 맞춰 연구를 진행해 왔다. 현재 예일 대학교 종교학부 명예교수로 있으며, 『1세기 기독교와 도시 문화』, *The Origins of Christian Morality*, *In Search of the Early Christians* 등의 책을 썼다.

한스 디터 벳츠 (Hans Dieter Betz)
1931년 독일 렘고에서 태어난 저자는 독일에서 여러 교회를 섬기다가 1963년 미국으로 건너와 클레어몬트 신학교와 대학원의 신약학 교수로 재직했다. 1978년부터는 시카고 대학교의 신학교 신약과 초기 기독교 문헌학과에서 가르치다 2000년에 명예교수로 은퇴하였다. 그는 고전 수사학의 방법론을 신약 연구에 도입하여 신약 이해에 새로운 지평을 연 학자로 평가받는다. 『갈라디아서』(알맹e, 2023)외에 The Sermon on the Mount (산상설교)외 다수의 책을 집필하였고, 총 9권의 Religion in Geschichte und Gegenwart (제4판)의 편집장이기도 했다. 미국성서학회(SBL)의 회장(1997), 국제성서학회(SNTS)의 회장(1999)을 역임했으며, 미국 예술 과학 아카데미의 회원(2014-)이며, 미국 시카고 노회의 장로교 목사이다.

새뮤얼 샌드멜 (Samuel Sandmel, 1911-1979)
샌드멜은 미국의 성서학자로 예일 대학교에서 박사 학위를 받은 후 3년간 랍비로 섬긴 후에 미국 오하이오주 소재의 Hebrew Union College에서 성경과 헬레니즘 문헌을 가르치는 교수로 있다가, 미국 일리노이주 소재 Chicago Divinity School로 옮겨서 Helen A. Regenstein 종교 교수로 가르치며 여생을 보냈다. 1961년 미국성서학회(SBL)의 회장이었다.

지은이 **옌스 슈뢰터** (Jens Schröter, 1961-)
옌스 슈뢰터는 하빌리타치온(1996)을 통과한 독일 베를린 소재 훔볼트대학교의 신약 및 고대 기독교 외경 교수(2009년-)이다. 그전에는 독일 함부르크대학교, 라이프치히대학교 등에서 가르쳤다. 박사논문은 클라우스 베르거의 지도 아래에서 하이델베르크대학교에서 썼다. 초기 기독교, 예수와 역사, 성경의 역사와 문화 등의 주제를 중심으로 연구하고 있다. 저서로는 *Von Jesus zum Neuen*

*Testament*예수로부터 신약까지(Mohr Siebeck, 2007; 영역판: *From Jesus to the New Testament* [Baylor Univ. Press, 2013]), *Jesus von Nazaret*나사렛 예수(Evangelische Verlagsanstalt, 2006; 영역판 *Jesus of Nazareth* [Baylor Univ. Press, 2014]), *Die Entstehung der Bibel*성경의 기원(Konrad Schmid와 공저, C. H. Beck, 2020; 영역판 *The Making of the Bible* [Belknap Press, 2021]) 등이 있고, 편저로는 *Jesus Handbuch*예수 핸드북(Christine Jacobi와 공편, Mohr Siebeck, 2017; 영역판: *Jesus Handbook* [Eerdmans, 2022])와 *The Reception of Jesus in the First Three Centuries*첫 3세기 동안의 예수 수용(총 3권 중 제2권(*From Thomas to Tertullian*)을 Christine Jacobi와 공편, T & T Clark, 2019)가 있다.

캐롤린 오시에크 (Carolyn Osiek, RSCJ, ThD, 1940-)

미국 하버드 대학교에서 신약학과 기독교의 기원으로 박사학위(ThD)를 받았다. 시카고 가톨릭연합신학교(CTU, 1987-2003)에서 신약학 교수로 가르친 후, Texas Christian University 산하 Brite Divinity School의 찰스 피셔 가톨릭 신약학 교수로 가르치다가 (2003-2009) 은퇴했다. SNTS의 회원이자 실행 이사(2003-2008)였으며, 미국가톨릭성서학회(CBA, 1994-1995)와 미국성서학회(SBL, 2005)의 회장이었다. 통칭 성심수녀회로 알려진 예수성심수녀회(RSCJ) 소속 수녀이기도 하며, 2009년 은퇴 후에는 성심수녀회 미국과 카나다 지부의 archivist로 일하고 있다.

대표적인 저서로는 저명한 Hermeneia 시리즈를 통해서 출간된 *Shepherd of Hermas: A Commentary* (1999), *A Woman's Place: House Churches In Earliest Christianity* (2005, 공저)가 있고, 그 외에 *Families in the New Testament World* (1997, 공저)와 *What Are They Saying About the Social Setting of the New Testament?* (1992; 『신약의 사회적 상황』, CLC, 1996)도 있다. *Bible Stories that Make Us Smile* (2020)이라는 어린이 성경 이야기책을 쓰기도 했다.

초기 기독교와 더불어 폼페이와 헤르쿨라네움에 대한 연구를 토대로 초기 기독교와 교회 및 가정에 관한 연구에 있어서 전문성이 돋보이는 저자라고 할 수 있다.

임충열

임충열은 안양대학교 신학과(B.Th.)와 총신대학교 신학대학원(M.Div.), 미국 Biblical Theological Seminary (M.A., 신약학), Calvin Theological Seminary (Th.M., 신약학)를 졸업했다. 미국 Trinity Evangelical Divinity School에서 신약학 Ph.D. 과정을 수료한 후, 현재는 조슈아 지프(Joshua W. Jipp) 교수의 지도하에 박사 논문 작성 중이다.

진규선

대신대학교 신학과(B.A.), 총신대학교 신학대학원(M.div.) 졸업. 현 스위스 바젤대학교 조직신학 박사과정에 있다. 유튜브 채널 〈진목TV〉를 운영하며, 축복누림교회를 개척했다. 저서로는 『두근두근 성경공부』(수와진), 『로마서: 바울의 은혜 종교 선언에 대한 해설』(수와진)이 있고, 역서로는 『신학용어사전』(알맹e/전자책 & IVP/종이책), 『곤잘레스 신학용어사전』(그리심 공역), 『창세기 설화』(감은사), 『기독교 강요』(서로북스) 등이 있다.

리처드 B. 헤이스 (Richard B. Hays, 1948-)

리처드 헤이스는 미국의 신약학자다. 1948년에 태어나 에모리대학교에서 Ph.D. 학위(1981)를 받았다. 20세기 말 기독교 신학 내에 상호본문성 이론을 처음으로 소개하고 그 대화를 이끌었다. 듀크 신학교 신약학 교수/학장으로 재직했고 2018년에 은퇴했다. 저서로는 『신약의 윤리적 비전』(IVP), 『고린도전서 주석』(한국장로교출판사), 『갈라디아서』(그리심), 『예수 그리스도의 믿음』(에클레시아북스), 『성경 읽기는 예술이다』(성서유니온), 『상상력의 전환』(QTM) 및 *Reading with the Grain of Scripture*가 있다.

병행구절광증

새뮤얼 샌드멜 지음 | 김선용 옮김

알맹e

일러두기

1. ⓣ는 역자주를 뜻합니다.
2. 주요 성서학 용어 및 제2성전기 유대교 문헌의 번역어는 『성서학 용어 사전』(알맹e, 2019)를 따랐습니다.

"Parallelomania"

The Presidential Address originally delivered at the annual meeting of the Society of Biblical Literature and Exegesis on December 27, 1961, at Concordia Theological Seminary, St. Louis, Missouri, USA.
Published in *Journal of Biblical Literature* 81 (1962): 1-13.
https://doi.org/10.2307/3264821

이 책에 실린 글은 1961년 12월 27일 미국 미주리주 세인트루이스에 있는 컨콜디아 신학교에서 진행된 미국성서학회(Society of Biblical Literature) 연례 모임에서 회장 취임 연설로 발표되었다가 그다음 해에 JBL에 실린 글을 저자의 아들인 David Sandmel의 허락을 받아 번역 출판한 것입니다.

이 소논문을 읽는 분들께

김선용 씀

부가 설명 없이도 읽는 데 어려움이 없어야 좋은 번역이라고 할 수 있겠지요. 하지만 짧은 연구물, 특히 출간된 지 오래되었고 전문가를 대상으로 쓰인 글은 부연 설명이 필요할 때가 있습니다. 학계에서 어떤 의의를 지닌 것으로 평가되는지, 그리고 어떤 맥락에서 나왔는지 독자가 알고 있으면 이해가 빠르고 쉬워지기 때문입니다.

이 소논문은 성서학을 어느 수준 이상으로 공부한 사람이라면 설사 읽지는 않았더라도 몇 번은 들어보거나 각주에서 보았을 만한 유명한 글입니다. 인용된 횟수를 셀 수 없을 정도입니다. 신약성경과 고대 유대 문헌 연구(특히 필론)에 큰 발자취를 남긴 Samuel Sandmel 교수가 1961년 12월에 개최된 미국 성서학회(Society of Biblical Literature)에서 발표한 회장 취임 연설이 다음 해 성서학 학술지인 *Journal of Biblical Literature*에 소논문 형식으로 게재되었고, 본서는 이 소논문을 번역한 것입니다.

글의 제목을 번역하기부터 쉽지 않았습니다. Parallelomania라는 단어가 샌드멜 교수 덕분에 성서학계 안에서 거의 고유명사화 되어서 연구자 대부분은 직관적으로 그 뜻을 알아차릴 수 있으나, 한국어로 옮기기에는 몇 가지 난점이 있었습니다. 한국에서는 parallel(두 개 이상의 문서에서 서로 유사한 내용을 담은 본문들을 가리킵니다)을 병행본문, 평행구절, 병행구절, 병행구 등으로 다양하게 번역해왔는데, 사실 번역어 자체만으로는 독자가 직관적 이해를 얻기 어렵습니다. 차라리 '유사한 본문'이라고 번역하는 것이 더 낫지요. 저는 '평행'보다는 '병행'이라는 단어가 유사성을 가리킬 때 더 적합하다는 점을 고려하고, 지금껏 parallel을 병행구절 혹은 평행구절로 번역한 전례를 반영해서 '병행구절'로 번역하기로 결정했습니다. '병행구절'은 단 한 개의 문장일 수도 있고 여러 문장이나 단락을 가리킬 수 있다는 점을 양지하시기 바랍니다.

또한, mania를 번역할 때도 '-광狂'과 '-광증狂症' 중에 무엇을 택할지 고민했습니다. 샌드멜의 글은 대부분 특정 학자를 비판하기 때문에 '병행구절에 과도하게 집착하는 **사람**'이라는 의미로 parallelomania를 "병행구절광"으로 번역해도 괜찮을 것 같습니다. 하지만, 저자가 본문에서 parallelomania를 '과도함'이라는 특정 상태나 태도와 동일시할 뿐만 아니라, 병증(disease)으로 불러야 한다고 주장하기 때문에 "병행구절광증"이라는 번역어를 택했습니다(mania라는 단어 자체도 의학계에서 일반적으로 병증을 가리킬 때 사용합니다). 원래는 존재하지 않은 신조어이므로 낯설 수밖에 없습니다!

왜 60년 전에 발표된 연설/글을 이제 와서 읽어야 하는지 질문하고 싶은 분도 있겠지요. 질문에 답하기 위해서는 먼저 성서학이라는 학문의 본질을 살피는 것에서 시작해야 할 것 같습니다. 전문적인 학문으로서의 성서학은 21세기 현재 무척 다양한 방법론을 사용해 성경 본문의 뜻을 해석하고 적용을 고민합니다. 다소 차이가 있기는 하지만, 다양한 연구 방법론은 기본적으로 성경 본문이 **원래** 어떤 의미였는지 깊이 탐구하는 것을 근간으로 합니다. 성경이 작성될 당시의 역사적, 문화적 배경을 잘 알아야 그 맥락 안에서 본문의 뜻을 파악할 수 있기 때문입니다. 예를 들어, 바울서신에 있는 어떤 단어나 표현의 원래 의미를 알기 위해서는 바울이 살던 당시 어간에 쓰인 편지와 유대 문헌 등을 연구하는 것이 필요합니다. 한마디로 말해서, 성경 본문의 의미를 알기 위해서는 성경 외 다른 본문과 비교를 해야 합니다. 성서학이 산출한 연구물 상당수는 이렇게 고대 근동어, 히브리어, 라틴어, 그리스어로 쓰인 여러 문헌 증거(비석에 쓰인 글, 책, 파피루스, 두루마리 등)와 비교하는 작업입니다. **그러므로 신중한 연구자는 '비교'를 잘해야 합니다.**

성서학이 발전하면서 학자들은 다양한 언어로 쓰인 고대 문서들을 읽고 거기에서 성경의 내용과 유사한 단락들을 찾아내기 시작했습니다. 그런데, 아쉽게도 제대로 비교하는 방법(비교 방법론)에 대해 깊은 고민을 하지 않았기 때문에, 성경 밖의 문헌에서 성경과 유사한 본문을 찾으면 한 문서가 다른 문서에 직접적인 영향을 주었다고 생각했습니다. 그렇지 않고서는 유사성을 설명할 수 없다고 생각했기 때문입니다. 별것 아닌 문제라고 생각할 수도 있겠지만, 샌드멜 교수가 주로 비판하는 슈트락-빌러벡의 책이 끼친 악영향—고대 유대교에 대한 오해—을 고려하면 정말 중요한 이슈임을 알 수 있습니다. 이 문제는 E. P. Sanders의 『바울과 팔레스타인 유대교』(알맹e, 2018)를 읽으면 더 자세히 알 수 있습니다. 이러한 경향이 지배적이었던 학계라는 '놀이터'에 샌드멜은 폭탄을 떨어뜨립니다. 비교를 하려면 제대로 해야 한다고 말이죠. 병행구절을 찾는 작업은 아주 신중해야 하고, 실제 병행구절을 찾더라도 그것이 중요한 발견이 아닐 가능성도 있으며, 문서상의 유사성을 '직접적인 영향'으로 성급히 설명하려 들지 말아야 한다고 단호하게 말합니다.

샌드멜의 이 글은 성서학 연구, 특히 성경 본문을 다른 주변 문헌과 비교하며 연구하는 학자들의 폭주를 막는 아주 효과적인 제동장치로 기능했습니다. 성서학의 본질을 성찰하는 데도 큰 영향을 주었습니다. 그러나, 아쉽게도 지금 이 시각에도 샌드멜의 경고를 경청하지 않은 채 연구물을 내는 학자가 적지 않습니다. 보수적인 학계와 진보적인 학계 둘 다 그렇습니다. 이웃 학문인 종교학에서는 지난 수십 년간 비교방법론에 대해 치열한 논의를 거듭했습니다. 대표적으로는 Jonathan Z. Smith의 연구를 들 수 있습니다. 최근에는 영향력 있는 신약학자들이 모여 비교방법론을 숙고하는 책을 내기도 했습니다 (*The New Testament in Comparison: Validity, Method and Purpose in Comparing Traditions*, eds., John M. G. Barclay and B. G. White, LNTS 600 [London: T&T Clark, 2020]). 이 책을 보면서 지금이야말로 샌드멜의 글을 찬찬히 읽어야 할 때라는 생각이 들었습니다.

쉽지 않은 샌드멜의 문장을 한국어로 옮기는 작업은 만만치 않았습니다. 최선을 다했지만 부족한 점이 여전히 있을 것입니다. 그래도 샌드멜의 충고를 널리 전하는 데 부족하나마 일조했다는 말을 들으면 참 기쁜 마음이 들 것 같습니다.

병행구절광증

새뮤얼 샌드멜

나는 '병행구절광증(Parallelomania)'이라는 단어를 1830년경 출간된 어떤 프랑스어책에서 처음 본 것으로 기억한다. 그 책의 저자와 제목은 생각나지 않는다.[1] 그 책의 저자가 바울서신과 『솔로몬의 지혜서』 사이에 존재하는 유사한 내용을 근거로, 바울이 로마서를 쓸 때 『솔로몬의 지혜서』를 옆에 펴 놓고 거기에서 여러 구절을 많이 가져다 썼다는 주장을 평가하는 맥락에서 '병행구절광증'이란 단어가 등장했다. 그 저자는 다음과 같은 세 개의 주장에 주목한다. (1) 일부 단락은 소위 병행구절이다. (2) 이러한 병행구절을 보면 두 문서 사이에 직접적이고 유기적인 관계가 있었을 것으로 추정하게 된다. (3) 문학적 영향이 특정한 한 방향으로만 진행되었다는 결론, 즉 로마서가 『솔로몬의 지혜서』에 영향을 준 것이 아니라 『솔로몬의 지혜서』가 로마서에 영향을 주었다는 결론이 도출된다. 이 책의 저자는 이 세 가지 주장을 모두 반박한다. 그는 (1) 로마서와 『솔로몬의 지혜서』에서 볼 수 있는 상호 유사한 구절들을 진정한 병행구절이라고 할 수 없으며, (2) 로마서와 『솔로몬의 지혜서』 사이에 직접적인 문학적 관련성이 없고, (3) 바울이 『솔로몬의 지혜서』의 구절들을 직접 옮겨 쓰지 않았다고 주장한다. 그 저자는 이런 식의 주장과 추론을 '병행구절광증'이라고 부른다. 논지를 명확하게 하려면 '병행구절광증'을 다음과 같이 정의하는 것이 좋겠다. '병행구절광증'이란 학자들에게서 볼 수

1 A. T. S. Goodrick, *The Book of Wisdom*, New York, 1913, p. 405는 분명히 이 표현이 Menzel, *De Graecis in libris Koheleth et Sophiae vestigiis*, p. 40에서 사용되었다고 말한다. Goodrick은 이 책이 출간된 장소나 시기에 대해 아무런 언급을 하지 않았다. 아마도 P. Menzel일 것이다. Charles, *Apocrypha and Pseudepigrapha of the O.T.*, 1, p. 533 참조.

있는 과도함(extravagance)으로서, 비슷해 보이는 구절들 사이의 유사성을 과장하고, 곧장 한 문서는 원자료이고 다른 문서는 그 원자료에서 가져온 것으로 기술하는 것이다. 마치 문학적 연결성이 필연적으로 정해진 방향으로 흘러가야만 하는 것처럼 말이다.

본 논문의 키워드는 과도함이다. 나는 문서 사이에 존재하는 병행구절과, 한 문서가 다른 문서에 끼친 문학적 영향이 '원천자료에서 유래'하는 형태로 존재한다는 것을 부인하지 않는다. 병행구절 연구에 찬물을 끼얹으려는 것도 아니다. 오히려 나는 사해 문서의 경우 병행구절 연구를 장려하려고 노력한다. 하지만 병행구절과 '원천자료에서 유래함'에 대한 과장을 조심해야 한다고 말하려 한다. 이 글에서 성서학회 회원들의 관심 영역을 모두 다룰 수는 없으므로 랍비 문헌과 복음서, 필론과 바울, 그리고 사해 문서와 신약성경에 논의를 집중하려 한다.

다시 말해 본 논문은 주로 초기 랍비 유대교와 초기 기독교 문헌 연구 전반에 대한 일련의 비판적 논평이다.

관념적인 주장과 구체적 적용 사이의 차이점을 고려하는 것이 중요하다. 사무엘-열왕기서와 역대기서 구절들의 경우 병행구절이 실제 존재한다고 인정하더라도 역대기 사가가 사무엘-열왕기서를 자료로 가져다 썼는지 아닌지를 결정하기엔 부족하다. 그 반대의 경우도 마찬가지이다. 꼼꼼한 연구 결과 얻게 되는 확률을 근거로 두어야만 판단할 수 있다. 마찬가지로, 마태복음이 마가복음에서 자료를 가져왔거나, 마가가 마태에서 가져왔을 수 있다. 이와 유사하게, 요한복음이 공관복음 전승보다 후대의 것으로서 공관복음 전승에 의존했을 수도 있고, 반대로 요한복음이 더 이른 문헌이고 공관복음서 저자들이 사용한 원천자료일 수도 있으며, 아니면 완전히 별개의 작품일 수도 있다. 그러므로 판단을 내리기 위한 믿을 만한 근거는 추상적 진술이 아니라 꼼꼼한 연구로 얻는다. 내가 생각하기에 우리 중 대다수는 역대기 저자가 사무엘-열왕기를 자료로 삼았다는 견해를 가지고 있을 텐데, 이는 본문에서 관찰할 수 있는 뚜렷한 현상 때문이다. 하지만 다른 곳에는 그런 현상이 그다지 분명하게 보이지 않을 수 있다. 요한복음과 공관복음 중 무엇이 먼저 쓰였는지 답하기 위해 어윈 굿이너프(Erwin Goodenough)[2]와 윌리엄 올브라이트(William F. Albright)[3]는 요한복음이 먼저 저술되었다는 각기 다른 두 개의 근거를 제시했다. 나는 그들이 든 근거들을 실제적이고 구체적이 아니라는 의미에서 '이론적'이라고 부르고 싶다. 굿이너프는 기독론에만 자신의 논증을 국한했다. 그는 요한복음의 높은 기독론(high Christology)을 요한복음이 (다른 복음서들보다) 나중에 기록되었다는 증거로 볼 수 없을뿐더러, 요한복음서보다 이른 시기에 편지를 쓴 바울이 발전된 기독론을 가지고 있었다는 점이 오히려 요한복음의 이른 연대설의 표시일 수 있다고 주장한다. 올브라이트는 예수와 쿰란 공동체 사이의 관계를 탐구한 연구에서, 공관복음서에 기록된 예수의 말씀이 요한복음서의 예수 말씀과 굳이 같아야 할 이유가 없다고 주장한다. 이론적 차원에서 보자면 이 두 학자의 의견이 다 옳다고 할 수도 있다. 하지만 복음서 사이의 복잡한 관계를 모두 고려하면, 요한복음서가 이론적 논의에서는 가장 이른 시기에 저술된 것으로 간주될 수 있더라도, 세밀하게 분석하면 요한복음서가 가장 나중에 쓰인 복음서라는 결론으로 기울 것이다.

이론적으로는 쿰란 공동체가 신약성경에 영향을 주었을 가능성도 있고, 그렇지 않았다고 주장할 수도 있다. 탈무드가 신약에, 미드라쉬가 필론에, 그리고 필론이 바울에게 영향을 주었다고 주장할 수도 있고 정반대의 주장도 가능하다. 연구자에게 중요한 것은 추상적 이론이 아니라 구체적 실제이다. 치밀한 연구가 판별기준이어야 한다. 치밀한 연구는 본문의 맥락과 배경을 중요하게 여겨야 한다. 그저 발췌된 문구들을 나란히 놓는 것이 되어서는 안 된다. 맥락과 배경을 살펴보지 않으면 서로 다른 두 문서가 놀라울 정도로 비슷하게 보일 수 있다. 그러나 배경과 맥락 안에 두면 본문 사이의 유사성보다 차이점이 보일 것이다. 예를 들어, 초보자나 신중하지 않은 사람은 '적혀 있지 않은

2 "John a Primitive Gospel," in *JBL*, 64 (1945), pp. 145-85.

3 William David Davies and David Daube (eds.), *The Background of the New Testament and its Eschatology*, pp. 153-71에 있는 그의 논문.

율법'(*nomos agraphos*)이라는 필론의 용어가 랍비 유대교의 *torah she-be'al pe* 와(תורה שבעל פה; '입 위에 있는 토라'라는 뜻으로 '기록된 토라'와 달리 구두전승된 율법과 규율과 율법 해석을 가리킨다 ⓣ) 완전히 동일한 것이라고 성급하게 추정할 것이다. 왜냐하면, '적혀 있지 않은 율법'과 '구두로 전승된 율법'이 같은 것처럼 들리기 때문이다.[4] 하지만 필론이 제정된 법 조항과 그리스 철학자들이 순수한 법 혹은 자연법이라 부른 것 사이의 관계를 다루는 개념으로 '적혀 있지 않은 율법'을 사용한 반면, 랍비들은 권위 있는 오경의 설명과 확장이 지닌 권위적 측면을 다루었다. 이렇게 세부적인 부분까지 살피는 연구를 통해 두 개의 유사한 항목들 사이에 사실 아무런 관련성이 없다는 점이 밝혀진다. 이 경우는 진정한 병행구절이 아니다. 단지 병행구절이라고 주장된 것일 뿐이다.

더욱이, 랍비 문헌, 복음서들, 서신서들, 위경, 그리고 필론을 다룰 때, 우리는 (이 글에서) 잠시 '히브리 성경(타나크) 이후 유대교(post-Tanach Judaism)'라고 부르기로 한 범위 안에 있는 대상을 다루는 것이다. 거룩한 문서(hagiographa)에서 골라 최종적으로 히브리 성경을 선정한 것이 바울서신 작성보다 후대에 일어난 일임에도 불구하고, 여전히 '히브리 성경 이후 유대교'라는 용어는 쓸모가 있다. 단지 명칭 문제를 넘어, 논의를 위해 기꺼이 바울서신을 유대교 문서로 보는 것도 유효하다. 그렇다면 이 모든 문서가 '히브리 성경 이후 유대교'의 산물이므로, 분명 히브리 성경은 이 모든 문서 내에서 중요한 지위와 영향력을 지녔다고 할 수 있다. 따라서 이들 문서에서 히브리 성경의 영향을 찾을 수 없다면 그것이야말로 놀라운 일일 것이다. 게다가 이 모든 문서는 유대 문헌이므로 당연히 유대교를 반영하고 있다. 바울과 랍비 문헌 사이에 겹치는 부분이 있을 수밖에 없고, 바울과 필론, 사해 문서와 랍비 문헌 사이에도 겹치는 부분이 있을 수밖에 없다. 그러므로 심지어 진정한 병행구절이라고 해도 그 자체로는 별로 중요하지 않을 수 있다.

바리새인, 사두개인, 쿰란 종파, 테라퓨타이 같은 용어에서 보듯이 다양한

4 Isaac Heinemann, "Die Lehre vom Ungeschriebenen Gesetz in Jüdischen Schrifttum," *Hebrew Union College Annual*, 4 (1927), pp. 149-72을 보라.

유대교들을 하나의 통합된 유대교 안에서 서로 구별 지을 수 있는 것은 그들만의 한정된 영역을 주목하는 것이다. 각 그룹의 특유함을 파악할 때 중요한 것은 다른 유대교와 공유하는 광범위한 영역이 아닌, 그 고유의 독특성을 보는 것이다.

안식일에 병자를 치유해도 된다고 랍비와 예수가 같은 견해를 보였다고 해서 흥분할 이유는 없다. 랍비 문헌에 "인자가 안식일의 주(인)이다"라는 병행구절이 있어야 흥분할 만하다. 예수와 랍비의 어록 중에서 티끌과 들보가 함께 나오는 것이 있다는 사실은 놀랍지 않다. 예수 어록과 랍비 문헌에 바리새인에 대한 비판이 있는 것도 놀라운 일이 아니다.

아브라함이나 모세의 의로움에 비해 노아의 의로움은 상대적으로 더 낮은 것이라는 견해가 랍비 문헌과 필론의 글에 다 나오는데, 이것은 단지 그들이 히브리 성경을 철저히 연구했음을 시사할 뿐이다. 히브리 성경에 대한 꼼꼼한 연구를 통해 랍비 문헌과 필론의 글은 길게 늘여 쓴 표현이나 음절에 어떤 그득한 의미를 부여하기도 한다. 창세기가 노아를 "그의 세대에서" 의로운 사람이라고 말하므로, 랍비들과 필론은 이 표현이 노아의 의로움을 낮게 평가했다고 추론했다. 성경이 필론과 랍비들에게 공통된 자료였기 때문에 서로 유사한 견해를 보였다고 판단하는 것이, 필론이 랍비들의 견해에 의존했다는 주장이나 랍비들이 필론의 글에 의존했다는 주장보다 훨씬 합리적이다.

다양한 유대교가 있었으므로 진정한 병행구절이더라도 별로 중요하지는 않은 것들이 있기 마련이다. 사소한 병행구절들을 근거로 둘 혹은 그 이상의 유대교 사이에 어떤 관계가 있었다는 결론을 내리면 안 된다.

더욱이 우리 각자는 편향된 사고를 하면서 연구를 수행하고, 기독교에 대해 나도 그러하므로 내 견해를 분명히 밝혀야 한다고 생각한다. 나는 초기 기독교를 유대교 운동의 하나로 간주한다. 유대교 운동으로서의 초기 기독교는 특정한 측면에서 다른 유대교들과 구별된다. 예수의 생애 동안 일어난 사건(우리가 그의 생애를 재구성할 수 있는지 여부와 상관없이), 예수에 관한 신학, 그리고 직계 제자들과 후대의 사도들에 관한 역사와 그들의 신앙과 사고 사이의 밀접한 얽힘이 초기 기독교를 다른 유대교들과 구별 짓는 독특성이라고 할 수 있다. 오로지 그러한 독특성을 전제할 때만 나는 기독교의 기원과 성장을, 그리고 기독교가 결국 유대교와 분리된 사건을 이해할 수 있다. 그러나 반대로, 만일 초기 기독교의 특정한 내용이 시간상으로 앞선 사해 문서에서도 발견되고, 초기 기독교 발생 이후에 작성된 랍비 문헌에서도 발견된다면, 나는 기독교 운동을 설명할 방법을 찾지 못할 것이다. 나는 마태복음서 저자와 누가복음서 저자가 마가복음서를 자료로 사용했다고 생각하지만, 기독교 문서의 저자들이 독창적이고 창조적인 일을 전혀 하지 않은 채 그저 자료를 베끼기만 했다는 주장은 받아들일 수 없다.

바울서신과 랍비 문헌 사이의 병행구절이 최소한 259개 있다고 가정해 보자. 그렇다고 해서 바울과 랍비들의 생각이 완전히 일치했다고 볼 수 있을까? 아니다. 이러한 병행구절이 있더라도 바울과 랍비들이 토라에 대해 완전히 반대되는 견해를 가질 수 있었을까? 그렇다. 그렇다면 이런 가정된 병행구절들이 맥락 안에서 어떤 중요성을 띠고 있을까? 분명 중요성은 작을 것이다. 나는 259개는 커녕 많이 모아봤자 59개의 병행구절이 있을 것이라고 본다. 지난 이백 년 전과 백 년 전 사이 학계가 실제 병행구절들과 '병행구절로 추정되는 본문'을 모으는 작업을 한 것은 온당했다. 하지만 바울서신의 모든 구절에서 희미한 랍비 문헌 출처를 찾으려는 최근의 노력은 무의미하다. 바울서신의 첫 번째 아담과 두 번째 아담을 랍비 문헌에서 찾을 수는 없다. 시내산의 율법 수여 때 천사들이 중개자 기능을 했다는 것도 랍비 문헌에서 볼 수 없는 내용이다. 메시아의 오심이 율법을 대체했다는 바울의 견해도 마찬가지다. 일부 학자들의 주장처럼 바울의 구약 사용을 랍비 방식의 주해와 유사한 것으로 보는 견해는 필론과 쿰란 공동체 구성원들 역시 주해가였다는 사실을 잊는 것이고, 연대기상의 기초적인 요소를 간과하는 것이다. 나는 바울이 랍비라고 불렸을 것이라고 보지 않으며, 바울서신과 그 안에 있는 신학의 구체적인 내용과 랍비 문헌 사이에 실제 문학적 연관성이 있을 거로 생각하지 않는다. 이론적으로는 바울이 자신만의 독창적 생각이 없었고 단지 이런저런 내용의 취사선택만 잘했던 사람이라고 볼 수도 있다. 그러나 이런 견해는 두 가지 이유로 받아들일 수 없다. 먼저, 랍비 문헌 속의 그 어떤 병행구절도 바울의 사고에 가까운 것이 없다. 둘째, 뒤퐁-소메(Dupont-Sommer)는 사해 문서에 바울 이전 존재했던, 바울과 유사한 신학이 있었다는 점을 주장하기 위해 사해 문서에 수정을 가했다.[5] 나는 바울이 그의 동시대인이나 선대 사람들의 생각을 단순히 되풀이하는 것을 넘어 독창성을 지녔던 사람이라고 받아들일 준비가 되어 있다. 나는 바울의 사고가 자료를 뒤죽박죽 섞은 것보다 더 낫다는 주장을 기꺼이 받아들일 준비가 되어 있다. 나는 바울서신에 나타난 사고의 일관성과 응집성을 볼 때 그가 고유한 개성을 갖춘 인물이라고 생각한다. 나는 필론의 열렬한 신봉자가 아닌 것처럼 바울의 견해를 신봉하는 사람이 아니다. 하지만 나는 바울이 뛰어난 지성과 창의성을 지닌 사람이라고 생각한다. 그래서 설령 259개의 병행구절이 있다고 하더라도 나는 그 구절들이 정말 중요한 것인지, 아니면 그저 일상적으로 일어날 수 있는 현상인지 진지하게 살펴보고 싶다.

이제 다음 질문으로 넘어가야 할 것 같다. 바울서신에 있는 이러한 병행구절들은 바울서신의 맥락 안에서 어떤 중요성이 있는가? 나는 이 질문을 조금 비틀어서 이렇게 묻고 싶다. 바울이 다른 문서에서 가져온 것으로 추정되는 이러한 병행구절들을 써서 무슨 득을 보았을까?

바울서신의 문맥은 어떤 것이 병행구절인가라는 문제와는 비교할 수 없을 만큼 엄청나게 중요하다. 바울서신의 문맥을 병행구절로 추정되는 구절의 내용과 [억지로] 일치하게 만드는 일은 바울을 곡해하는 것이다. 우리 같은 연구자에게는 병행구절에 관한 지식이 바울을 이해하는 데 도움이 될 수도 있다. 하지만 바울이 오로지 병행구절을 베낀 것처럼 서술한다면 이는 바울을 오해하게 하는 방식으로 병행구절을 사용하는 것이다.

나는 알렉산드리아의 필론이 자신의 우편함에 주기적으로 가서, 팔레스타인의 랍비들이 무슨 말을 했는지 글로 읽고 난 후 새롭게 알게 된 정보를 그

5 *The Dead Sea Scrolls*, tr. by E. Margaret Rowley, London, 1952과 여러 비판적 평가를 보라.

의 철학 개념으로 변환시킬 수 있었다는 생각을 받아들이지 못하겠다. 그리고, 사해(Dead Sea) 인근에 있는 동굴에서 갈릴리로, 혹은 더 나아가 다소, 에베소, 갈라디아, 마르스 언덕(아크로폴리스 서북쪽에 있으며 아레스 언덕으로 불리기도 한다 ⓣ)으로 가는 길이 일방통행이었다고 생각할 수 없다(여기에서 샌드멜은 사해 문서가 다소나 에베소나 갈라디아에서 작성된 문서들에 일방적으로 영향을 끼쳤고, 그 반대의 경우는 있을 수 없다는 주장을 지리적 은유로 표현한다 ⓣ). 나는 세례자 요한과 쿰란 공동체 사이의 어떤 관련성을 추측하는 것이 가능하다고 보지만, 구체적인 증거를 보기 전까지는 그러한 추측을 받아들이지 않을 것이다. 세례자 요한이 쿰란 공동체와 결별한 이유를 추정하는 연구가 본 성서학회에서 발표되었는데 나는 그것을 듣고 무척 놀랐다.

학자들이 유대교 내의 다양한 운동을 그룹이라고 부르든 아니면 종파 혹은 분파주의라고 부르든, 그들 사이에 광범위하게 겹치는 영역이 있고 각각의 독특성을 드러내는 한정된 영역이 있음을 아울러 생각해야만 유대교 운동의 다양성이 제대로 이해가 된다. "한정된 영역"이라는 표현은 표면적인 넓이를 말한다. 넓이가 좁아도 그 깊이는 엄청나게 깊을 수 있기 때문이다. 여러 문헌에서 병행구절들이 발견될수록 나는 종종 그것들을 모든 유대교 운동의 공통된 내용과 좀 더 연관시키게 된다. 사해 문서와 복음서 또는 바울서신 사이에 공통으로 나오는 내용이 있다고 해서, 복음서 저자나 바울이 실제로 그러한 내용을 사해 문서에서 가져왔음을 시사하는 증거라고 성급히 믿고 싶지 않다.

사해 문서와 에베소서를 다루는 연구인 "Der Epheserbrief im Lichte der Qumrantexte"(사해 문서의 관점에서 읽는 에베소서)에서[6] 쿤(K. G. Kuhn)은 구약에서 유래할 수 없는 병행구절들을 관찰한 뒤 *Traditionszusammenhang*(전승의 관계)라는 용어를 만들어 붙였다. 사해 문서와 필론의 저서, 그리고 랍비 문헌과 신약에는 구약 이후의 유대 공동체(의 신학)가 반영되어 있다는 추론이

6 *NTS*, 7 (1960), pp. 334-46.

가장 합리적이다. 랍비적 미드라쉬와 필론의 저작 사이에 있는 차이점들이 보여주듯이, 복수형인 *Traditionenzusammenhang*(전승들 사이의 관계)를 써서 전승의 다양한 측면을 표현한다면 말이다.

우리가 전승을 복수형으로 말하는 것이 옳다면(나는 그렇다고 생각한다), 백 년 전에 소위 헬레니즘적 미드라쉬와 랍비적 미드라쉬가 구분되었던 것을 다시 살펴보는 것이 좋겠다. 헬레니즘적 미드라쉬라는 용어는 필론, 요세푸스, 여러 외경과 위경, 그리고 요세푸스와 에우세비우스의 저작에 보존된 단편 자료를 기술하는 데 사용된다. 한편으로, 그리스 문명이 히브리적이고 유대적인 것과는 사뭇 다른 문화-종교 복합체라 보이는 것은 사실이다. 그러나 다른 한편으로는, 그리스 문명이 팔레스타인 지역에 스며들고 유대인들이 그리스 문화권에 흩어져 살게 되었을 때, 그리스 문명이 유대인의 문화에 파고들기 시작했고, 이는 의식적인 거부와 동시에 (의식적이든 무의식적이든 간에) 수용과 적응이라는 반응을 불러일으켰다. "헬레니즘적인 유대(교)성"(hellenistic Jewish)이라는 용어는 종종 어떤 교리나 개념을 기술할 때 "헬레니즘적"이라는 단순한 단어보다 더 낫다. 하지만 여기에 앞으로도 절대 사라지지 않을 만한 혼동 거리가 있다. 우리가 어떤 것을 헬레니즘적이라고 할 때, 우리는 어떤 개념을 표현하는 언어에 대해 말하는 것인가? 아니면 유대적인 관념과 그리스적 관념 사이의 차이를 보여주는 어떤 것을 언급하는 것인가? 나는 그리스적 개념이 미쉬나나 쿰란 히브리어로 표현될 수 있고, 유대적 개념이 코이네 그리스어로 표현될 수 있다고 본다. "헬레니즘적 유대성"이라는 용어가 단지 어떤 문서가 집필된 장소를 가리키는가? 그리스어로 쓰였다고 하더라도 팔레스타인 땅에서 작성된 문서일 수 있고, 히브리어나 아람어로 쓰인 문서가 그리스 문화권의 디아스포라 지역에서 작성된 것일 수 있다고 나는 생각한다. 언어나 개념의 내용이 특정 지역과 관련되어 있을 가능성이 무척 크긴 하지만, 확률을 근거로 확정적인 추론을 하는 것은 지나친 일이다. 그러므로 나는 다양한 유대교에서 히브리 성경 이후 전승의 복수적 측면을 볼 수 있다고 주장하는 동시에, 이러한 복수 전승들이 깔끔하게 여러 범주로 늘 분리될 수 있는 것은 아니라고 주장하고 싶다. 원칙적으로 보면 쿰란 문헌이 랍비 문헌, 필론의 저작, 그리고 신약과 공통된 전승을 공유할 수 있다. 랍비 문헌에만 있고 필론에는 없는 특정한 전승이 쿰란 문헌에 들어 있을 수 있다. 필론에는 있으나 랍비 문헌에는 없는 전승이 있을 수 있고, 신약에는 있으나 랍비 문헌이나 필론의 저작에는 없는 전승이 있을 수 있다.

우리가 병행구절을 다룰 때 다양한 유대교 사이에 아무런 교류도 없었다는 추정을 자제하고, 어떤 문서의 대표적인 개별 특징을 골라내는 작업을 신중히 한다면, 랍비적 미드라쉬와 헬레니즘적 미드라쉬를 구분하는 것이 정당하다고 말할 수 있을 것이다. 에베소서와 쿰란 문헌이 서로의 반향을 담고 있다는 사실이 확실히 중요하지만, 에베소서가 쿰란 문헌에는 없는 기독론을 담고 있다는 사실은 더욱 중요하다. 에베소서의 기독론이 기독교적 특징을 대표적으로 보여주기 때문이다. 쿤의 말은 정말 맞다. "사해 문서에는 기독론에 관련된 그 어떤 병행구절이 없다(überhaupt gibt es zur Christologie… von Qumran keinerlei Parallelen)."

이를 바탕으로 다음과 같이 말할 수 있다. 우리가 문서들 사이의 유사성을 다룰 때 종종 정확한 병행구절을 찾을 수는 있지만 어떤 구절은 중요하고 어떤 것들은 중요하지 않다. 병행구절처럼 보이는 것 중에 너무나 불완전한 것들이 있고, 문맥에서 빼내야만 병행구절이라고 불릴 수 있는 문장들이 있다. 나는 마지막 범주에 해당하는 문제를 지닌 연구물을 종종 본다. 이것은 발췌된 본문과 글의 맥락에 관한 문제이다. 이 문제는 앞에서도 언급했지만, 여기에서 다시 살펴보려 한다.

구체적인 예를 통해 이 문제를 다루겠다. 그래야만 발췌된 구절만 가지고 병행구절을 연구하는 위험성이 더 분명해 보일 수 있기 때문이다. 백여 년 전에 유대인 역사가인 그래츠(Graetz)가 예수를 에세네파의 일원이라고 주장했는데, 그 이후 수십 년 동안 연달아 나온 에세네파 관련 연구물이 최근 십여 년 동안 이루어진 연구물에 필적할 정도로 많다. 에세네파에 대한 가장 오래된 문헌 자료는 필론의 글 『선한 모든 사람은 자유롭다는 것』이다. 이 글의 주제는 자신을 절제하는 삶(*askesis*)이 칭송받을 만하고, 사람이 실제로 온전함에 이를 수 있다는 것이다. 필론은 에세네파를 서술하면서 이 주제를 설명한다. 필론의 다른 글인 『명상의 삶에 대하여』는 온전함에 이르는 또 다른 방법으로서 관조하는 삶이 칭송받을 만하며 실현 가능하다고 주장한다. 그는 이 주장을 테라퓨타이(종종 치료종파라고 번역되는 그룹이다 ⓣ)의 예를 들어 설명한다. 사실 『명상의 삶에 대하여』의 시작 부분에서 필론은 『선한 모든 사람은 자유롭다는 것』을 언급한다.

필론의 다른 저작을 참고하지 않으면 필론의 의도를 온전히 알기 어렵다. 필론의 저작 중 상당한 분량이 보존되어 있으므로 『선한 모든 사람은 자유롭다는 것』에서 에세네파를 다룬 부분만 따로 떼어 연구하는 것은 방법론적으로 문제가 있다. 필론의 저작을 잘 알고 있는 사람이라면 아스케시스(*askesis*, 자기 절제의 삶)가 순차적으로 되풀이되는 방식으로 먼저 야곱이라는 인물로 상징화되었고, 그 사람 다음에 아브라함의 관조로 상징화되었다는 것에 필시 주목할 수밖에 없다. 온전함으로 향하는 세 번째 길은 직관이며, 이는 이삭이라는 인물로 상징화되었다.

나는 필론을 공부하면서 그를 변증가이자 설교자로 간주하게 되었고, 테라퓨타이나 에세네파에 대한 그의 언급이 아주 믿을 만한 것은 아니라는 생각을 가지게 되었다. 에세네파의 경우, 나는 필론의 지식이 한 다리 건너 얻은 것이지 어떤 확실한 근거를 직접 접하고 얻은 것은 아니라고 추정한다. 필론은 알렉산드리아인으로서 팔레스타인 지역에는 단 한 번 방문했기 때문이다. 필론을 연구하다 발견한 내용 중에는, 예를 들어 아브라함의 아버지 '데라'의 이름이 '냄새를 몰래 감시한다'라는 의미라고 한다든지, 또 데라가 오직 질문만 하고 지식을 얻지는 못했으며 그리스인들이 그를 소크라테스라고 불렀다고 하는 주장이 있다. 따라서 나는 필론의 역사 진술을 진지하게 받아들이지 않으려고 하는 편이다. 더욱이 필론은 아브라함과 하갈의 결혼의 의미를 아브라함이 교육을 더 받은 것(went to college)으로 이해하고, 더 나아가 하갈과 사라가 역사적 인물이 아니라고 주장한다. 따라서 나는 필론의 진술에 더욱 회의적 시각을 갖게 되었다. 사실 필론과 요세푸스의 변증적 성향을 고려하고, 그러한 성향이 왜곡을 수반한다는 점을 감안하면, 필론과 요세푸스의 말을 에누리해서 듣게 된다. 요세푸스는 에세네파를 신피타고라스학파라고 말하고, 모든 유대인을 철학자로 그리면서 유대교 운동을 그리스 철학 학파와 동일한 것으로 간주한다. 나는 요세푸스의 글에서 정확성(precision)이 아니라 '허식과 주장'(pretension)을 보게 된다(샌드멜은 이 문장에서 발음이 유사한 두 단어를 사용해서 자신의 의견을 표현하고 있다 ⓣ).

나는 필론과 요세푸스가 에세네파에 대해 말한 것을 신뢰하지 않는다. 6년 전쯤 나는 쿰란 공동체와 에세네파를 동일시하는 것이 '미지의 대상'을 또 다른 '미지의 대상'으로 설명하는 것과 같다고 쓴 적이 있다. 오늘 나는 조금 다르게 표현하려 한다. 나는 쿰란 공동체의 정체를 에세네파로 알아내려는 시도를 한 번도 하지 않았지만, 에세네파의 정체를 쿰란 공동체를 통해 확인하려는 시도에는 열린 마음을 가지고 있다.

필론의 『선한 모든 사람은 자유롭다는 것』에서 면밀한 분류 없이 긴 병행구절을 뽑아내는 것은 무모한 일이다. 그렇다면, 필론의 복잡한 알레고리 해석에서 한 문장을 문맥과 관계없이 뽑아서 다른 문서와 비교하는 것은 얼마나 무모한가! 윌프레드 녹스(Wilfred Knox)가 필론의 저작에서 바울서신의 내용을 반향한 것이라고 신중히 뽑은 구절들의 목록이, 바울이 필론의 글을 읽은 것이 틀림없다는 제럴드 프리드랜더(Gerald Friedlander)의 주장보다 훨씬 견실해 보인다.

해리 울프슨(Harry Wolfson)과 루이스 긴즈버그(Louis Ginzberg)는 랍비 문헌과 필론의 저작 사이에 병행구절로 보이는 많은 단락을 수집했다. 다양한 유대교들 가운데 존재하는 공통된 요소를 고려하면 이 두 문헌 사이에 병행구절들이 나타나는 것은 이해할 만한 일이다. 하지만 이 두 학자가 인용하는 단락들 대부분이 실제로 병행구절이 아니라 서로 상당히 다른 문장들이라는 사실은 매우 놀랍다. 내가 *Philo's Place in Judaism*(유대교에서 필론의 위치)에서 이 점을 자세히 다루었기 때문에 여기에서 그 내용을 반복할 필요는 없을 것 같다. 그 책에서 나는, 울프슨과 긴즈버그가 (마치 알렉산드리아의 유대공동체에 아무런 창의성이 없었다는 듯이) 실제 병형구절과 병행구절이라고 추정되는 본문을 근거로 필론이 랍비 문헌을 인용했다고 추정하는 것을 비판했다. 필론에 대해 탁월한 두 권의 저작을 쓴 울프슨조차 병행구절 사용에 이토록 실수가 잦다면, 아마추어에 불과한 사람이 필론의 저작에서 발췌한 구절들에 달려드는 것은 신중하지 않은 일이라고 할 수 있다.

헤르만 슈트락(Hermann Strack)과 파울 빌러벡(Paul Billerbeck)의 5권 짜리 *Kommentar zum Neuen Testament aus Talmud und Midrasch*(탈무드와 미드라쉬에 바탕을 둔 신약 주석)을 어떻게 이해해야 할까? 그들의 저작이 유용한 도구임을 인정하자. 망치도 못을 박는 데 유용하다. 하지만 널빤지를 잘라야 할 때 망치는 쓸모없는 도구가 된다. 슈트락과 빌러벡의 책이 지닌 유용함을 훼손하는 네 가지 중요한 오류가 있다. 이 오류들은 책의 구조에서 기인한다. 첫 번째 오류는 다음과 같다. 로마에서 작성된 누가복음의 저자가 마가복음에 편집적 코멘트를 덧붙일 때 랍비 문헌이 병행본문으로 사용되었거나, 또 더 중요하게는 그러한 편집작업의 원천자료로 활용되었을 가능성은 희박하다. 하지만 슈트락-빌러벡은 그러한 랍비 문헌 병행구절을 모은 목록을 작성했고, 바울서신, 야고보서, 요한문헌, 목회서신, 그리고 그 외의 문헌과의 병행구절 목록도 만들었다. [슈트락-빌러벡의 이러한 작업은] 기독교가 2세기에 널리 확산되면서 이방인이 다수가 된 이후에도 기독교 문헌이 여전히 랍비 문헌에 직접적으로 의존했고, 심지어 5세기 바빌로니아에서 작성된 본문들에도 기대었다는 인상을 준다. 내가 슈트락-빌러벡의 책이 지닌 가치가 아니라 그 오용에만 집중하는 것 아니냐고 누군가 쏘아붙인다면, 나는 이렇게 대답할 수밖에 없다. 망치를 톱의 모양으로 만드는 사람이 그 도구의 오용에 책임이 있는 것이라고. 그러므로 나는 슈트락과 빌러벡이 마치 신약학계와 아무런 소통이 없는 것처럼 책을 썼다는 점을 비판하고 싶다.

두 번째 오류는 슈트락-빌러벡의 책이 발췌된 본문을 정밀 검토하는 것을 어떤 문서 전체의 어조와 조화 그리고 문서 인용을 잘 이해하는 것이라고 착각하게 만들었다는 것이다. “죽은 사람들이 죽은 사람들을 매장하게 하라”는 구절에서, 먼저 나온 “죽은 사람들”이 실제로는 “장소”를 가리키므로(즉, מתיא[죽은 사람]가 아니라 מתא[장소, 영역] ⓣ) 이 번역문은 오역이고, “장소가 죽은 사람들을 매장하게 하라”라고 번역해야 한다는 주장을 떠올리는 사람이 있을 것이다. 더 나아가서, 주인 없는 시신의 매장에 대한 성경과 랍비들의 가르침을 인용하는 사람도 있을 수 있는데, 이러한 주장은 복음서의 단락이 지닌 의도와 고의로 톡 쏘는 측면을 놓친다. 랍비 연구자들은 종종 복음서의 단락이 게마라(Gemara는 미쉬나와 함께 탈무드의 내용을 이루며, 미쉬나의 내용을 랍비들이 분석하고 주해한 것을 말한다 ⓣ)에서 그대로 가져온 것으로 추정한다. 이에 대해 내가 다른 글에서 말한 적이 있는데, 랍비 문헌 연구자들은 누군가 탈무드에 통달하면 자동으로 복음서에 통달하게 된다고 생각한 것으로 보인다.

나는 랍비 문헌을 공부하지 않은 신약학자들이 슈트락-빌러벡에 오도된 나머지, 랍비 문헌에 대해 실제로 모르면서도 스스로가 능숙하게 잘 알고 있다고 착각하며 우쭐하게 만들었다고 말하고 싶다. 슈트락-빌러벡은 랍비 문헌 연구를 위한 훈련도 받지 않고 경험도 없는 학생에게 능숙함이 아니라 혼동을 준다. 신약학자들이 랍비 문헌 연구에 무지한 것과 랍비 문헌 연구자들이 신약학에 무지한 예를 꼽자면 끝이 없을 것이다. 유사학계가 아니라 제대로 된 학계에서 발생한 오류들을 언급해 보겠다. 여기에서 유사학계라고 할 때 나는 랍비 유대교를 단순히 무미건조한 율법주의로 왜곡하는 평가를 가리키는 표현으로 사용한다. 랍비 유대교가 무미하거나(or) 건조한 것이 아니라, 언제나 무미하고(and) 건조한 것이라고 보는 견해 말이다. 또는 프리드랜더의 판단처럼, 산상설교에서 좋은 부분은 유대 자료에서 유래한 것이고, 유대 자료에서 가져오지 않은 것은 좋지 않다는 주장을 가리킨다.[7] 나는 학자에게 가치판단을 내릴 권리가 없다고 말하려는 것이 아니다. 문서 안의 의도와 뉘앙스를 파악하지 않은 채 그저 발췌된 본문만 보고 내리는 가치판단이 아무런

7 Gerald Friedlander, *The Jewish Sources of the Sermon on the Mount*를 보라.

가치가 없다는 점을 말하고 싶을 뿐이다.

셋째, 슈트락-빌러벡의 큰 죄는 랍비 문헌 본문들을 지나치게 많이 수집했다는 것이다. 학술저작 그 어디에서도 슈트락-빌러벡처럼 양이 질로 혼동되는 경우를 찾아볼 수 없다. 소위 병행본문이 굉장히 많다는 것은 그 자체로 왜곡된 인상을 초래한다. 자료를 읽는 사람은 발췌된 자료를 다루고 있음을 알지만, 수집된 자료의 방대한 양이 그 사람을 오도한다. 또한, 양이 부여하는 엄청난 권위를 인정하는 환경 때문에 왜곡이 존재한다. 균형추가 명백하게 부재하고, 면밀한 평가가 이루어지지 않은 채 수집된 자료가 정말 관찰되어야 할 것을 보지 못하게 방해하는 장애물로 기능한다. 필론의 저작에서 발췌한 본문으로만 필론을 연구할 때 빚어지는 아수라장은, 슈트락-빌러벡에만 의존해서 랍비 문헌을 연구하는 것으로 빚어지는 아수라장과 비교하면 그나마 낫다. 내 주장이 유대인 특유의 편견으로 들리지 않도록 나는 이 말을 꼭 하고 싶다. 베버(Weber)의 *Theologie der alten Synagoge*(고대 회당의 신학)와 부세트(Bousset)의 *Religion*의 능숙함에 대해 조지 풋 무어(George Foot Moore)라는 이름의 장로교인이 말한 것을 풀어서 이야기하는 중이라고 말이다.[8]

슈트락-빌러벡의 네 번째 죄이자 가장 큰 죄는 역설적 성격을 지닌다는 점이다. 한편으로 슈트락-빌러벡은 신약성경(의 의미)을 명료화하려고 끊임없이 랍비 문헌을 인용한다. 하지만 예수와 랍비들이 같은 말을 할 때조차 슈트락-빌러벡은 예수의 말이 더 세련되었고 우월하다는 점을 보이기 위해 애를 쓴다. 나는 종교적으로 개방적인 사람이며, 연구자로서 고대 세계를 다룰 때 그 누구도 열렬히 신봉하지 않는다. 클로드 몬트피오르(Claude Montefiore)와 어느 정도 비슷하게,[9] 나는 예수와 비슷한 말을 한 어떤 랍비들의 말보다도 예수의 어떤 말씀들(예수가 말했다고 여겨지는 말씀들)을 깊이 존중하는 동시에, 어떨 때는 랍비들의 말을 예수가 했다는 말보다 더욱 깊이 존중해야 하는 압박감을 느낀다. 슈트락-빌러벡의 목표나 특질은 본 학회의 많은 기독교인 학자가 성

8 "Christian Writers on Judaism," in *HTR*, 14 (1921), pp. 197-254.

9 특히, *Rabbinic Literature and Gospel Teachings*을 보라.

취한 학문적인 중립성이 아니다. 나는 묻고 싶다. 그 결과물이 심지어 병행구절이라고 인정된 본문들 안에서 학문적으로 납득하기 어렵고 억지스러운 구분을 보여준다면, 왜 병행구절이라고 주장되는 본문들을 계속 수집하는가?

슈트락-빌러벡이 원수를 미워하지 말라는 마태복음 5:43-48의 탄복할 만한 가르침을 다루면서 그와 관련없는 단락들을 모은 것은 옳은 행동이라고 볼 수 없다. 슈트락-빌러벡은 이 구절의 병행구절이 없다고 인정하면서도, 원수를 미워하라는 것이 유대교에서 거의 핵심적인 가르침이었다는 결론을 내리려고 애쓴다. 슈트락-빌러벡은 마태복음 23장 같은 본문을 애써 생략한다. 이러한 생략은 (마치 외계에서 온 것처럼 아무런 이해관계가 없이) 공정한 시각을 가진 독자로 하여금 복음서들이 오로지 사랑만을 강조하는 문서라고 보게 한다. (하지만) 여러 다른 유대교와 마찬가지로 기독교도 그룹 구성원을 향한 사랑이라는 이상과 그룹 밖의 외인에 대한 적대감을 모두 가지고 있다. 합리적으로 생각해보면 당연하지 않은가? 사랑이 오로지 기독교에만 있는 특유의 덕목이고 유대교에는 없는 것이라면, 교부들이 자신들의 의견에 동의하지 않는 동료 기독교인을 대했던 모습을 어떻게 이해해야 할까? 예를 들어, 나는 테르툴리아누스가 마르키온을 상대했던 모습을 떠올린다. 기독교인이든 유대인이든, 진지하지 않은 연구자의 편향적인 자아에게 먹잇감을 주는 가짜 병행구절이 좋은 연구를 구성하는 경우는 거의 없다. 진지한 연구자라면 다음과 같은 20세기 학자의 주장을 어떻게 평가할까? “많은 경우 신약성경은 랍비들이 왜곡해 놓은 구약의 진정한 전승을 재천명한 것이다.”[10] 건전한 학문과 편파적인 변증론 사이의 차이는 매우 크다.

유대교와 기독교에 연관된 문헌은 너무나 방대하고 다양하고 복잡해서 누구도 그 문헌을 통달할 수 없으며 이차자료를 온전히 숙지할 수도 없다. 최소한 150년 전이나 현대의 체계적 학문이 발흥할 때도 상황은 마찬가지였다. 사해 문서의 발견으로 유대교와 기독교에 관련된 문헌의 양이 불어났는데,

10 Fuller, in G. Ernest Wright and Reginald Fuller, *The Book of the Acts of God*, p. 209.

이게 지난 12년 혹은 13년 전의 일이다(즉, 1950년쯤의 일이라는 말이다 ⓣ). 사해 문서가 히브리어로 쓰였기 때문에 이 문서를 처음 연구한 사람들은 당연히 그리스적 문화를 다루는 신약학자가 아니라 히브리 문헌 연구자들이었다. 때때로 히브리 문헌 연구자들은 미쉬나 전문가가 아니라 성경 히브리어에 숙달된 사람들이었다. 그리고 때때로 히브리 문헌 연구자들은 신약학계에 있는 문제들을 깊이 이해하지 못했다. 때때로 신약학자들은 마치 무라토리 단편조각에 있는 정경 목록에 사해 문서가 포함되어 있는 것처럼 사해 문서 연구에 끼어들려는 시도를 했다.

사해 문서가 관심사로 떠오를 때 학제간 연구를 진행해야 했다. 그러나 사해 문서는 극단적 개인주의자들의 손에 휘둘렸다. 특히 이들은 사해 문서와 초기 기독교 사이에 특별하고 고유한 관계가 있다고 상정했다. 사해 문서가 처음으로 세상에 알려졌을 때 이 문서에 대해 대담한 주장들이 생겨났다. 그중에 네 가지 주장을 바꾸어 표현하면 이러하다. 첫째, 고고학 역사상 가장 중요한 발견이다. 둘째, 기독교의 기원에 관한 수수께끼가 이제야 풀렸다. 셋째, 유대교와 기독교에 대한 이제까지의 연구는 다시 쓰여야 한다. 넷째, 현물을 보지 않은 사해 문서는 사기다.

개인주의적인 행동은 수많은 추측을 자아냈고, 그 대부분은 *Bulletin of the John Rylands Library*의 최근호에 실린 로울리(Rowley)의 아주 탁월한 논문에[11] 잘 정리되었다. 사해 문서가 일반 대중의 상상력을 사로잡았다는 데에는 의심의 여지가 없다. 또한, 이 문서는 내가 본 가장 극적인 표현들을 낳았다. 안전장치가 없는 대표적인 예를 딱 한 가지 언급하겠다. 유대 역사를 다룬 책을 여러 권 집필한 영국학자의 사해 문서에 관한 논문은 그가 논문을 쓸 당시까지도 사해 문서를 실물로 본 역사가가 없다는 사실 때문에 생겨난 어려움을 언급하며 시작한다. 이 영국학자는 아주 신중하게 이 작업에 착수했다. 내가 보기에 그의 주장은 사해 문서에 관한 가장 터무니없는 학설 중에 압도적인 선

11 Vol. 44 (1961), pp. 119-56.

두에 서 있다. 에드문드 윌슨(Edmund Wilson)은 일반 대중 사이에 사해 문서에 관한 관심을 촉발한 최초의 인물이다. 윌슨은 문학비평과 소설을 집필하던 사람이었다. 그는 자신의 책 *The Scrolls from the Dead Sea*(사해 두루마리들)가 정확히 어떤 범주에 속하는 것인지 확신하지 못했다. 그는 신약학계, 심지어 자유주의적 학계조차도 신학적 입장이 분노를 촉발할까 봐 두려워 사해 문서를 멀리했다고 주장했다. 이것이 윌슨이 1955년 5월에 한 주장이다. 1954년에 나는 미국성서학회의 사해 문서와 신약을 주제로 한 모임에 패널로 참여해달라는 초청을 받았다. 나는 그 요청을 수락할 수 없었다. 하지만 프랭클린 영(Franklin Young)이 나를 초청한 전보(telegram)를 아직도 간직하고 있다. 왜냐하면 윌슨이 신약학자들을 모욕한 글보다 이 전보가 오래되었기 때문이다.

나는 신약학 전문가이며 유대인이기 때문에 사해 문서에 관한 균형 잡힌 주장이나 극단적 주장 중에 그 어떤 것도 나의 신학적 입장을 모욕하고 나를 화나게 할 수 없다는 것을 여러분이 곧이곧대로 받아들이면 좋겠다. 윌슨의 주장은 나의 신학을 모욕한 것이 아니라 내가 습득한 지식 전체를 모욕했다. 신약학자들이 사해 문서에 관심을 가지지 않았다는 것은 전혀 사실이 아니다. 신약학자들이 사해 문서에 지나치게 열광한 것이 잘못이라고 할 수는 있다.

사해 문서 안에 새로운 정보가 들어 있다는 주장은 한때 나를 흥분시켰고, 그럴 가능성은 항상 있다. 그러나 내가 그 사해 문서를 직접 보았을 때 이러한 흥분은 가라앉았다. 왜냐하면 사해 문서를 흥미롭게 만든 요소들이 실제는 없었고 지금도 여전히 없다는 것을 깨닫게 되었기 때문이다. 사해 문서와 초기 기독교와의 관계에 대해 말하자면, 구체적으로 관찰할 수 있는 역사가 없다는 점이 주목할 만하다. 이 점은 다음과 같이 강조될 수 있다. 내가 판단하기에, 성경 속의 책들과 성경 본문의 단편들은 분파의 문서(쿰란 공동체의 자체 규율 같은 문서들 ⓣ)나 호다요트(감사를 표현한 시 ⓣ)와 비교할 수 없는 가치가 있다. 그리고 나는 분파의 문서와 호다요트를 예수나 게바나 바울을 언급한 아주 작은 쿰란 단편 조각 하나와 기꺼이 바꿀 용의가 있다. 그러한 단편 조각이 나타나기 전까지는, 나는 사해 문서와 초기 기독교를 존중하는 동시에,

쿰란 종파의 문서가 이미 반 정도 찬 양동이에 단지 몇 방울을 더하는 정도의 기여만 하는 것이라는 신념을 바꾸지 않을 것이다.

수년 수개월이 흐르면서 우리는 사해 문서에 관해 더 나은 이해를 얻게 되었다. 그렇게 얻은 새로운 관점 덕분에 아마도 이곳에 있는 많은 이들은 사해 문서가 성서학계의 역사상 가장 커다란 과장을 생산했다는 내 주장에 동의할 것이다. 과장에 대해 말하는 것은 어떤 근본적 실체가 있다는 것을 의미한다. 나는 사해 문서의 유용함과 가치를 부인하지 않는다. 하지만 사해 문서에 관한 최초의 주장처럼 그렇게 유용하거나 가치가 있다고 판단을 쉽게 내릴 수 없다.

더욱이 학제 간 협력을 존중하면서 우리는 모두 거부할 수 없을 정도로 서로를 인정하게 되었다. 내가 유대인이고 랍비라고 밝히는 것에 나는 아무런 거리낌이 없다. 유대학 학계나 기독교학 학계라고 말할 수 있는 긍정적 상황이 되었다. 이와 동시에, 학문은 다른 형용사를 사용해 묘사를 해야 하는 상황이 있다. 우리가 고대 문서를 다룰 때의 이상은 견실하고 타당하며 정확하고 객관적인 학문이다.

언젠가 어떤 문화역사가가 이 성서학회(SBL)에서 있었던 현상을 연구하고 싶을 수도 있다. 이백 년 전에는 기독교인과 유대인, 그리고 로마 가톨릭신자와 개신교인들이 상대방의 저작을 거의 읽지 않았다. 종교와 관련된 학술 주제를 두고 견해와 의견을 교환하기 위해 만난 적은 아예 없었다. 심지어 백 년 전에도 서로를 성장시키는 의견 교환이나 만남이 드물었다. 97번째 미국 성서학회에서 우리는 서로의 글을 읽고 함께 모여 토론하고, 학계의 크고 작은 사안에 대해 동의하거나 동의하지 않는 것이 규범이 되었다. 지난 세기의 유산인 오해와 적대감은 우리 조직의 틀 안에서 와해하였다. 인류 전체가 우리 학회가 거둔 성취를 성취할 수 있으면 좋겠다.

우리 성서학회가 다양한 의견과 아주 예민한 주제들을 끌어안는 곳이 되어야 하는 것이 맞다. 우리는 생기 없는 일치에 도달하기를 원치 않는다. 그보다는 강력하게 견지된 관점들이 자유롭게 표현되며, 서로서로 인정받기 위해 경쟁하는 시장이 되어야 한다. 이 학회에서 있었던 격렬한 논쟁을 기억하면,

이슈들이 주로 학문적이었지 교파적이지는 않았다는 것이 눈에 띈다. 그래야만 한다.

완전한 정확성과 온전한 깊이는 학문의 세계에서 때때로 추구해야 하지만 도달할 수 없는 이상이다. 특히 한 명의 학자가 이루어낼 수 있는 것이 아니다. 개인이 아니라 우리의 협동 작업을 통해 이러한 이상의 실현에 가깝게 다가가게 되었다. 우리가 모두 더 많이 알기 위해 늘 노력하고 더 나은 이해를 위해 노력할 때 말이다.

내가 보기에 성서학계가 병행구절광증을 병으로 인식해야 할 때가 되었다. 과도함은 언제나 잠재적 위험으로 존재해왔다. 사해 문서는 이 잠재적 위험을 긴박한 위험으로, 그리고 모든 곳에 존재하는 위험으로 만들었다. 이제는 과도함에서 벗어나야 할 때다.

1960년대의 성서학계가, 관점과 방향성이 회복되고 오래된 주장이 재검토되며 우리의 중지가 확장되고 깊어진 시기로 특징지어진다면 진정한 성취를 거두었다고 할 수 있을 것이다.

헬레니즘계 종교로서의 기독교의 출생

한스 디터 벳츠 지음 | 김선용 해설 | 진규선 옮김

알맹e

일러두기

1. 이 소논문은 1993년 5월 13일 이스라엘 텔아비브대학교에서 이타마르 그륀발트Ithamar Gruenwald 교수에 의해 진행된 "The Birth of Religions"종교들의 출생 세미나에 처음으로 발표된 강의였습니다. 이후 *The Journal of Religion*에 실렸고, 그 뒤 1998년 Mohr Siebeck에서 출간된 그의 논문 모음집 *Antike und Christentum*의 100-27쪽에 다시 실렸습니다.
2. 저자의 이탤릭은 볼드 처리되었습니다.
3. 본문의 괄호는 모두 저자의 것입니다.
4. 저자가 인용하는 독일어 중에는 Hoffnung 대신 Hofnung, verstehen 대신 verstehn과 같이 옛날 철자들이 있는데, 인용문이므로 그대로 둡니다.
5. 이해를 돕기 위해 한자, 외국어, 첨언, 역자 주, 편집자 주는 첨자로 넣었고, 역자 주와 편집자 주의 경우 구분을 위해서 역자 주는 ⓣ로, 편집자 주는 ⓔ로 표시해했습니다.
6. ///987///처럼 /// ///로 표시된 숫자는 *The Journal of Religion* 원문의 페이지수입니다.
7. 주요 성서학 용어의 번역어는 『성서학 용어 사전』(전자책: 알맹e, 2019; 종이책: IVP, 2022)를 따랐습니다.

Hans Dieter Betz, "The Birth of Christianity as a Hellenistic Religion: Three Theories of Origin," *The Journal of Religion* 74, no. 1 (1994): 1-25. Published by The University of Chicago Press.
The Korean text used in this edition is translated by Jin, Kyuseon.
https://doi.org/10.1086/489284

벳츠의 「기독교의 출생」 소개

김선용

이 소논문은 한 신약학자가 어느 정도까지 박식할 수 있는지를 잘 보여준다. 교회사, 종교학, 신약학, 서양 고전학 등의 학문 분과를 자유자재로 넘나드는 글로서, 지금껏 쁘띠 알맹e에서 선보인 글들과는 다르게 '신약학 소논문'의 장르에 속하지 않는다. 벳츠의 빛나는 통찰과 평가가 곳곳에 담겨 있는데 그중에는 좀 생소하거나 어려운 내용이 들어 있어서 글 자체를 편하게 읽어 내려가기 어려운 면이 있다. 그래서 이 소개 글은 벳츠의 소논문의 성격과 논지, 그리고 의의를 간략하게 설명하여 독자에게 조금이나마 도움을 주기 위해 작성되었다.

먼저 벳츠의 이 글이 어떤 성격의 글인지 아는 것이 좋겠다. 벳츠는 흔히 역사비평으로 통칭되는 연구 방법론 중에서 종교사학history of religions적 접근법을 사용해 수많은 연구물을 세상에 내놓았다. 물론 여기서 말하는 "종교사"는 1880-90년대 괴팅엔 대학교를 중심으로 널리 행해진 연구 경향을 가리키는 것이 아니고, 게르트 뤼데만의 접근 방식과 다르며, 마르틴 헹엘과 래리 허타도의 이른바 "새로운 종교사학파"와도 거리가 있다. 벳츠의 연구 방법론은 초기 기독교를 당대의 종교, 문화, 컬트와 비교 연구를 수행하면서, 시간의 흐름에 따라 변화하고 발전한 기독교라는 "역사 속에서 일어난 현상"을 연구한다.[1] 이 소논문이 세상의 여러 종교의 기원을 논하는 세미나에서 발표된 원고였음을 아는 것이 중요하다. 벳츠는 기독교 학자뿐만 아니라 여러 종교를 연구하는 학자들과의 '대화'를 도모하기 위해 아주 건조한 '3인칭 관찰자 시점'으로 기독교의 기원에 대해 설명하는 것으로 보인다. 다시 말해, 종교학적 관점, 특히 '종교사'적 관점에서 기독교의 기원 문제가 어떻게 다루어졌는지 비평적 태도로 분석하고, 기독교의 기원을 연구한다는 것이 무슨 의미인지를 설명한다.

벳츠는 '기독교의 기원'에 대한 세 종류의 대표적 주장(벳츠는 이 주장들을 '이론'이라고 명명한다)을 간략히 소개하면서 공과를 논하고, 각 이론 속에 숨은 전제와 본질을 날카롭게 지적한다. '기독교의 기원'을 논하는 대다수 이론의 기저에는 특정한 관점이 명시적이든 암시적이든 큰 영향을 미친다. 예를 들어, 한때 완벽하게 순수하고 온전했던 기독교가 시간이 지나면서 이교와 철학의 영향 등을 받아 순수성을 잃고 바람직하지 않은 종교로 전락했다는 관점은 시대를 초월해 막강한 영향을 행사했다. 그러나 이 관점은 과학적, 역사적 탐구의 결과가 아니라, 검증되지 않은 신념에 불과하다. 기독교는 처음부터 다양했다. 단 하나의 순수한 기독교는 존재한 적이 없다.[2]

"성취 이론"은 역사를 시대별로 구분하며 선지자들이 공언한 하나님의 약속이 예수에 의해 성취되었다고 본다. 예수의 제자들은 내면의 순결함을 강조한 탁월한 선생인 예수의 "가르침에 대한 믿음을 온전히 보존했을 뿐만 아니라, 복음을 보편화하고 그것을 온 세상에 전파함으로써 모든 인류를 위한 자들이 되었다"(5쪽에 인용된 레싱의 말). "성취 이론"은 "사기 이론"이나 "배신 이론"과 달리, 예수와 제자들(그리고 교회) 사이의 연속성을 강조한다. 18세기와 19세기 학자들에게 큰 영향을 미친 헤르더의 견해는 "예수를 창시자로,

1 *The History of Religions School Today: Essays on the New Testament and Related Ancient Mediterranean Texts* (ed. Thomas R. Blanton, Robert Matthew Calhoun, and Clare K. Rothschild; WUNT 340; Tübingen: Mohr Siebeck, 2014), 3.

2 David Brakke, *The Gnostics: Myth, Ritual, and Diversity in Early Christianity* (Cambridge and London: Harvard University Press, 2010), 7-8.

사도들을 확장의 대행자들로, 그리고 저들의 성공을 이미 존재하던 소망과 기대의 혼란스러운 배열의 성취로 그려냈고, 또한 교회의 재빠른 부패를 창시자의 원칙들에 대한 배신으로 제시했다"(10쪽). 오늘날에도 헤르더의 주장은 모습을 조금씩 달리하면서 등장하곤 한다.

한편, "헬레니즘에서는 이전 세대를 제쳐 두고, 정치적 목적 또는 그 외 다른 목적들을 위해 종교를 발명한다는 생각"을 가진 이가 많았다는 점에 착안해 기독교의 기원을 설명하려 한 "사기 이론"이 있다. 복음서를 보면 예수도 주술사로 여겨지기도 했고, 바울은 사기꾼이라는 오명을 썼다. "사기 이론"을 극단까지 밀어붙인 라이마루스의 견해는 다음과 같이 요약할 수 있다. "예수가 십자가에 못 박혀 그들의 희망이 무너지자, 그들은 예수의 몸을 무덤에서 훔쳐서 그의 부활을 계획했다. 그렇게 해서 사도들은 기독교의 창시자가 되었다. 그러나 그 토대는 그저 하나의 큰 거짓말에 불과했다. 라이마루스에게 있어서 그들 중 가장 교활한 날조자는 바울이었다"(13쪽).

"배신 이론"을 지지한 학자들은 대체로 다음과 같은 이해를 보인다. "기독교는 그 창시자의 삶과 가르침과 말을 사용하여 형성되었지만, **근본적으로 다른 요구**를 충족시키는 철저한 **자의적** 해석으로 공식화된, 고대의 거대한 **반이교 운동**anti-pagan movement이 되었"다(인용된 니체의 말, 17쪽). 제자들은 "예수의 죽음이 **자신들의** 믿음과 기대에 대한 실패를 의미한다고 생각했을 때… 이러한 실패의 결과를 감당할 수 없었기에, 그들은 유대인 대중이 기대하는 과제를 시작하게 하고, 후에 기독교 종교의 기원으로 둔갑하게 되는 것을 날조했다"(니체, 20쪽).

"사기 이론"과 "배신 이론"은 세상에 등장한 지 꽤 오래되었고 그에 대한 논박도 많이 제시되었으나 오늘날에도 그 이론들의 변주가 기독교에 대한 대중적 논의에 많이 등장한다. 마치 새로운 사실 혹은 아무도 몰랐던 비밀을 알게 된 양 "사기 이론"이나 "배신 이론"을 내세워 기독교를 부정적으로 보는 일부 현대인은 자신이 시대에 뒤처진 사람임을 받아들여야 할 것이다.

그러면, 이 소논문을 읽고 얻을 수 있는 유익은 무엇인가? 여러 이점이 있겠지만 한 가지만 언급한다. 무엇보다도 우리는 기독교에 대한 역사적 탐구와 그 결과물을 역사적 실재(실체)와 구별해야 한다는 벳츠의 말을 기억할 필요가 있다.

> "역사학이 우리에게 전해주는 것은 단순한 사실에 대한 설명이 아니라, 앞서 묘사된 위의 세 가지 이론과 같은 것이나 혹은 다른 것들, 저런 것들을 조합한 다양한 이론들에 영향을 받은 설명이다. 역사적 기원에 관한 이론들은 역사에 대한 근본적인 가정들을 잘 이해하게 해 줄 뿐만 아니라, 또한 역사를 형성하고 만들어 낼 수도 있다. 그러나 역사적 실재들의 기원이 무엇이든, 경험하는 것이 먼저였고 그리고 나중에 (아마도) 이해하게 되었다. 결국, 역사적 기원을 이해하는 데에 가장 큰 어려움은 무엇이 실재이고 무엇이 이론인지를 비판적으로 구별하는 데 있다"(25쪽).

역사학적 방법론으로 초기 기독교를 분석하는 작업은 객관적 혹은 중립적이라는 단어와 거리가 멀다. 위에서 제시한 세 가지 "기원 이론"은 특정한 지적 환경 가운데 사료를 편향적으로 읽고 해석한 작업의 산물이다. 다시 말해, 기독교 기원에 대한 탐구와 설명은 해당 연구자가 지닌 역사에 대한 근본적인 전제 혹은 이해 아래 수행된 인공적 재구성이다. 그러므로 "사기 이론"이나 "배신 이론"은 역사학적 평가의 대상이라고 할 수 있다. 예수 전승의 구술성과 기억 이론을 적극적으로 활용하는 최근의 역사적 예수 탐구는 예수와 복음서 전승 사이의 거리를 전 세대의 학자들보다 더욱 가깝게 보며, "사기 이론"이나 "배신 이론"의 논리가 지닌 허술함을 쉽게 폭로한다. 기독교의 기원을 밝히려는 노력은 계속되어야 하지만, 몇몇 예에서 볼 수 있듯이 학문적 재구성물인 역사적 예수와 기독교의 기원 및 발흥에 대한 이해가 기독교 신앙에 해를 끼치는 실수는 되풀이되어선 안 된다. 이론적 재구성과 역사적 실재를 구분하는 눈을 갖는 것이야말로 공부하는 사람에게 필수적인 덕목이다. 또한, 역사 철학에 대한 지식은 연구자 자신이 수행하는 작업의 본질을 깨닫게 도와준다.

마지막으로, 벳츠 선생에게 던지고 싶은 질문이 있다. “헬레니즘적”이라는 단어와 “종교”라는 단어를 어떻게 이해하시는지?

헬레니즘계 종교로서의 기독교의 출생

한스 디터 벳츠

진규선 옮김

헬레니즘계 종교로서의 기독교의 출생이라는 주제는 흥미로운 질문들로 가득하다. 기독교의 기원을 출생 과정으로 말하는 것은 역사 기록에 적합한 은유라고도 할 수 있다. 알렉산더 데만트Alexander Demandt가 보여주듯, 역사는 언제나 은유를 통해, 특히나 출생과 성장이라는 유비를 활용하는 유기적 은유로 파악되고 표현되었다.[1] 실제로 기독교의 경우, 중대한 아이디어들seminal ideas, seminal은 '정액의'라는 뜻도 있다을 제공했던 아버지와 아이를 낳아 아이가 빛을 볼 때까지 긴 시간이 소요되는 과정을 거치는 어머니에 관하여 말할 수 있을 것이다. 부모가 자녀의 출생을 돌이켜 볼 때처럼 그 모든 과정은 신비롭고 경탄스럽다.

하나의 종교로서 기독교는 당연히 헬레니즘계 종교다; 기독교는 헬레니즘 시대에 출현한 신흥 종교들이 지닌 많은 특징을 갖고 있다.[2] 그러나 우리는 성급히 뛰어들어 그러한 특징들을 기독교에 적용하는 식으로 마구 나열할 수는 없다. 그렇게 했다가는 온갖 종류의 현상을 수집하다 지칠 것이고, 또 자

1 Alexander Demandt, *Metaphern für Geschichte: Sprachbilder und Gleichnisse im historisch-politischen Denken* (Munich: Beck, 1978).

2 다음을 보라. Kurt Rudolph, "Das frühe Christentum als religionsgeschichtliches Phänomen," in his *Geschichte und Probleme der Religionswissenschaft*, Studies in the History of Religions, no.53 (Leiden: Brill, 1992), 301-20.

세히 살펴보면 각각의 현상들이 우리가 예상했던 것보다는 차이가 난다는 걸 발견할 것이다. 사람들이 모두가 눈코입을 갖고 있다는 걸 발견해도, 이런 일반성을 제외하고서 모든 인간은 실제로 다 다른 것과 같다. ///2///

역사 속에서 종교가 어떻게 나타나는지는, 모차르트의 음악이나 이집트의 피라미드만큼이나 불가사의다. 그러나 저 사례들과 달리, 기독교는 처음에는 헬레니즘계 종교로 인식되지 않았다. 아니, 종교로도 인식되지 않았다. 사람들은 언제부터 기독교를 헬레니즘계 종교로 이해하기 시작했을까? 이 질문도 대답하기 매우 어렵다.

또 다른 문제는 새 종교의 이름이다. 출생 즉시 이름을 갖고 태어나는 유아들과는 달리, 기독교는 일단 출생 후 꽤 시간이 지난 뒤에야 그 이름을 얻었다(그리스어: Χριστιανισμός; 라틴어: Christianismus).[3] 게다가 나중에 기독교로 알려지게 된 이것은 새로운 종교가 될 것이라는 걸 인지하는 가운데 시작한 것도 아니다. 만약 누군가가 1세대 기독교인들에게 자신들이 새로운 종교의 회원인지 묻는다면, 그들은 아니라고 대답했을 것이다. 초기 기독교인 중 유대인들은 스스로를 유대인이라고 여겼을 것이고 또 다른 사람들은 바울이나 다른 지도자들의 추종자들이라 여겼을 것이다. 혹 어떤 이들은 자신들이 옛 질서에 속하는 종교를 버렸다고 말했을지도 모른다. 또 어떤 사람들은 자신들의 집단에 대하여 다양한 이름을 제시하긴 했을 수도 있으나, 그 이름이 '기독교'는 아니었다. 어쨌거나 '기독교'라는 용어는 후대 관점에 기반한 일종의 추상적 개념abstraction이다.[4]

종교사적 질문 중 하나인 기독교의 출생은 무엇보다 종교들의 기원들에 관

---

3 이에 관하여는 다음 나의 논문을 보라. "Christianity as Religion: Paul's Attempt at Definition in Romans," *Journal of Religion* 71 (1991): 315-44, 특히 316쪽 각주 4번. 현대 기간과 관련하여는, 다음을 보라. Trutz Rendtorff, "Christentum," *Geschichtliche Grundbegriffe* 1 (1972): 772-814.

4 나는 이미 이 사안들을 나의 논문에서 다룬바 있다. "Paul's Ideas about the Origins of Christianity," in my *Paulinische Studien: Gesammelte Aufsätze III* (Tübingen: J. C. B. Mohr [Paul Siebeck], 1993,).

한 이론들과 관련이 있다.[5] 역사 철학에 속하기도 하는 기원들에 관한 이론들은 역사 속에서 출현하였으므로, 설명되어야 하는 역사적 실체들이다. 나는 여기서 종교들의 역사적 기원들에 관한 철학적, 신학적 질문들을 회피하지 않으면서, 세 가지 이론을 다루고자 한다:[6] (1) 기독교의 기원이 새 시대의 출생을 열었다고 주장하는 '성취 이론들'theories of fulfillment(고트홀트 에프라임 레싱Gotthold Ephraim Lessing, 요한 고트프리트 헤르더Johann Gottfried Herder); (2) 기독교가 예수의 부패한 제자들의 거짓말에 기반하고 있다고 주장하는 '원 사기 이론'theory of original fraud(헤르만 자무엘 라이마루스Hermann Samuel Reimarus); (3) 예수의 초창기 제자들이 스승의 급진적 메시지를 부패한 현상 유지에 대한 수용으로 교체해 버렸다고 주장하는 '원 배신 이론'theory of original betrayal(프리드리히 니체FriedrichNietzsche). ///3///

I. 성취 이론들

성취 이론들은 구원 역사에 관한 신약 사상들에 그 뿌리들을 둔다. 이 사상들에 의하면, 각 시대는 예언자들에 의해 계시된 하나님의 여러 약속의 신화적인 성취에 따라 구별된다.[7] 만약 기독교의 기원이 이러한 틀 안에서 해석되었다면, 아브라함에게 하신 하나님의 약속, 하나님 나라의 도래, 메시아의 도래, 재창조 등, 여러 개념이 명백해진다.

계몽주의 시대, 이러한 신화적 개념들은 새로운 형이상학적, 역사적 구성들로 대체되었다.[8] 더 긴 발전이 이루어질 초기에, 그 본성과 범위에 있어서

5 이 이론들은 헬라 철학의 더 오랜 뿌리들을 갖고 있다. 다음을 보라. Werner Jaeger, "Theories of the Origin and Nature of Religions," in his *The Theology of the Early Greek Philosophers* (Oxford: Clarendon Press, 1947), 172-90. 또한 다음을 보라. Alois Kehl and Henri-Irénée Marrou, "Geschichtsphilosophie," *Reallexikon für Antike und Christentum* 10 (1978): 703-79.

6 또 다른 방식으로 "원 순수, 이후 퇴락"에 관한 매우 영향력 있는 이론은 다음을 보라. Stefan Alkier, *Urchristentum: Zur Geschichte und Theologie einer exegetischen Disziplin*, Beiträge zur historischen Theologie, no. 83 (Tübingen: J. C. B. Mohr [Paul Siebeck], 1993).

7 다음을 보라. 갈 4:4; 고전 10:11; 엡 1:10; 막 1:15; 눅 21:24. 논의를 위해서는 다음을 보라. Kehl and Marrou, 760-71.

8 이러한 발전들에 관하여는 다음을 보라. Emanuel Hirsch, *Geschichte der neuern evangelischen*

보편적인 원시 '이성 종교'와 현세대의 '실정 종교들'實情, positive religions; 실제 존재했던 역사적 인물을 창시자로 둔 종교 ⓔ 사이에는 날카로운 구별이 있었다. 이 도식 안에서, 본래의 '이성 종교'는 그 순수한 상태에서는 성경 종교와 동일시되었지만, '실증 종교들'은 성경 밖의 열등한 이교와 혼합된 산물로 간주하였다. 그러한 혼합물들은 외적 요소들이 성경 종교에 스며들 때 발생했고, 묵시 사상이나 악마 숭배로 발전하는 결과를 낳았다. 새롭게 발전하는 역사 비평적 조사들이 초기 기독교에 적용되었을 때, 다음과 같은 몇 가지 결과가 나타났다.

a) 역사 비평 연구들은 덧붙여진 것들을, 특히 기독교 교의학의 덧씌우개를 분리할 때 본래의 이성 종교를 회복될 수 있다고 믿었다. 그래서 성서학은 비교 조사들에 집중했는데, 여기서 본래의 순수한 요소들은 후대의 영향 및 퇴보와 분리되었다. 이것들은 확실히 18세기의 가장 뛰어난 지성 중 한 명이었던 요한 잘로모 제믈러(Johann Salomo Semler1725-91)의 프로그램기획, 계획의 근본적 목표들이기도 했다.[9] ///4///

b) 이 프로그램에 의하면, 기독교는 나사렛 예수, 곧 순수한 본래의 이성 종교를 재발견하고 회복한 한 유대 교사와 더불어 시작했다. 말하자면, 초기 기독교는 근본적으로는 종교 쇄신의 결과였다. 실제로 그 과정은 혁명 중 하나였다. 마치 본래의 이성 종교가 다신교로 타락한 형태가 되었던 것과 마찬가지로, 기독교는 전세를 역전시켜 이전의 상태로 다시 태어났다. 매튜 틴달(Matthew Tindal1657-1733)의 1730년의 책 제목이 이 문제를 적절하게 기술한다:

Theologie im Zusammenhang mit den allgemeinen Bewegungen des europäischen Denkens, 5 vols, 3d ed. (Güntersloh: Mohn, 1964); Karl Aner, *Die Theologie der Lessingzeit* (Halle: Niemeyer, 1929; reprint, Hildesheim: Olms, 1964).

9 제믈러에 관하여는 다음을 보라. Leopold Zscharnack, *Lessing und Semler: Ein Beitrag zur Entstehungsgeschichte des Rationalismus und der kritischen Theologie* (Gießen: Töpelmann, 1905); Hirsch, Geschichte, 4:48-89; 기초적인 연구는 다음을 보라. Hartmut H. R. Schulz, *Johann Salomo Semlers Wesensbestimmung des Christentums: Ein Beitrag zur Erforschung der Theologe Semlers* (Würzburg: Königshausen & Neumann, 1988). 또한 비교 종교의 역할에 관하여는 제믈러의 스승의 작품을 보라. Siegmund Jakob Baumgarten, *Geschichte der Religionsparteyen*, ed. Johann Salomo Semler (Halle: Gebauer, 1766; reprint, Hildesheim: Olms, 1966).

*Christianity as Old as the Creation, or the Gospel, a Republication of the Religion of Nature*창조만큼이나 오래된 기독교: 혹은 재공표된 자연 종교인 복음.

c) 기독교 이전의 종교들에서 본래의 이성 종교의 흔적들이 감지될 수도 있다. 비록 이교에 흡수되어 오염되긴 했으나, 비기독교 종교와 기독교 종교의 신중한 비교는 이집트와 메소포타미아의 서아시아 종교에서 본래의 이성 종교의 잔여 요소를 확인할 수 있다고 믿게 해주었다. 이 생각은 후에 '비교 종교사'라 불리는 것을 낳았다. '표현 양식'mode of presentation(Lehrart)과 '실제 내용'essentials(Sachinalt) 사이의 구별은 현존하는 문헌들에 숨겨진 본래 종교의 구조를 식별할 수 있게 해 주었다.

역사 진보 이론은 고트홀트 에프라임 레싱(1729-81)에 의해, 특히 그의 작품인 *Die Erziehung des Menschengeschlechts*인류의 교육(1780)에서 대폭 수정되었다.[10] 레싱은 종교를 인류 역사 전체를 움직이는 힘으로 생각했다. 이 가설을 설득력 있게 만들기 위해, 레싱은 많은 것을 뒤바꾼다. 처음에 레싱은 이상적이고 보편적인 종교가 아니라 실제 현존하는 종교, 특히 유대교와 기독교를 상정하고, **이성 종교**rationalis religio를 역사 영역에서 제거했다. 따라서 역사학은 현존하는 종교들에 대한 연구에 전념해야 하며, 기독교는 나머지 종교들과 나란히 서 있었다. 모든 현존하는 종교는 부분적으로는 진실, 부분적으로는 거짓을 포함하는 이중성을 갖고 있다. 하지만 그것들의 현상, 상관관계, 발전을 연구한다는 것이 세계사뿐 아니라 종교사를 품는 역사가의 임무다. 벌어지는 일은 모두 발전으로서 교육의 보편적 과정에 속하며,[11] 그 핵심은 종교며,[12] 그 목표는 모든 인간을 위한 **자연 종교**religio naturalis다. ///5/// 이 교육은 분

10 이하는 다음에 따라 인용했다. *Lessings Werke in sechs Bänden*, ed. Robert Riemann (Leipzig: Reclam, n.d.), 6:201-19. 번역은 나의 것이다. 레싱에 관하여는 다음을 보라. Zscharnack, 도처에; R. F. Merkel, "Lessing und Herder als Religionshistoriker," *Nieuw Theologisch Tijdschrift* 25 (1936): 129-44; Hirsch, *Geschichte*, 4: 120-65.

11 발전의 개념에 관하여는 다음을 보라. Wolfgang Wieland, "Entwicklung, Evolution," *Geschichtliche Grundbegriffe* 2 (1975): 199-228.

12 레싱, *Die Erziehung des Menschengeschlechts*, sec. 1: "Was die Erziehung bei dem einzeln Menschen ist, ist die Offenbarung bei dem ganzen Menschengeschlechte"교육은 한 개인에 대한 것, 계시는 온 인류에 대한 것이다.

명히 역사 이상의 것을 요구하기 때문에, 그 방법은 포괄적인 해석학이다.

종교사는 교육의 보편적 과정이므로, 모든 종교와 그 종교들의 발전을 위한 장소는 쉽게 발견할 수 있다. 분명, 태고의primordial 순수한 종교의 짧은 순간도 있었다. 그러면 수백만 년에 걸친 다신교와 미신은 무엇이었나(섹션 6)?[13] 이스라엘 백성은 진보, 즉 새로운 시작의 첫 현현이 되었다(섹션 8-52).[14] 이스라엘의 성경은 기초 교과서가 되었다. 이스라엘이 청소년기에 접어들었을 때,[15] 새로운 교사인 그리스도가 나타났다: "이렇게 하여 그리스도는 영혼불멸에 대한 최초의 신뢰할 만하고 실천적인 교사가 되었다."[16]

예수가 신뢰할 수 있는 교사인 이유는, 하나님의 약속들이 그 안에서 성취되었기 때문이다(섹션 59); 그가 실천적인 교사인 이유는, 그는 철학적 사색의 말들이 아닌 내적 및 외적 행위로 가르쳤기 때문이다(섹션 60); 비록 그의 가르침이 전적으로 새로운 것은 아니었으나, "그의 마음의 내적 순결"이 영생

13 Ibid., sec. 6: "Wenn auch der erste Mensch mit einem Begriffe von einem einigen Gotte sofort ausgestattet wurde: so konnte doch dieser mitgeteilte und nicht erworbene Begriff unmöglich in seiner Lauterkeit bestehen. Sobald ihn die sich selbst überlassene menschliche Vernunft zu bearbeiten anfing, zerlegte sie den einzigen Unermeßlichen in mehrere Ermeßlichere und gab jedem dieser Teile ein Merkzeichen." 섹션 6: 첫 사람이 그 즉시 하나님에 관한 어떤 관념을 하사받긴 했다; 그러나 전달은 되었으나 획득은 되지 않은 개념이 온전하게 존재할 수는 없었다. 인간의 이성에 내던져진 그 개념이 그 자체로 작용하기 시작하자마자, 인간 이성은 측량할 수 없는 단일 항목을 측정 가능한 여럿으로 나누어 각각에 표식을 주었다. Section 7: "So entstand natürlicherweise Vielgötterei und Abgötterei. Nur wer weiß, wie viele Millionen Jahre sich die menschliche Vernunft noch in diesen Irrwegen würde herumgetrieben haben, ohngeacht überall und zu allen Zeiten einzelne Menschen erkannten, daß es Irrwege waren: wenn es Gott nicht gefallen hätte, ihr durch einen neuen Stoß eine bessere Richtung zu geben." 섹션 7: 그리하여 자연스럽게 다신교와 우상숭배가 생겨났다. 만약 하나님이 새로운 충동을 통해 인간 이성에게 더 나은 방향을 제시하기를 기뻐하지 않았더라면, 언제 어디서나 소수의 사람이 잘못된 길임을 알았을지라도, 수백만 년 이상 인간 이성이 이러한 잘못된 길에서 방황했을 것을 누가 알겠는가.

14 Ibid., sec. 8: "Da er[sc. Gott] aber jedem einzelnen Menschen sich nicht mehr offenbaren konnte, noch wollte: so wählte er sich ein einzelnes Volk zu seiner besondern Erziehung und eben das ungeschliffenste, das verwildertste, um mit ihm ganz von vorne anfangen zu können." 섹션 8: 그분(즉, 하나님)은 각 개개인에게 스스로를 더 이상 계시할 수도 없었고, 원치도 않으셨기 때문에, 자신만의 특수한 교육을 위하여 한 민족을 선택하셨다. 그리고 그것은 하나님과 함께 시작할 수 있는 가장 거친, 가장 야만적인 방식이었다.

15 Ibid., sec. 55: "Das Kind wird Knabe." 섹션 55: 어린아이는 청소년이 된다.

16 Ibid., sec. 58: "Und so ward Christus der erste zuverlässige, praktische Lehrer der Unsterblichkeit der Seele."

을 선포하는 유일한 방식이었기 때문이다(섹션 61).[17]

예수의 제자들은 그의 가르침에 대한 믿음을 온전히 보존했을 뿐만 아니라, 복음을 보편화하고 그것을 온 세상에 전파함으로써 모든 인류를 위한 자들이 되었다(섹션 62).[18] 비록 거기에 예수 자신의 것보다 설득력이 떨어지는 그들 자신의 가르침을 덧붙이긴 했지만,[19] 그들의 책인 신약은 인류를 위한 두 번째이자 더 발달한 교과서가 되었다(섹션 63-71).[20] ///6///

레싱에 의하면, 마지막 세 번째 단계, 미래 시대가 남았다. 그때 인류는 완전한 성숙을 획득할 것이다(섹션 81-85). 그때에는 새롭고 영원한 복음이 선포될 것이다. 이것은 신약 자체에도 예언되었으며,[21] 13세기와 14세기의 몇몇 열광자들은 그것을 어렴풋이 느끼기도 했다(섹션 87-90).[22] 레싱의 견해에 의하

---

17 Ibid., sec. 61: "Eine innere Reinigkeit des Herzens in Hinsicht auf ein anderes Leben zu empfehlen, war ihm allein vorbehalten." 섹션 61: 어떤 또 다른 생명과 관련하여 마음의 내적 순결을 권하는 일은 오로지 그의 몫이었다.

18 Ibid., sec. 62: "Seine Jünger haben diese Lehre getreulich fortgepflanzt. Und wenn sie auch kein ander Verdienst hätten, als daß sie einer Wahrheit, die Christus nur allein für die Juden bestimmt zu haben schien, einen allgemeineren Umlauf unter mehreren Völkern verschafft hätten: so wären sie schon darum unter die Pfleger und Wohltäter des Menschengeschlechts zu rechnen." 섹션 62: 그의 제자들은 이 가르침을 충실하게 전파했다. 비록 제자들이 그리스도는 유대인에게만 의도한 것처럼 보이는 진리를 다른 여러 민족 가운데 더욱 널리 퍼트린 것 외에 다른 공로는 없을지라도, 그것만으로도 그들은 인류의 돌보미와 은인으로 간주할 수 있을 것이다.

19 Ibid., sec 63: "Daß sie aber diese eine große Lehre noch mit andern Lehren versetzten, deren Wahrheit weniger einleuchtend, deren Nutzen weniger erheblich war: wie konnte das anders sein? Laßt uns sie darum nicht schelten, sondern vielmehr mit Ernst untersuchen, ob nicht selbst diese beigemischten Lehren ein neuer Richtungsstoß für die menschliche Vernunft geworden." 섹션 63: 그러나 그들은 이 위대한 가르침을 다른 가르침들과 혼합하여, 그 진리가 불명확해졌고, 유용성도 확실히 줄었다. 그렇지 않으면 어떻게 그렇게 될 수 있었겠는가? 그들을 책망하지 말고 오히려 이러한 혼합된 가르침 그 자체가 인간 이성을 위한 새로운 방향으로 추진력이 되지 않았는지를 진지하게 검토해 보자.

20 Ibid., sec. 64: "Wenigstens ist es schon aus der Erfahrung klar, daß die neutestamentlichen Schriften, in welchen sich diese Lehren nach einiger Zeit aufbewahrt fanden, das zweite beßre Elementarbuch für das Menschengeschlecht abgegeben haben, und noch abgeben." 섹션 64: 적어도 이 가르침들을 빠른 시일 안에 보존한 것으로 보이는 신약 성경이 인류를 위한 더 나은 두 번째 교과서가 되었고 지금도 여전히 그러하다는 것을 경험으로 분명히 알 수 있다.

21 Ibid., sec. 86: "Sie wird gewiß kommen, die Zeit des neuen ewigen Evangeliums, die uns selbst in den Elementarbüchern des Neuen Bundes versprochen wird." 섹션 86: 그때는 반드시 올 것이다. 새 언약의 입문서들에서 우리에게 약속한 새롭고 영원한 복음의 때가.

22 Ibid., sec. 87: "Vielleicht, daß selbst gewisse Schwärmer des dreizehnten und vierzehnten Jahrhunderts einen Strahl dieses neuen ewigen Evangeliums aufgefangen hätten und nur darin irrten, daß sie den Ausbruch desselben so nahe verkündigten." 섹션 87: 아마도 13세기와 14세

면, 이와 같은 "세상의 세 시대"three ages of the world[23] 중 불필요한 것은 없다. "하나님의 경륜"[24] 안에서 각각의 단계들은 다음 단계에도 여전히 보존된다. 그래서 레싱은 이렇게 결론을 내린다. "눈에 보이지 않는 단계로, 영원한 섭리로 나아가라!"[25]

요한 고트프리트 헤르더(1744-1803)는 한 걸음 더 나아가 기독교의 기원들을 유럽의 출현이라는 세속적 맥락에 두었다.[26] 이러한 맥락 안에서, 레싱에게는 여전히 신학적 혹은 신화적인 계시라는 개념은 혁명이라는 개념으로 대체된다. 헤르더에 의하면, 오래된 유럽 부족 중 그 어느 부족도 스스로 문화를 생산하지 않았고, 오히려 그 모두가 비유럽 문화들로부터 문화적 요소들을 물려받았다.[27] 그러므로, "유럽은 그리스인, 로마인, 아라비아인의 씨앗들이 자란 식물이다."[28] ///7/// "딱딱한 토양에서 번성하여, 비록 처음에 신맛

기의 어떤 열광주의자들도 이러한 새롭고 영원한 복음의 빛을 보았을 것이다. 단지 그들이 이 터져 나오는 빛을 너무 빨리 선포한 것이 실수였다.

23 Ibid., sec. 88: "Vielleicht war ihr dreifaches Alter der Welt keine so leere Grille, und gewiß hatten sie keine schlimme Absichten, wenn sie lehrten, daß der Neue Bund ebensowohl antiquieret werden müsse, als es der Alte geworden." 섹션 88: 저들이 말하는 세상의 세 번의 시대 변화가 공허한 변덕은 아니었을 것이다: 또한 저들이 새 언약도 옛 언약처럼 낡아져야만 한다고 가르친 것에는 결코 나쁜 의도는 없었을 것이다.

24 Ibid., sec. 88: "Es blieb auch bei ihnen immer die nämliche Ökonomie des nämlichen Gottes. Immer – sie meine Sprache sprechen zu lassen – der nämliche Plan der allgemeinen Erziehung des Menschengeschlechts." 섹션 88:동일한 하나님의 동일한 경륜이 저들에게도 있었다. 그리고 언제나 (만약 저들에게 내 언어를 허락한다면) 그것은 바로 인류를 위한 보편적 교육을 위한 계획이었다.

25 Ibid., sec. 91: "Geh' deinen unmerklichen Weg, ewige Vorsehung! Nur laß mich dieser Unmerklichkeit wegen an dir nicht verzweifeln! – Laß mich an dir nicht verzweifeln, wenn selbst deine Schritte mir scheinen sollten zurückzugehen! – Es ist nicht wahr, daß die kürzeste Linie immer die gerade ist." 섹션 91: 눈에 보이지 않는 단계로, 영원한 섭리로 나아가라! 눈에 보이지 않는다는 이유로 나를 실망하게하지 말라! 그대의 발걸음이 뒤로 물러나는 것처럼 보일지라도 나를 실망하게 하지 말라! 가장 짧은 선이 언제나 직선이라는 말은 사실이 아니다.

26 이하의 참조들은 다음 헤르더 작품에 있는 그의 기본 진술들에 제한된다. *Ideen zur Philosophie der Geschichte der Menschheit*, vol. 6, *Johann Gottfried Herders Werke*, ed. Martin Bollacher (Frankfurt am Main: Deutscher Klassiker Verlag, 1989). 번역은 나의 것이다. 헤르더에 관하여는 다음을 보라. Merkel, "Lessing und Herder" (본 에세이 각주 11 참고), 도처에; Hirsch, *Geschichte* (본 에세이 각주 9 참고), 4:207-47.

27 Herder, *Ideen*, IV 16, VI.3 (706-7).

28 Ibid., 707: "Europa ist ein Gewächs aus Römisch-Greichisch-Arabischem Samen." 헤르더의 은유들에 관해서는 다음을 보라. Heinz Meyer, "Überlegungen zu Herders Metaphern für die Geschichte," *Archiv für Begriffsgeschichte* 25 (1981): 88-114.

이 나긴 했지만, 어쨌든 마침내 열매를 맺기까지 오랜 시간이 걸렸다. 사실, 이를 위해서는 특별한 수단이 필요했다. 즉, 로마인들이 [군사적] 정복으로 성취할 수 없는 것을 영적으로 정복하기 위해 **외래 종교**라는 독특한 수단이 필요했 다."[29] 갓 출생한 기독교 종교가 바로 이 "수단"이자, "모든 민족을 하나로 만들어 이 세계와 미래를 행복하게 만드는…목적"을 지닌 교육의 새로운 매체였고,[30] 교육 과정은 "유럽보다 더 강력한 곳이 없었다."[31] 헤르더에게 있어서 옛 구원사 개념들이 이제는 세속화되었고, 유럽의 핵심과 기준으로서, 유럽과 더불어 보편사의 개념이 되었다. 예수와 더불어 시작한 초기 기독교는 여기에 결정적인 역할을 했다.

예수는 "유대 국가가 멸망하기 70년 전" 역사 속에 나타났다. 이 시대, "이런 상황 속에서 한 남자가 태어났다. 그는 인간 사상의 영역뿐만 아니라, 사회 관습 및 정치 기관에도 예상치 못한 혁명을 일으켰다. 그가 바로 **예수**다."[32] 예수는 하나님 나라를 선포했다. 하나님 나라는 "천상의 영역, 오직 선택된 사람들만 갈 수 있는 곳이며, 예수는 외적 의무나 관습을 강요하지 않고

---

29 Ibid.: "Lange Zeiten brauchte dies Gewächs, ehe es auf diesem härtern Boden nur gedeihen und endliche eigne, Anfangs sehr saure Früchte bringen konnte; ja auch hierzu war ein sonderbares Vehikel, *eine fremde Religion* nötig, um das was die Römer durch Eroberung nicht hatten tun können, *durch eine geistliche Eroberung* zu vollführen."

30 Ibid.: "dies neue Mittel der Bilding."

31 Ibid.: "das keinen geringern Zweck hatte, als alle Völker zu Einem Volk, für diese und eine zukünftige Welt glücklich, zu bilden, und das nirgends kräftiger als in Europa wirkte."모든 민족을 하나로 만들어 이 세계와 미래를 행복하게 만드는 것 외에 다른 목적이 없었으며, 그것이 유럽보다 더 강력한 곳은 없었다. 헤르더는 이 섹션을 괴테의 유명한 시, *Die Geheimnisse*비밀의 한 구절로 마무리 짓는다. 또한 다음을 보라. Ibid., 1085-86.

32 Ibid., 708: "Siebenzig Jahre vor dem Untergang des Jüdischen Staats ward in ihm ein Mann geboren, der sowohl in dem Gedankenreich der Menschen, als in ihren Sitten und Verfassungen eine unerwartete Revolution bewirkt hat, *Jesus*." '신지학자' 루트비히 티모테우스 슈피틀러(Ludwig Timotheus Spittler)1752-1810)의 작품에 있는 유사한 사유와 비교해보라. *Grundriß der Geschichte der christlichen Kirche* (Göttingen: Vandenhoeck, 1782; 3d ed., 1790), sec. 1: "Die Welt hat noch nie eine solche Revolution erfahren, die in ihren ersten Veranlassungen so unscheinbar und in ihren letzten ausgebreitesten Folgen so höchst merkwürdig war, als diejenige ist, welche ein vor achtzenhundert Jahren geborener Jude, Namens Jesus in wenigen Jahren seines Lebens machte."섹션 1: 세계는 그러한 혁명을 이전에는 알지 못했다. 그 혁명은 1,800년 전, 예수라는 이름을 가진 한 유대인이 자신의 짧은 생애 동안 만든 것으로, 처음 계기들은 눈에 띄지 않을 정도였으나 마지막으로 가장 널리 퍼진 결과로는 가장 괄목할 만한 것이었다.

순전한 마음과 감성의 덕을 요구하며 사람들을 하나님 나라로 초대했다. 우리는 우리가 보유한 그의 몇몇 연설들 속에서, 가장 참된 인간성의 표현을 발견한다. 예수가 스스로를 '사람의 아들'(혹은 인자)이라고 부르기를 선호했듯, 가장 참된 인간성이란 예수의 생애 안에서 그가 스스로 보여준 것으로, 예수는 자신의 죽음으로 그것을 확인시켜주었다."[33] ///8///

그러므로 예수는 "하나님의 사람들을 형성하는데 헌신했던 인류의 영적 구세주였다. 하나님의 사람들이란, 어떤 법아래 살았든 상관없이 순전한 동기로 타인의 안녕welfare을 증진하려고 하며, 고통을 스스로 짊어지고, 진리와 선의 영역의 왕으로서 통치하는 자들이다."[34] 참으로, 예수의 이러한 강림은 우연이 아니다. 즉, 섭리의 목적은 분명히 밝혀져야 한다: "인류에게 일반적으로 작용하는 순수한 인간성 외에, 지상에서 인류의 완벽함과 행복을 소중히 여길 수 있게 하는 다른 이상이 있을 수 있었을까?"[35]

"기독교의 기원, 그 안에 내재한 원리"에[36] 대한 헤르더의 사상은 그 출발부터 획기적인 것으로 입증된다. "그저 지상에서 일어난 하나의 사건, 그 이상과 연결되는 하나의 혁명이 멸시받는 유대 지역으로부터 기원했다는 것이 매우 독특해 보이지만, 사실 자세히 들여다 보면, 거기에는 역사적 이유가 있

33 Herder, *Ideen*, 708: "Das Reich, das er ankündigte, nannte er das Reich Gottes, ein himmlisches Reich, zu welchem nur auserwählte Menschen gelangen könnten, zu welchem er also auch nicht mit Auflegung äußerlicher Pflichten und Gebräuche, desto mehr aber mit einer Aufforderung zu reinen Geistes- und Gemüstungenden einlud. Die *echteste Humanität* ist in den wenigen Reden entahlten, die wir von ihm haben; Humanität ists, was er im Leben bewies, und durch seinen Tod bekräftigte, wie er sich denn selbst mit einem Lieblingsnamen, den *Menschensohn*, nannte."

34 Ibid., 709: "Als ein geistiger Erretter seines Geschlechts wollte er *Menschen Gottes* bilden, die, unter welchen Gesetzen es auch wäre, aus reinen Grundsätzen anderer Wohl beförderten und selbst duldend im Reich der Wahrheit Güte als Könige herrschten."

35 Ibid.: "denn was hätte der Mensch für ein andres Ideal seiner Vollkommenheit und Glückseligkeit auf Erden, wenn es nicht diese allgemein-wirkende reine Humanität wäre?" 슈피틀러와 유사한 의견에 대해서는 다음을 보라. Aner, *Die Theologie der Lessingzeit* (본 에세이 각주 9 참고), 339.

36 헤르더의 *Ideen* (본 에세이 각주 27 참고), IV, 17, I (710)의 제목이다: "Ursprung des Christentums, samt den Grundsätzen, die in ihm lagen."

다."[37] 헤르더는 이러한 역사적 이유를 (비록 이름을 붙이진 않지만) 헬레니즘 시대라는 특징을 통해서 확인한다. 이 시대에 거룩한 경전들을 소유한다는 것은 유대인, 그리스인, 로마인보다 이점을 가진 것으로 드러났다. 이 경전들이 세계에 점차 흩어짐에 따라, 그것들은 영적 힘을 가진 것으로 의미를 갖추게 되었으며, 사람들을 영적, 도덕적, 예언자적 지혜로 교육했고, 또한 그들 눈앞에 어떤 그림이 그려져야 하는지를 제시했다. 이로부터 자기 백성을 구원하고 황금 시대를 열어줄 메시아적인 왕에 대한 "소망들의 체계"가[38] 자라났다. 곧 이러한 소망들은 유대교를 넘어서서 이집트인과 그리스인 사이에 자리를 잡았고, 열렬한 희망과 기대를 담은 출처가 불분명한 작품들을 생산했다. 마지막으로, "이러한 꿈들이 절정에 이르렀을 때, 그것들이 이루어지는 때가 왔다. 사람들 사이에 한 남자가 나타났는데, 그의 마음은 지상의 영광에 대한 모든 상상을 넘어섰기에, 유대인의 천상의 나라와 다름없는 이상적인 영역에서 투영되는 모든 소망, 바람, 예언을 통합할 수 있었다."[39] ///9/// 다시 말해, 예수가 출현했을 때, 사람들은 그를 알렉산더 대왕 이후부터 쌓였던 영적인 갈망, 열망, 소망을 성취할 수 있는 존재로 믿었다. 또한 예수는 성전의 파괴와 타락한 유대교의 종말을 예고했다. 그래서 유대 국가가 종말을 맞이했을 때, 사람들은 예수의 예언이 실현되었다고 믿었다.

헤르더는 역사적 설명을 의도하긴 했다. 하지만 신의 섭리에 대한 언급으로 인해, 초기 기독교 혁명의 이점에 대한 그의 묘사는 세속적인 구원 역사나 마찬가지였다. 그는 다음과 같이 덧붙이며 결론을 내린다: "이 세상과 다음 세상을 위한 천상의 영역의 열쇠들이 다른 민족들의 손에 넘어갔다면, 유대

---

37 Ibid.: "So sonderbar es scheinet, daß eine Revolution, die mehr als Einen Weltteil der Erde betraf, aus dem verachteten Judäa hervorgegangen: so finden sich doch, bei näherer Ansicht, hiezu historische Gründe."

38 Ibid., 710-11: "das System von Hoffnungen."

39 Ibid., 711: "jetzt war die Zeit da, die diesen Träumereien auf ihrem Gipfel ein Ende machen sollte. Es erschien ein Mann aus dem Volk, dessen Geist, über Hirngespinste irdischer Hoheit erhaben, alle Hoffnungen, Wünsche und Weissagungen der Propheten zur Anlage eines idealischen Reichs vereinigte, das nichts weniger als ein Jüdisches Himmelreich sein sollte."

인의 손에 있었을 때보다 더 위험한 바리새주의로 변할 수도 있었다."[40]

헤르더가 예수를 "그 종교의 창시자"로[41] 말할 때, 그는 기독교가 그토록 빠르게 자리를 잡은 주요한 이유로, "자신의 임박한 파루시아Parousia와 지상에 세워질 자신의 나라에 대한 계시"에[42] 대한 예수의 믿음을 꼽았다. 헤르더는, 예수의 묵시적 열정과는 별개로, 기독교를 건설하는데 기여한 예수와 그의 초기 운동의 일곱 가지 특징을 나열한다.[43] 그러나 동시에 헤르더는 이러한 이 일곱 가지 특징의 부패가 얼마나 새로운 종교를 재빠르게 퇴보시켰는지 다음과 같이 진술한다: "pisciculi Christiani(작은 기독교 물고기)는 수 세기 동안 어둠 가운데서 헤엄쳤다."[44] 교회사에 대한 헤르더의 비판도 상당히 부정적이다. 그러나 그는 "슬픈 마음으로"[45] 하지만 소망을 갖고서 이렇게 결론을 내린다: "약이 독이 되고, 독이 약이 될 수 있듯, 그 기원에 있어서 순수하고 선한 것이 결국에는 승리하고야 말 것이다."[46]

헤르더의 설명은 18세기와 19세기의 주요 사상가들에게 막대한 영향을 미쳤다. 헤르더는 구속 역사를 세속화함으로써, 기독교의 기원을 우리가 헬레니즘이라고 부르는 시대의 소망과 열망의 성취로 말할 수 있었다. ///10/// 헤르더는 몇 쪽 되지 않는 짧은 분량으로 예수를 창시자로, 사도들을 확장의 대행자들로, 그리고 저들의 성공을 이미 존재하던 소망과 기대들의 혼란스러운 배열의 성취로 그려냈고, 또한 교회의 재빠른 부패를 창시자의 원칙들에 대

40 Ibid., 712: "Die Schlüssel des Himmelreichs für diese und jene Welt konnten in den Händen andrer Nationen ein gefährlicherer Pharisäismus werden, als sie es in den Händen der Juden je gewesen waren."

41 Ibid.: "Stifter der Religion."

42 Ibid.: "die Meinung von seiner *baldigen Rückkunft und der Offenbarung seines Reiches auf Erden.*"

43 Ibid., 713-21.

44 Ibid., 719: "Die pisciculi Christiani schwammen Jahrhunderte lang in einem trüben Elemente."

45 Ibid., 721: "mit traurigem Gemüt."

46 Ibid.: "denn wie die Arznei in Gift verwandelt wurde, kann auch das Gift zur Arznei werden, und eine in ihrem Ursprung reine und gute Sache muß am Ende doch triumphieren."

한 배신으로 제시했다. 이러한 기본적인 개념들은 19세기와 20세기에 걸쳐서 재언급되고, 수정되고, 확장되었으며, 또한 그것들은 오늘날에도 기독교의 기원을 다루는 많은 책에서 보다 더 온건한 언어로 표현되고 있음을 발견할 수 있다.

II. 원 사기 이론

타락한 사제들의 사기로 비롯한 새로운 종교들에 관한 이론들은 헬레니즘에서는 통상적이었다. 이 이론들은 철학사, 즉 데모크리토스Democritus, 프로디코스Prodicus, 특히 크리티아스Critias로 거슬러 올라가는 문화와 종교의 기원에 관한 사상들에 오랜 뿌리를 두고 있다.[47]

데모크리토스와 프로디코스는 종교의 기원을 원시 인류가 오해한 결과로 설명한 반면에, 합리주의자인 크리티아스는 한 걸음 더 나아갔다.[48] 그는 종교를 현명한 정치가들이 제멋대로인 원시 인류가 심지어 보는 사람이 없을 때도 법을 준수하게 만들기 위한 영리한 발명으로 설명했다. 이 정치가들은, 인간이 계획하거나 행하는 모든 것을 보고 들을 수 있고, 행위에 따라 처벌하거나 보상할 수 있는 최고신 개념을 도입했다. 사람들이 이 계략에 빠지게 되었을 때, 종교는 자체적으로 법과 질서를 유지하는 데 매우 유용한 도구임이 입증되었다.

헬레니즘에서는 이전 세대를 제쳐두고, 정치적 목적 또는 그 외 다른 목적들을 위해 종교를 발명한다는 생각이 많은 종교적 책략가의 마음을 차지했

47 정보 및 논의를 위해서 다음을 보라. Jaeger, *The Theology* (본 에세이 각주 6 참고); W. K. C. Guthrie, *A History of Greek Philosophy* (Cambridge: Cambridge University Press, 1969), 3:226-49; R. Dölle, "Betrugstheorie," in *Historisches Wörterbuch der Philosophie* (Basel: Schwabe, 1971), 1:861-63; P. A. Meijer, "Philosophers, Intellectuals and Religion in Hellas," in *Faith, Hope and Worship: Aspects of Religious Mentality in the Ancient World*, ed. H. S. Versnel (Leiden: Brill, 1981), 216-62.

48 섹스투스 엠피리쿠스Sextus Empiricus에 인용된 크리티아스의 단편들을 보라. *Adversus mathematicos* 9.54. 논의를 위해서 다음을 보라. Guthrie, *History*, 3:243-44; Meijer, "Philosophers," 230-32.

다. 메세네의 에우헤메로스Euhemerus of Messene와 자주 연결되기도 하는[49] 이 이론은 기존 종교를 개혁하거나 혹은 전적으로 새로운 것으로 구성할 수 있는 가능성을 열어주었다. 사라피스Sarapis와 사바지오스Sabazius의 새로운 종교들cults, 콤마게네의 안티오코스Antiochus of Commagene에 의한 미트라교의 헬레니즘화,[50] 소아시아에서 로마로 넘어온 대모신Magna Mater, 아보노테이키테스의 알렉산드로스Alexander of Abonoteichus에 의한 글뤼콘Glycon의 신탁들과 신비 의식들 등, 이것들은 이름을 붙일 수 있는 수많은 것 중 몇 가지 실례에 불과하다.[51] ///11/// 이러한 숭배의 새로운 설립이나 개혁 중 어떤 것들은 공공연한 정치적 목적이 있었고, 또 다른 것들은 종교의 확장을 목적으로 했다. 물론, 새로운 종교를 만들어 내는 것은 여러 헬레니즘계 지배자 숭배에 매우 유용한 것으로 입증되었다.[52]

그러나 이러한 모든 활동을 종교적 사기의 범주에 넣는 것은 잘못이다. 사기라는 것은 편견과 말싸움에서 비롯하는 판결이므로, 누군가의 종교적 토대가 다른 누군가에게 사기가 될 수 있는 것이다. 진정한 종교적 경험들, 확신들, 상상들을 계획된 기만이나 사기와 구별하는 것은 그때나 지금이나 어렵다. 새로운 도시, 마을, 농장이 세워지는 곳마다 새로운 종교 관습들, 의식들, 기념물들건물이나 건물 따위도 가장 먼저 세워졌고, 신성한 계시, 환상, 신탁을 통해 그것들이 합법화되었다. 확실히, 헬레니즘 시대의 수많은 새로운 종교의 설

49 에우헤메리즘신화의 역사화에 관하여는 다음을 보라. Klaus Thraede, "Euhemerismus," *Reallexikon für Antike und Christentum* 6 (1996): 877-90; Jürgen Ebach, "Euhemerismus," in *Handbuch religionswissenschaftlicher Grundbegriffe* (Stuttgart: Kohlmammer, 1990), 1:365-68.

50 다음을 보라. Reinhold Merkelbach, *Mithras* (Königsterin i. T.: Hain, 1984), 50-72.

51 볼프강 슈파이어Wolfgang Speyer가 많은 데이터를 모아서 낸 그의 책들과 에세이들을 보라. 특히 그의 에세이들은 다음 책에 모아 편집되었다. *Frühes Christentum im antiken Strahlungsfeld: Ausgewählte Aufsätze*, Wissenschaftliche Untersuchungen zum Neuen Testament, no. 50 (Tübingen: J. C. B. Mohr [Paul Siebeck], 1989), 특히, 440-62: "Religiöse Betrüger."

52 다음을 보라. R. F. Price, *Rituals and Power: The Roman Imperial Cult in Asia Minor* (Cambridge: Cambridge University Press, 1984), 38-39, 200, 202; Duncan Fishwick, *The Imperial Cult in the Latin West: Studies in the Ruler Cult of the Western Provinces of the Roman Empire*, 2 vols. In 4, Études préliminaires aux religions orientales dans l'empire romain, no. 108 (Leiden: Brill, 1987, 1991).

립은 강렬한 종교적 경험들에 의해 생겨났다. 이러한 경험들에서 무엇이 참된 것이고, 무엇이 사기라고 할 수 있는지 판별하기 어렵다. 그런데도 이러한 상황을 보면서 적어도 일부 지식인은 종교 사기가 유행병처럼 번지고 있다고 생각하게 되었다. 사모사타의 루키아노스Lucian of Samosata와[53] 같은 어떤 작가들은 그러한 사기를 폭로하는 데 적극적이었다. 그러나 헬레니즘 시대에 전형적이었던, 전례 없는 종교적 창조성의 물결을 저지하기에 그러한 사람들의 수는 너무 적었다.

초기 기독교가 이러한 이론들의 영향을 받았다는 것은 신약 자체가 증명한다. 처음부터 사도 바울은 사기꾼이라는 비난에 맞서서 스스로를 변호해야만 했다(살전 2:1-12; 고후 10-13장);[54] 그의 모든 자기방어에도 그가 권력에 굶주렸던 사기꾼에 불과했다는 비난은 오늘날에도 되풀이되고 있다. 마태복음(마 28:11-16)은 예수의 제자들이 예수의 부활에 대한 전설을 날조하기 위해서 그의 시체를 훔쳤다는 유대인 측의 적대적 추측을 언급한다. ///12/// 사도행전은 시몬 마구스(행 8: 9-24)나 바 예수(행 13:6-8)와 같이 기독교를 가장한 악명 높은 인물들을 제시함으로써, 그러한 사기도 발생했으며 탐지하기도 어려웠다는 걸 인정한다(또한 마 24:24을 보라). 또한 일찍부터 나사렛 예수도 미친 자 혹은 사탄에게 사로잡힌 주술사로 이야기되었다.[55]

53 다음을 보라. C. P. Jones, *Culture and Society in Lucian* (Cambridge, Mass.: Havard University Press, 1986).

54 다음을 보라. Hans Dieter Betz, *Der Apostel Paulus und die sokratische Tradition: Eine exegetische Untersuchung zu seiner "Apologie" 2 Korinther 10-13*, Beiträge zur historischen Theologie, no. 45 (Tübingen: J. C. B. Mohr [Paul Siebeck], 1972), *Galatians: A Commentary on Paul's Letter to the Churches in Galatia*, Hermeneia (Philadelphia: Fortress Press, 1979 [1987]), 5-9(『갈라디디아서』[알맹e, 2023]), *2 Corinthians 8 and 9: A Commentary on Two Administrative Letter of the Apostle Paul*, Hermeneia (Philadelphia: Fortress Press 1985), 76-78.

55 예수와 관련하여는 다음을 보라. 막 3:22//마 9:32-34; 12:22-24; 눅 11:14-15//요 7:20; 8:48, 52; 10:20; 세례 요한과 관련하여는 다음을 보라. 마 11:18; 눅 7:33; 바울과 관련하여는 다음을 보라. 행 26:24, 25. 최근에 이러한 비난이 모턴 스미스Morton Smith에 의해 되살아났다. *Jesus the Magician* (San Francisco: Harper & Row, 1978). 또한 나의 논문을 보라. "Das Problem der Auferstehung Jesu im Lichte der greichischen magischen Papyri," in *Helleismus und Urchristentum: Gesammelte Aufsätze I* (Tübingen: J. C. B. Mohr [Paul Siebeck], 1990), 230-61, 특히, 236-39.

바울에 관한 한, 그가 그리스도에게로 회심한 뒤, 그 이후 진행한 그의 선교 사역이 처음부터 사탄의 미혹에 의한 것이라는 의혹은, 그 뿌리가 유대-기독교로 거슬러 올라가는 위-클레멘스 문헌에 명시되어 있다. 그 저술들은 바울을 사악한 주술사로 비난하며, 그에게 시몬 마구스라는 이름을 붙였다.[56]

사모사타의 루키아노스, 켈수스Celsus, 포르피리오스Porphyry, 배교자 율리아누스Julian the Apostate 등의 논박은 기독교의 기원에 대한 이러한 이론들이 2-4세기에 널리 퍼져있었음을 보여준다.[57] 즉, 최초의 사기는 예수나 바울에 의한 것이 된다. 말하자면, 저들은 다소 친숙했던 주술 속임수들을 사용하여 속이기 쉬운 어리석은 제자들과 초기 공동체들을 구성했던 순진한 사람들을 속였다는 것이다.[58]

이 이론의 근대적 부흥이 17세기에 일어났고, 이신론자들, 특히 헤르만 사무엘 라이마루스(1694-1768)와 관련이 있다. 물론 사기 이론은 중세 시대 내내 존재했다. 10세기의 이슬람 자유사상가들은, 모세, 예수, 무함마드를 위대한 세 사기꾼이라 이름 붙였다: "세 명의 사람들, 곧 목자, 의사, 낙타를 타는 자가 지상의 인류를 속였다. 그리고 분명 그중 낙타를 타는 자가 셋 중 최악이었다."[59] ///13/// 아이러니하게도, 이 견해는 십자군 전쟁을 통해 유럽으로

56 다음에 나와 있는 구절들을 보라. Betz, *Galatians*, 부록 3 (331-33); Andreas Lindemann, *Paulus im ältesten Christentum: Das Bild des Apostels und die Rezeption der paulinischen Theologie in der frühchristlichen Literatur bis Marcion*, Beiträge zur historischen Theologie, no. 58 (Tübingen: J. C. B. Mohr [Paul Siebeck], 1979), 104-9; Gerd Luedemann, *Opposition to Paul in Jewish Christianity*, trans. M. Eugene Boring (Minneapolis: Fortress Press, 1989), 169-94.

57 자료에 관하여는 나의 에세이를 보라. "Lukian von Samosata und das Christentum," in *Hellenismus und Urchristentum*, 10-21, "Gottmensch II (Griechisch-römische Antike und Urchristentum)," *Reallexikon für Antike und Christentum* 12 (1982): 234-312, 특히, 248-52; Stephen Benko, "Pagan Criticism of Christianity during the First Two Centuries A.D.," *Aufstieg und Niedergang der römischen Welt* II 23, no. 2 (1980): 1101-8.

58 반-기독교 선전의 힘은 오리게네스가 (그의 저서 Contra Celsum에서) 그것을 논박하며 겪었던 어려움들을 통해 볼 수 있다. 나의 글을 보라. *Hellenismus und Urchristentum*, 234-39.

59 야콥 프레서Jacob Presser에게서 인용함. *Das Buch "De Tribus Impostoribus"* (Von den drei Betrügern), Academoisch Proefschrift Amsterdam 1926 (Amsterdam: H. J. Paris, 1926), 5: "In dieser Welt haben drei Individuen die Menschen betrogen, ein *Hirt*, ein *Arzt*, und ein *Kameltreiber*. Und dieser Kameltreiber ist wohl der Schlimmste jener Drei gewesen."(번역은 나의 것이다.) 프레서에 의하면(4-5), 루이 마시뇽Louis Massignon은, 이 진술이 10세기로 거슬러

퍼져나갔고, 악명높은 작품인 *De tribus impostoribus*『세 명의 사기꾼』, 생각의 나무, 2005에 포함되었다. 이 책의 저자는 호엔슈타우펜 왕조 출신의 신성 로마 제국 황제 프리드리히 2세(Frederick II 1250년 사망), 아베로에스(Averroes 1198년 사망), 마키아벨리(Machiavelli 1527년 사망), 홉스(Hobbes 1679년 사망), 심지어 18세기까지 이르는 어떤 종교 비평가 등의 것으로 다양하게 알려져 있다. 그토록 많은 사람이 보았거나 소유했다고 주장되는 이 작품이 실제로 존재했는지도 오늘날까지는 불분명하다. 17세기에 *De tribus impostoribus*라는 제목으로 출판된 여러 작품이 사실상 사기의 산물들이었다.[60] 그러나 이러한 위조의 악명을 시인하더라도, 두 명의 마르크스주의 학자들이 본문, 번역, 서문, 각주를 달아서 슈트라우베Straube판을 출판하는 것을 막지는 못했다.[61] 내용이 아무리 바보같고 악취가 심해도 제목의 프로파간다는 여전히 통용되고 있다![62]

사기 이론이 프랑스와 독일 계몽주의 문헌에서 논의되는 동안, 라이마루스의 *Apologie oder Schutzschrift für die vernünftigen Verehrer Gottes*합리적으로 신을 경배하는 자들을 위한 변호 혹은 옹호의 글의 출판은 상황을 급격하게 바꾸어 놓았다. 레싱은 1777년과 1778년에, 그가 사서로 있던 볼펜뷔텔Wolfenbüttel에 있는 공작 도서관에서 발견된, *Fragmente eines Ungenannten*익명의 단편들을 출판했다.[63] 이 단편들

올라가며, 924년에 메카를 정복한 장군 아부 타힐Abu Tahir에게로 귀속되는 것임을 보여주었다. 다음을 또한 보라. Friedrich Niewöhner, *Veritas sive Varietas: Lessings Toleranzparabel und das Buch von den drei Betrügern*, Bibliothek der Aufklärung, no. 5 (Heidelberg: Schneider, 1988).

60 우리가 전통의 역사에 대한 가장 실질적인 조사에 그리고 참으로 중세 시대 사기 이론에 관하여 가장 잘 조사한 프레서에게 빚지고 있는데, 그는(*Das Buch*, 114-21) *De tribus impostoribus*의 저자가 함부르크 법원의 무명의 서기인 요한네스 요아킴 뮐러(Johannes Joachim Müller 1661-1733)라고 생각했다. 그러나 출판 연도는 1598년이 아니라 1753년이었으며, 빈 소재 서적상 슈트라우베가 출판했다(Presser, 111-13). 익명의 프랑스어판은 1768년에 처음으로 출판되었는데, 그것은 비평적으로 편집되었고 빈프리트 슈뢰더Winfried Schröder가 그것을 독일어로 번역하고 주석을 달았다. *Traktat über die drei Betrüger: Traité des trois imposteurs (L'esprit de Mr. Benoit Spinosa)* (Hamburg: Meiner, 1992).

61 Gerhard Bartsch, ed., *De Tribus Impostoribus Anno MDIIC: Von den drei Betrügern 1598*, trans. Rolf Walther, Quellen und Texte zur Geschichte der Philosophie (Berlin: Akademie-Verlag, 1960).

62 이 작품의 정치적 유용성에 대한 두 명의 마르크스주의 저자들의 언급을 보라. Ibid., 35-37.

63 Hermann Samuel Reimarus, *Apologie oder Schutzschrift für die vernünftigen Verehrer Gottes*,

은 당시 세계가 알고 있던 복음서와 역사적 예수 연구에 최대의 도전이 될 것이었고, 레싱도 이를 알았다. 이 중 가장 중요한 에세이가 바로 *The Aims of Jesus and His Disciples*예수의 목적과 그의 제자들이었다. ///14/// 이 작품을 두고 알베르트 슈바이처Albert Schweitzer는 이렇게 말했다. "이 에세이는 비평의 역사 속에서 가장 중요한 작품일 뿐만 아니라 문학의 걸작이기도 하다."[64] 라이마루스는 사기 이론을 한계까지 밀어붙였다. 예수는 어떤 의미로도 기독교의 창시자가 될 의도가 있지 않았다. 그는 자신의 복음을 설교함으로써 유대교를 개혁하고 유대인들을 '통상적인 합리적 종교'로 되돌려 놓기를 바랐다.[65] 그러므로 예수의 메시지는 유대인 용어로 설명되어야만 한다. 사도들이 예수와 예수 사후 그의 구속 사역에 대해서 가르친 것은 완전히 다른 것이었다. "사도들이 자기들의 희망들에 속았다는 것을 알아채자, 그들은 체계를 바꾸었고, 예수를 이스라엘뿐만 아니라, 온 인류를 위하여 고난받은 구속자로 만들었으며, 온갖 종류의 믿음의 신비들과 구원의 기묘한 질서를 도입했고, 모든 이방인과 민족에게 위안과 축복을 제공할 수 있는 교리적 건물을 세우기 위해, 유대교 전체, 특히 레위기의 율법을 전복시키려 했다."[66]

어떻게 제자들이 그토록 어긋날 수 있었을까? 기본적으로 그 이유는 예수

---

ed. Gerhard Alexander, 2 vols. (Frankfurt: Insel-Verlag, 1972); Hirsch, *Geschicte* (본 에세이 각주 9 참고), 4:144-52.

64 Albert Schweitzer, *The Quest of the Historical Jesus: A Critical Study of Its Progress from Reimarus to Wrede*, trans. W. Montgomery (New York: Macmillan, 1962), 15(『예수의 생애 연구사』[대한기독교서회, 1995]).

65 Reimarus, Apologie, sec. 1.4, sec. 1 (97): "Wir haben bisher gesehen, daß Jesus die allgemeine vernünftige Religion, so weit sie praktisch ist, bey den Juden auf eine unvergleichliche Weise erklärt, und dadurch dem blinden und verdorbenen Judenthum oder vielmehr dem gantzen menschlichen Geschlechte ein heilsames Licht angezündet habe."우리는 지금까지 예수가 유대인들 가운데서 비할 데 없는 방식으로 보편적이고 합리적인 종교를 설명하는 것을, 그리고 이를 통하여 눈멀고 타락한 유대교, 아니, 온 인류에게 유익한 빛을 비추어주었다는 것을 보았다.)

66 Ibid., 97-98: "Denn, nachdem sie in ihrer Hofnung betrogen waren, so veränderten sie ihr System, machten einen leydenden Erlöser, nicht nur Israels, sondern den gantzen menschlichen Geschlechts aus ihm, führten mit seiner Vergötterung allerley Glaubens-Geheimnisse, und eine wiedersinnige Heils-Ordnung ein, welche auf die Umstürtzung des gantzen Judentums, und Levitischen Gesetzes, ein neues Lehrgebäude errichtete, das allen Heyden und Völkern eine tröstliche Zuflucht der Seligkeit geben könnte."

가 제자들에게 기다리라고 권한 하나님 나라가 무엇을 의미하는지 충분히 설명하지 않았기에 그들이 오해했기 때문이다. 예수는 자기 청중과 제자들에게 메시아와 구속자에 대한 강한 희망을 심어주었고, 자신이 바로 그일 수 있다고 믿게 했다.[67] 예수가 십자가에 못 박혀 그들의 희망이 무너지자, 그들은 예수의 몸을 무덤에서 훔쳐서 그의 부활을 계획했다.[68] 그렇게 해서 사도들은 기독교의 창시자가 되었다.[69] 그러나 그 토대는 그저 하나의 큰 거짓말에 불과했다. 라이마루스에게 있어서 그들 중 가장 교활한 날조자는 바울이었다. 바울을 능가할 수 있었던 건 더 강한 독을 가진 니체였다.[70] ///15///

라이마루스와 씨름한 학자는[71] 다비드 프리드리히 슈트라우스였다David Friedrich Strauss, 1808-74).[72] 사실상 슈트라우스는 역사적 현실과 구별되는 신화의 개념에 관한 논의를 시작함으로써 기독교의 기원으로서의 사기 이론을 종식했다. "이신론자, 초자연주의자, 자연주의자 등의 기존의 접근 방식을 대체해야

---

67 특히, sec. 2.2., sec. 11 (168-76)을 보라.

68 Ibid., sec. 3.2-4 (188-271).

69 Ibid., sec. 3.1, sec. 1 (179): "Wir müssen, im Betrachtung unseres heutigen Christentums, hauptsächlich auf die Jünger Jesu sehen, als welche nach Jesu zu Tode die Stifter desselben geworden sind, und solches auf ihr neues System gegründet haben."오늘날 우리의 기독교를 살피기 위해, 우리는 주로 예수의 제자들을 살펴야 한다. 그들은 예수 사후에 그를 기독교의 창시자로 만들었을 뿐만 아니라, 자신들의 새로운 체계를 세웠다.

70 Ibid., sec. 4.1, sec. 8; 6.2, sec. 7, 그리고 도처에. 또한 특히 다음을 보라. sec. 4.1, sec. 14 (332): "und, wenn wir die Wahrheit sagen wollen, so ist das gantzen Christenthum hauptsächlich Pauli System und Betrieb." 그리고, 만약 우리가 진실을 말하고자 한다면, 이러하다. 전체 기독교는 주로 바울의 체계와 운영이다.

71 물론, 레싱과 제믈러는 이전에는 라이마루스의 관점을 취했다. 다음을 보라. Zscharnack, *Lessing und Semler* (본 에세이 각주 10 참고), 332-38.

72 David Friedrich Strauß, *Das Leben Jesu, kritische bearbeitet*, 2 vols. (Tübingen: Osiander, 1835, 1836), *Streitschriften zur Verteidigung meiner Schrift über das Leben Jesu und zur Charakteristik der gegenwärtigen Theologie* (Tübingen: Osiander, 1837), *Hermann Samuel Reimarus und seine Schutzschrift für die vernünftigen Verehrer Gottes* (Leipzig: 1862; 2d ed., Bonn: Strauß, 1877). 슈트라우스에 관하여는 다음을 보라. Schweitzer, *The Quest*『예수의 생애 연구사』, 68-120; Hirsch, *Geschichte* (본 에세이 각주 9 참고), 5:491-518; 또한 프리드리히 니체에 의한 슈트라우스의 맹렬한 공격에 대하여는 다음을 참고하라. "Unzeitgemässe Betrachtungen, Erstes Stück: David Strauß, der Bekenner und der Schriftsteller," in *Friedrich Nietzsche, Werke*, 3 vols., ed. Karl Schlechta (Darmstadt: Wissenschaftliche Buchgesellschaft, 1963), 1:137-207.

할 새로운 접근 방식은 신화적 방식이다."[73] 즉, 복음서 서사들은 거짓말이나 사기가 아니라 역사적 잔재물을 신화로 덮고 가린 것이다. 역사적 예수와 기독교의 기원에 대한 질문에 대한 근대의 역사적, 문학적, 종교사적 접근은 바로 여기서 비롯되었다. 구약을 포함한 다른 여느 신화와 마찬가지로, 슈트라우스는 "신약의 신화를, 기발함 없는 시적 영웅담으로 형성된 초기 기독교 사상들의 내러티브-외피들"로 취한다.[74] 사기 이론에 관한 한, 슈트라우스는 그것이 실제 사기라기보다는, 종교 세계에서 지배적인 신화 현상을 적절하게 설명하지 못하는 합리주의자들의 실패를 반영할 뿐임을 보여주었다.[75]

III. 원 배신 이론

///16///

원 배신 이론은 19세기에서야 비로소 온전히 개발되었다. 프리드리히 니체의 작품에서 가장 극단적인 표현을 발견할 수 있는[76] 이 이론의 선구자 중, 주요 인물만 나열하자면 고트프리트 아놀드(Gottfried Arnold1666-1714)와 영성파들,[77] 그리고 헤르만 사무엘 라이마루스, 요한 크리스티안 에델만(Johann Christian Edel-

73 David Friedrich Strauß, *Das Leben Jesu, kritisch bearbeitet*, 2 vols. (Tübingen: Osiander, 1835), 서문, iv: "Der neue Standpunkt, der an die Stelle der bezeichneten treten soll, ist der mythische."기존의 접근 방식을 대체해야 할 새로운 접근 방식은 신화적 방식이다.

74 Ibid., 1:75: "unter neutestamentlichen Mythen nichts Andres, als geschichtartige Einkleidungen urchristlicher Ideen, gebildet in der absichtslos dichtenden Sage, zu verstehen sind."신약의 신화를, 비의도적인 시적 설화로 형성된 초기 기독교 사상들의 내러티브-외피들로 이해해야 한다.

75 슈트라우스가 서문, sec. 5 (1:11-15)에서 합리주의자의 사기 이론에 대하여 내린 평가를 보라. 거기서 그는 그 이론을 켈수스, 포르피리오스, 율리아누스의 반기독교 논쟁술과 연결한다.

76 다음 전체를 보라. Ernst Benz, *Nietzsches Ideen zur Geschichte des Christentums und der Kirche*, Zeitschrift für Religions- und Geistesgeschichte, suppl. 3 (Ledein: Brill, 1956); Paul Valadier, *Nietzsche er la critique du christianisme* (Paris: Les Éditions du Cerf, 1974); Friedemann Regner, *"Paulus und Jesus" im neunzehnten Jahrhundert: Beiträge zur Geschichte des Themas "Paulus und Jesus" in der neutestamentlichen Theologie*, Studien zur Theologie- und Geistesgeschichte des neunzehnten Jahrhunderts, no. 30 (Göttingen: Vandenhoeck & Ruprecht, 1977).

77 다음을 보라. Benz, *Nietsches Ideen*, 122-34.

mann1698-1767),[78] 브루노 바우어(Bruno Bauer1809-82),[79] 다비드 프리드리히 슈트라우스,[80] 에르네스트 르낭(Ernest Renan1823-92), 아르투르 쇼펜하우어(Arthur Schopenhauer1788- 1860),[81] 파울 드 라가르드(Paul de Lagarde1827-91),[82] 율리우스 벨하우젠(Julius Wellhausen1844-1918)[83] 등이다.[84] 매우 복잡한 역사를 몇 단락만으로 요약하는 것은 불가능하므로, 논의를 니체의 관점들로만 제한한다.[85] 니체가 깨달았는지 아닌지 알 수는 없지만, 그의 위대한 선구자들은 위-클레멘스 문헌의 반-바울 적대자들 가운데서 발견된다.[86]

라이마루스 시대에도 이미 역사적 예수의 메시지와 초기 교회의 신앙 사이에 이상하고 당혹스럽게 불일치하는 부분들이 있다는 것은 명확했다.[87] 라이

---

78 다음을 보라. Walter Grossmann, "Edelmann, Johann Christian (1698-1767)," *Theologische Realenzyklopädie* 9 (1982): 264-66. 에델만의 "Confession of Faith"의 재출간에 관하여는 다음을 보라. Ernst Barnikol, *Das entdeckte Christentum in Vormärz: Bruno Bauers Kampf gegen Religion und Christentum und Erstasugabe seiner Kampfschrift* (Jena: Diederichs, 1927), 165-74: "Johann Christian Edelmanns abgenöthigtes jedoch Andern nicht wieder aufgenöthigtes Glaubens Bekenntnis··· (Anno 1746)." 요한 크리스티안 에델만이 강요당했으나 남에게는 다시 강요하지 않은 신앙 고백···(1746년).

79 브루노 바우어의 가장 논쟁적인 작품(*Das entdeckte Christentum: Eine Erinnerung an das achtzehnte Jahrhundert und ein Beitrag zur Krisis des neunzehnten* [Zürich & Winterthur: Druck und Verlag des literarischen Comptoirs, 1843])의 재인쇄에 관하여는 다음을 보라. Barnikol, *Das entdeckte Christentum in Vormärz*, 83-164; Ernst Barnikol, "Bruno Bauers Kampf gegen Religion und Christentum und die Spaltung der vormärzlichen prußischen Opposition," *Zeitschrift für Kirchengeschichte* 46 (1927): 1-34; Benz, *Nietzsches Ideen*, 104-21.

80 Valadier, *Nietzsche*, 23-68.

81 Benz, *Nietzsches Ideen*, 62-72; Valadier, *Nietzsche*, 69-111.

82 Benz, *Nietsches Ideen*, 135-43; 라가르드Lagarde와 반-바울주의의 발흥에 관하여는 다음을 보라. Regner, "*Paulus und Jesus*," 103-21 (특히 116쪽 각주 73, on Nietzsche and Lagarde).

83 다음을 보라. Benz, *Nietsches Ideen*, 60-61, 155-56.

84 더 많은 자료를 위해서는 다음을 보라. Ibid., 58-170: "Die Anreger."

85 우리는 Giorgio Colli와 Mazzino Montinari가 편집한 것에 인용된 니체의 작품, *Der Antichrist: Fluch auf das Christenthum*에만 집중하고 있다. *Friedrich Nietzsche, Sämtliche Werke: Kritische Studienausgabe in 15 Einzellbänden*, 2d ed. (Munich: Deutscher Taschenbuch Verlag; Berlin and New York: De Gruyter, 1988), 8:165-254 (이하 인용은 이것에서 한 것이며, 번역은 나의 것이다).

86 다음을 보라. Georg Strcker, *Das Judenchristentum in den Pseudoklementinen*, Texte und Untersuchungen zur Geschichte der altchristlichen Literatur, no. 70, 2d ed. (Berlin: Akademie-Verlag, 1981), 187-96, "Judenchristentum," *Theologische Realenzyklopädie* 17 (1988): 316-18; Luedemann, *Opposition* (본 에세이 각주 58 참고), 169-94.

87 Regner, *"Paulus und Jesus"* (본 에세이 각주 77참고), 도처에.

마루스는 예수의 죽음 직후 제자들이 "체계를 바꾸었다"라고 지적한 바 있다. "십자가 처형 이후 더 이상 지지할 수 없게 된 세속적 왕국에 대한 실패한 소망은 사도들의 새로운 체계를 낳았다: 이제 세속적 왕국은 영적인 것, 고통받은 메시아, 이스라엘의 구속자, 온 세계의 구원자, 이방의 멍에를 꺾고, 죄를 속하는 자가 다스리는 것이 되었다. 이러한 사도들의 체계의 변화는 예수의 생애 속 모든 모순을 해결할 수 있다."[88] ///17/// 이러한 체계의 변화는 "예수가 사망한 지 며칠 안에 이전 체계에 대한 실패한 희망으로 인해, 역사와는 맞지 않지만, 역사는 체계와 맞아떨어져야만 했기에…" 발생했다.[89]

니체는 이러한 획기적인 사상을 한계까지 받아들였다. 니체는 예수의 메시지를 후기 교회와 철저히 분리한 뒤 이렇게 결론을 내린다: "'기독교'는 창시자가 원했던 것과는 근본적으로 다른 것이 되었다. 기독교는 그 창시자의 삶과 가르침과 말을 사용하여 형성되었지만, **근본적으로 다른 요구**를 충족시키는 철저한 **자의적** 해석으로 공식화된, 고대의 거대한 **반이교 운동**anti-pagan movement이 되었고, 기존에 존재하던 **지하 종교들**의 언어로 번역되었다."[90]

니체에 의하면, 어떤 의미에서 예수는 기독교의 창시자였지만, 또 다른 의

88 Reimarus, *Apologie* (본 에세이 각주 64 참고), 2:142: "Die fehlgeschlagene Hofnung zu einem weltlichen Reiche, welche nach der Kreutzigung gar keine Nahrung mehr fand, hat das neue System der Apostel hervorgebracht: nun ist aus dem weltlichen Reiche ein geistliches, aus einem herrschenden Messias ein leydender, aus einem Erlöser Israels ein Heiland der gantzen Welt, aus einem Befreyer von dem Joche der Heyden ein Sünden-Büsser geworden. Und diese Änderung des Systems der Apostel kann uns alle Wiedersprüche in der Lebensgeschichte Jesu heben."

89 Ibid., 144: "innerhalb ein Paar Tagen nach Jesu Tode, aus fehlgeschlagener Hofnung des vorigen Systems, und aus Noht, erzeugnet worden, nicht nach der Geschichte, sondern die Geschichte muß sich nach dem System richten."

90 니체의 *Fragmente aus dem Nachlaß*에 나오는 것으로, 다음에서 인용했다. Karl Schlechta, ed., *Werke in drei Bänden* (Darmstadt: Wissenschaftliche Buchgesellschaft, 1963), 3.652: "Das 'Christentum' ist etwas Grundverschiedenes von dem geworden, was sein Stifter tat und wollte. Es ist die große *antiheidnische Bewegung* des Altertums, formuliert mit Benutzung von Leben, Lehre und 'Worten' des Stifters des Christentums, aber in einer absolut *willkürlichen* Interpretation nach dem Schema *grundverschiedener Bedürfnisse*: übersetzt in die Sprache aller schon bestehenden *unterirdischen Religionen*."

미에서는 아니었다.[91] 이러한 모호성의 이유는 기독교라는 개념 그 자체에 있는데, 이는 전혀 다른 것에 거짓되이 붙은 이름표다. 예수는, 니체가 '구속자의 심리적 유형'이라고[92] 이름붙인 자를 대표한다. 이 사람은 "복음서들의 가장 심오한 말, 어떤 의미에서는 그 핵심"을 다음과 같은 한 마디로 설교했다: "악에 저항하지 말라!"[93] 니체는 묻는다. "'복음'이란 무엇인가? ///18/// 영생이 발견되었다는 진리는 약속된 것이 아니라 이미 **너희 안에**within you 있다는 것이다. [그것은] 사랑, 곧 배제 없는 사랑, 거리를 두지 않는 사랑 안에 있는 삶으로 [존재한다]. 모든 사람은 하나님의 자녀다. 예수는 어떤 식으로도 스스로를 위해 아무것도 주장하지 않는다. 모든 사람은 하나님의 자녀로서 다른 모두에게 동등하다."[94] 니체는 르낭이 예수를 '영웅' 또는 '천재'의 범주로 분류한 것을 강하게 거부하고, 아마도 도스토옙스키에게서 배웠을 '바보'의 개념에 호소한다.[95] "생리학자의 통찰력으로 말하자면, 여기에는 아주 다른 용

---

91 Schlechta가 편집한 유고의 다음 문장과 비교하라. *Werke*, 3.425: "Ein Religionsstifter *kann* unbedeutende sein—ein Streichholz, nichts *mehr*!"("종교의 창시자는 중요치 않을 수 있다.—그저 성냥 한 개비, 그뿐이다!")

92 Nietzsche, *Der Antichrist*, sec. 29, *Nietzsche*, in *KSA*, 6:199: "der psychologische Typus der Erlösers." 또한 다음을 보라. secs. 31-33 (201-5); Hubert Cancik and Hildegard Cancik-Lindemaier, "Der psychologische Typus des Erlösers' und die Möglichkeit seiner Darstellung bei Franz Oberbeck und Friedrich Nietzsche," in *Franz Overbecks unerledigte Anfragen an das Christentum*, ed. Rudolf Brändle and Ekkehard W. Stegemann (Munich: Kaiser, 1988), 108-35 (참고문헌 포함); Ulrich Willers, *Friedrich Nietzsches antischristliche Christologie: Eine theologische Kritik*, Innsbrucker Theologische Studien, no.23 (Insbruck: Tyroloa, 1988), 248-52. 또한 여기서도 다음 조사가 유용하다. Benz, *Nietzsches Ideen* (본 에세이 각주 77 참고), 17-25 그리고 도처에.

93 Nietzsche, *Der Antichrist*, sec. 29, 199-200: "Gerade der Gegensatz zu allem Ringen, zu allem Sich-in-Kampf-fühlen ist hier Instinkt geworden: die Unfähigkeit zum Widerstand wird hier Moral ('widerstehe nicht dem Bösen' das tiefste Wort der Evangelien, ihr Schlüssel in gewissem Sinne), die Seligkeit im Frieden, in der Sanftmuth, im Nicht-feind-sein-*können*."모든 투쟁, 모든 싸움에 대한 정반대가 여기서 본능이 되었다. 여기서는 이러한 저항할 능력없음이 도덕이('악에 저항하지 말라', 복음서들의 가장 심오한 말, 어떤 의미에서는 그것들의 핵심), 그리고 평화와 온유함과 원수될 수 없음 가운데서의 지복이 될 수 있다.

94 Ibid., 200: "Was heisst 'frohe Botschaft'? Das wahre Leben, das ewige Leben ist gefunden—es wird nicht verheissen, es ist da, es ist *in euch*: als Leben in der Liebe, in der Liebe ohne Abzug und Ausschluss, ohne Distanz. Jeder ist das Kind Gottes—Jesus nimmt durchaus nichts für sich allein in Anspruch—als Kind Gottes ist Jeder mit Jedem gleich."

95 다음을 보라. Martin Dibelius, "Der 'psychologische Typus des Erlösers' bei Friedrich

어가 적절할 것이다. 바로 '바보'다. 우리는 **만지는 감각**과 관련된 어떤 한 병리학적 자극 상태를 알고 있다. 이 상태에서 감각은 무엇에 의해 만져지든, 어떤 단단한 사물을 잡아도 공포를 느낀다. 이러한 혹자는 이러한 생리학적 습관을 궁극적인 논리적 결론으로 바꾸어야 한다. 모든 현실을 증오하는 본능, '파악할 수 없는 것'을 '이해할 수 있는 것처럼' 보고 그리로 도피하는 것, 모든 형식과 시공간의 관념에 대한 거부, 도덕이나 관습이나 기관이나 교회와 같은 견고한 것에 대한 부정 등. [아니, 오히려] 어떤 현실에도 더 이상 만져지지 않는 순전히 '내적인,' 곧 '참된' 세계, '영원한 세계'…'하나님 나라는 **너희 안에**within you 있느니라.'"[96]

사랑의 개념에 대한 니체의 심리학적 분석은 다음과 같이 간결한 금언으로 표현된다. ///19/// "**모든 형태의 반감, 모든 적대감, 감정에서의 모든 한계와 거리감에 대한 본능적인 제거**The instinctive elimination of all forms of antipathy, all enmity, all limits and distances in feeling: [이는 다름 아니라] 고통과 짜증에 대한 극한의 수용력의 결과다. 그것은 모든 저항을 그리고 저항해야만 하는 것을 단번에 견딜 수 없는 **증오**로 (즉, **혐오**로, 자기 보존의 본능과 **양립 불가능한** 것으로) 경험한다. 그리고 그것은

Nietzsche," *Deutsche Vierteljahresschrift für Literaturwissenschaft und Geistegeschichte* 22 (1944): 61-91; Benz, *Nietzsches Ideen*, 92-103: C. A. Miller, "Nietzsche's 'Discovery' of Dostoevsky," *Nietzsche-Studien* 2 (1973): 202-57, "Nietzsches 'Soteriopsychologie' im Spiegel von Dostojevskijs Auseinandersetzung mit dem europäischen Nihilismus," *Nietzsche-Studien* 7 (1978): 130-49: Cancik and Cancik-Lindermaier, "Der 'psychologische Typus des Erlösers,'" 118, 119-21; David Marc Hoffmann, *Zur Geschichte des Nietzsche-Archivs; Elisabeth Förster-Nietzsche, Fritz Koegel, Rudolf Steiner, Gustav Naumann, Josef Hofmiller; Chronik, Studien und Dokumente*, Supplementa Nietzscheana 2 (Berlin & New York: de Gruyter, 1991), 239, 493-96.

96 Nietzsche, *Der Antichrist*, sec. 29, 200: "Mit der Strenge des Physiologen gesprochen, wäre hier ein ganz andres Wort eher noch am Platz: das Wort Idiot. Wir kennen einen Zustand krankhafter Reizbarkeit des *Tastsinns*, der dann vor jeder Berührung, vor jedem Anfassen eines festen Gegenstandes zurückschaudert. Man übersetze sich einen solchen physiologischen habitus in seine letzte Logik—als Instinkt-Hass gegen *jede* Realität, als Flucht in's 'Unfassliche', in's 'Unbegreifliche', als Widerwille gegen jede Formel, jeden Zeit- und Raumbegriff, gegen alles, was fest, Sitte, Institution, Kirche ist, als Zu-Hause-sein in einer Welt, an die keine Art Realität mehr rührt, einer bloss noch 'inneren' Welt, einer 'wahren' Welt, einer 'ewigen' Welt···Das Reich Gottes ist *in euch*."

악한 것 혹은 악한 자, 무엇에도, 누구에게도 저항하지 않음으로써 오는 행복(욕망)을 안다. 그것은 사랑이 삶의 '마지막' 가능성이라는 것을 안다."[97]

니체에게 이러한 유형의 구원은 "철저한 병적 상태에 기초한 쾌락주의의 숭고한 발전"이다.[98] 니체는 그것을 에피쿠로스의 철학, 즉 소위 이교도의 구속 교리와 가장 밀접한 관련이 있다고 본다. "에피쿠로스, 그는 '**전형적인 퇴폐적인 자**'다: 내가 처음으로 알아차렸다. 고통에 대한 두려움, 지극히 경미한 고통에 대한 두려움조차도 **사랑의 종교** 외에 다른 어떤 것으로 끝날 수 없다."[99] 하지만 견유학파나 영지주의가 에피쿠로스 철학보다 더 나은 후보가 될지도 모르겠다.[100]

이처럼 예수가 행한 것은 종교가 아니라 삶 그 자체였다. 이것이 그의 복음이었고, 그 복음은 그의 죽음으로 확인되었다. "그는 더 이상 하나님과 소통하기 위해 어떤 공식이나 의식도, 심지어 기도도 필요하지 않았다. 그는 유대교의 모든 회개와 속죄의 교리를 버렸다. 예수는 오로지 삶의 **실천**만으로 언제나 '하나님의,' '축복받은,' '복음과 같은,' '하나님의 자녀로서' 등을 느낄 수 있음을 알고 있다. '회개'나 '용서를 구하는 기도' 같은 것이 하나님께로 가는 길이 **아니다**: [도리어] **오로지 복음-실천만이** 하나님께로 나아가게 한다;

97 Ibid., sec. 30, 200-201: "*Die Instinkt-Ausschliessung aller Abneigung. aller Feindschaft, aller Grenzen und Distanzen im Gefühl*: Folge einer extremen Leid- und Reizfähigkeit, welche jedes Widerstreben, Widestreben-Müssen bereits als unerträgliche *Unlust* (das heisst als *schädlich*, als vom Selbsterhaltungs-Instinkte *widerrathen*) empfindet und die Seligkeit (die Lust) allein darin kennt, nicht mehr, Niemandem mehr, weder dem Übel noch dem Bösen, Widerstand zu leisten—die Liebe als einziege, als *letzte* Lebens-Möglichkeit."

98 Ibid., 201: "Ich nenne sie eine sublime Weiter-Entwicklung des Hedonismus auf durchaus morbider Grundlage."나는 그것을 철저한 병적 상태(morbidity)에 기초한 쾌락주의(hedonism)의 숭고한 발전이라고 부른다.

99 여기서 전체 구절은 다음과 같다. Ibid.: "Nächstverwandt, wenn auch mit einem grossen Zuschuss von griechischer Vitalität und Nervenkraft, bleibt ihr der Epicureismus, die Erlösungs-Lehre des Heidenthums. Epicur ein *typischer décadent*: zuerst von mir als solcher erkannt.—Die Furcht vor Schermz, selbst vor dem Unendlich-Kleinen im Schmerz—sie *kann* gar nicht anders enden als in einer *Religion der Liebe*."이교도의 구속 교리인 에피쿠로스 철학은, 비록 그리스의 활력과 담력이 크게 추가되었을지라도, 여전히 그것과 밀접하게 연관되어 있다. 에피쿠로스, 그는 '전형적인 퇴폐적인 자'(typical décadent)다: 내가 처음으로 알아차렸다. 고통에 대한 두려움, 지극히 경미한 고통에 대한 두려움조차도 '사랑의 종교' 외에 다른 어떤 것으로 끝날 수 없다.

100 다음과 비교하라. Willers, *Friedrich Nietzsches antichristliche Christologie*, 201, 각주 195; 274.

그것이 곧 하나님**이다.**"[101] 이같이 복음을 따르는 실존은 유대교든 기독교든 모든 형태의 제도적 종교에 대한 거부를 의미한다.

이러한 견해는 니체를 다음 세 가지 주요한 결론으로 이끈다: (1) 예수의 죽음은 세상이 알았던 유일한 '그리스도인'의 종말이었다. ///20/// 이 "기독교의 **진정한** 역사"는 기독교라는 용어가 오해를 불러일으켰음을 의미한다: "사실상, 한 명의 기독교인만이 있었다. 그는 십자가에서 죽었다. '복음'도 십자가에서 **죽었다.**"[102] (2) 원칙적으로 예수가 실천한 것처럼 기독교의 신앙을 실천하는 것은 누구라도 언제라도 가능하다: "오늘날에도 **그러한** 삶은 가능하다. **어떤 사람들에게는** 그러한 삶이 필요하기까지 하다: 진정한 본래의 기독교는 언제 어느 때라도 가능하다. 그것은 믿음이 아니라 실천, 특히 많은 것을 **하지 않는**, 특별한 종류의 **존재함**이다."[103] (3) 그러나, 다른 기독교, 곧 십자가 처형 직후 제자들에 의해 발명된 기독교, 그들에 의해 "복음"이라 불린 기독교는 "그가 살았던 것과는 정반대의 나쁜 소식, 복음이 아닌 화음禍音, dysangelium, 복음의 반대말이다."[104] "그리스도처럼 되는 것, 그리스도인이 되는 것을 단지 어떤 것을 믿는 것으로, 즉 단순한 의식의 현상으로 축소하는 것은 실상 그리스도인이 되는 것을 부정하는 것을 의미한다. **사실, 그리스도인들이란 어디에도 없었다.** '그리스도인,' 즉 2천 년 동안 그리스도인이라 불린 것은 단

101 Nietzsche, *Der Antichrist*, ibid., sec. 33. 205-6: "Er hatte keine Formeln, keinen Ritus für den Verkehr mit Gott mehr nöthig—nicht einmal das Gebet. Er hat mit der ganzen jüdischen Buss- und Versöhungslehre abgerechnet; er weiss, wie es allein die *Praktik* des Lebens ist, mit der man sich 'göttlich,' 'selig,' 'evangelisch,' jederzeit ein 'Kind Gottes' fühlt. *Nicht* 'Busse', *nicht* 'Gebet um Vergebung' sind Wege zu Gott: die *evangelische Praktik allein* führt zu Gott, sie eben *ist* 'Gott'."

102 Ibid., sec. 39, 211: "Das Wort schon 'Christenthum' ist ein Missversändniss—, im Grunde gab es nur Einen Christen, und der starb am Kreuz. Das 'Evangelium' *starb* am Kreuz."

103 Ibid.: "Heute noch ist ein *solches* Leben möglich, für *gewisse* Menschen sogar nothwendig: das echte, das ursprüngliche Christenthum wird zu allen Zeiten möglich sein···*Nicht* ein Glauben, sondern ein Thun, ein Vieles-nicht-thun vor Allem, ein andres *Sein*."

104 Ibid.: "Was von diesem Augenblick an 'Evangelium' heisst, war bereits der Gegensatz dessen, was *er* gelebt: eine '*schlimme* Botschaft', ein *Dysangelium*." 복음과 화음에 관하여는 다음을 보라. Benz, *Nietzsches Ideen* (본 에세이 각주 77 참고), 43-48.

지 심리적인 자기 오해에 불과하다."[105]

"복음의 재앙"은[106] 예수가 십자가에 못 박힌 것이 아니다; 오히려 그의 죽음은 그의 삶에 찍힌 확인 도장이었다.[107] 진짜 재앙은 제자들, 미숙하고 소심했던[108] 저들 모두가 사건에 크게 동요하여, 예수의 죽음이 **자신들의** 믿음과 기대에 대한 실패를 의미한다고 생각했을 때 찾아왔다. 그러나 그러한 믿음들과 기대들은 유대교에 속한 것이었다. 제자들은 이러한 실패의 결과를 감당할 수 없었기에, 그들은 유대인 대중이 기대하는 과제를 시작하게 하고, 후에 기독교 종교의 기원으로 둔갑하게 되는 것을 날조했다. "이전 유대인들이 원수를 갚기 위해 자신들의 신을 저들로부터 떼어내어 가장 높은 곳에 두었던 것처럼, 제자들은 예수를 유대인들에게서 떼어내고 **들어 올렸다**. 그것이 그들의 복수의 양식이었다. 오직 한 신, 오직 한 하나님의 아들: 이 둘은 분노의 산물이다."[109] *///21///* 따라서 기독교는 그 자체로 변절배교, apostasy이며, 유대교

---

105 Nietzsche, *Der Antichrist*, sec. 39, 212: "Das Christ-sein, die Christlichkeit auf ein Für-wahr-halten, auf eine blosse Bewusstseins-Phänomenalität reduziren, heisst die Christlichkeit negieren. *In der Tath gab es gar keine Christen.* Der 'Christ', das, was seit zwei Jahrtausenden Christ heisst, ist bloss ein psychologisches Selbst-Missverständniss."

106 Ibid., sec. 40, 213: "das Verhängniss des Evangeliums."

107 Ibid., 211: "An sich konnte Jesus mit seinem Tode nichts wollen, als öffentlich die stärkste Probe, den *Beweis* seiner Lehre zu geben…."참으로 예수가 자신의 죽음으로 원할 수 있었던 것은, 가장 강력한 공개적인 시험으로서 자신의 가르침에 대한 증거를 주는 것뿐이었다....

108 Ibid., sec. 31, 202: "die ersten Jünger in Sonderheit übersetzten ein ganz in Symbolen und Unfasslichkeiten schwimmendes Sein erst in die eigne Crudität, um überhaupt Etwas davon zu verstehn."특히 최초의 제자들은, 그것을 어떻게 해서든지 이해하기 위해, 전적으로 상징들과 불가해성을 헤엄치는 존재를 자신들의 조잡한 수준으로 번역했다. 다음을 보라. Benz, *Nietzsches Ideen*, 29-35: "Die Gründe des Abfalls."

109 여기서 전체 구절은 다음과 같다. Nietzsche, *Der Antichrist*, sec. 40. 214: "Andrerseits hielt die wildgewordne Verehurung dieser ganz aus den Fugen gerathenen Seelen jene evangelische Gleichberechtigung von Jedermann zum Kind Gottes, die Jesus gelehrt hatte, nicht mehr aus: ihre Rache war, auf eine ausschweifende Weise Jesus *emporzuheben*, von sich abzulösen: ganz so, wie ehedem die Juden aus Rache an ihren Feinden ihren Gott von sich losgetrennt und in die Höhe gehoben haben. Der Eine Gott und der Eine Sohn Gottes: Beides Erzeugnisse des ressentiment."다른 한편으로, 혼란에 빠진 이 영혼들의 광란적인 숭배는 예수가 가르쳤던 모든 사람이 하나님의 자녀라는 복음적 평등을 더 이상 견딜 수 없었다. 저들의 복수는 예수를 지나칠 정도로 승귀시킴으로써 자신들과 떨어트리는 것이었다. 이전 유대인들이 원수를 갚기 위해 자신들의 신을 저들로부터 떼어내어 가장 높은 곳에 두었던 것처럼, 제자들은 예수를 유대인들에게서 떼어내고 '들어 올렸다.' 그것이 그들의 복수의 양식이었다. 오직 한 신, 오직 한 하나님의 아들: 이 둘은 분노의 산물이다.

와 헬레니즘계 이교의 퇴화한 합성물이다.[110]

제자들의 어설픈 시도들이 바울의 손으로 넘어갔다. 바울은 그것들로 **퇴폐의 고대 종교** 중에서도 최악의 것을 만들어낸 인물이었다.[111] 지금까지 쓰인 것 중, 가장 악랄한 반-바울적인 조롱에서, 니체는 사도 바울을 우리가 역사적으로 '기독교'로 알고 있는 것의 위조-창시자로 묘사한다. "좋은 소식에 뒤이어 **그야말로 최악의 소식**, 바울의 메시지가 뒤따랐다."[112] 바울은 "선한 메신저의 반대 전형이며, 증오의, 증오의 환상의, 증오의 무자비한 논리의 천재였다. 이 화음전도자禍音傳道者, dysangelist는 증오를 위해 **무엇을** 희생했는가! 바로 구속자를 희생시켰다. 바울은 예수를 **자신의** 십자가에 못 박았다."[113]

바울은 무엇을 했는가? 바울은 사악한 바리새파의 정신으로, 모든 능력을 발휘하여 역사적 예수를 버렸다. "예수의 삶, 모범, 가르침, 죽음, 복음의 의미와 완전성integrity 등, 이 사기꾼이 증오로부터 자기에게 필요했던 것을 파악하자, 저것 중 남은 것은 아무것도 없었다. 실제 현실도, 역사적 진리도 **아니다**! … 그리고 그 유대인의 제사장적 본능은 역사에 대해서도 똑같은 범죄를 저질렀다: 바울은 기독교의 어제를, 그제를 취소해 버렸다. **그는 자신을 위해 원시 기독교의 역사를 발명했다**. 게다가 그는 이스라엘 역사를 왜곡했고, 그것을 마치 바울 자신의 행위의 역사처럼 보이게 만들었다: 즉 모든 예언자가 '바울 자신의 구속자'를 말했다는 것이다…. 그리고 후에 교회는 인류의 역사

---

110 다음을 보라. Benz, *Nietzsche Ideen*, 26-28, 29-35, 49-51.

111 다음을 보라. Benz, *Nietzsche Ideen*, 36-42; Jörg Salaquarda, "Dionysos gegen den Gekreuzigten: Nietzsches Verständnis des Apostels Paulus," *Zeitschrift für Religions- und Geistesgeschichte* 26 (1974): 97-124; reprinted in *Nietzsche*, Werke der Forschung, no. 251 (Darmstadt: Wissenschaftliche Buchgesellschaft, 1980), 288-322; Valadier, *Nietzsche* (본 에세이 각주 77 참고), 293-388.

112 Nietzsche, *Der Antichrist*, sec. 42, 215: "Der 'frohen Botschaft' folgte auf dem Fuss die *allerschlimmste*: die des Paulus."

113 Ibid., 215-16: "In Paulus verkörpert sich der Gegensatz-Typus zum 'frohen Botschafter', das Genie im Hass, in der Vision des Hasses, in der unerbittlichen Logik des Hasses. *Was* hat dieser Dysangelist Alles dem Hasse zum Opfer gebracht! Vor allem den Erlöser: er schlug ihn an *sein* Kreuz."

를 왜곡하여, 인류의 역사를 기독교의 선역사로 만들었다."[114] ///22///

그러므로 사기꾼 바울은 '기독교'를 위조했으며, 예수가 살아냈던 진정한 기독교를 그것으로 대체시켰던 자였다. 위조는 바울이 대체한 오리지널과 아무런 공통점이 없었다. 바울의 위조는 너무나 교묘했기에, 헬레니즘의 타락한 종교들을 불만족스레 떠났던 잘난 척하던 우매한 민중들에게는 적절했다. 여러 퇴폐 종교 중, 기독교는 불교에 견줄만한 가장 강력한 종교가 되었다.[115] 시간이 지남에 따라, 기독교는 독재자들이 대중을 다스릴 소떼처럼 바꾸는 데 도움이 되었고, 훗날 무함마드도 이 체계를 수용했다.[116]

기독교의 기원에 대한 니체의 견해에 대한 모든 비판적 평가는 그의 생각의 전형적인 복잡성을 고려해야 할 것이다. 그의 지나친 시비조에 긍정적이든, 부정적이든 쉽게 흥분할 수 있지만, 그보다 니체가 실제로 무엇을 하는지 그의 사상을 분석하고 관찰할 필요가 있다. 니체는 신약에 대한 역사 비판적

---

114 Ibid., 216: "Das Leben, das Beispiel, die Lehre, der Tod, der Sinn und das Recht des ganzen Evangeliums—Nichts war mehr vorhanden, als dieser Falschmünzer aus Hass begriff, was allein er brauchen konnte. *Nicht* die Realität, *nicht* die historische Wahrheit! ... Und noch einmal verübte der Priester-Instinkt des Juden das gleiche grosse Verbrechen an der Historie,—er strich das Gestern, das Vorgestern des Christenthums einfach durch, er *erfand sich eine Geschicte des ersten Christenthums*. Mehr noch: er fälschte die Geschichte Israels nochmals um, um als Vorgeschicte für *seine* Tath zu erscheinen: alle Propheten haben von *seinem* Erlöser geredet…. Die Kirche fälschte später sogar die Geschichte der Menschheit zur Vorgeschichte des Christenthums."

115 Ibid., 215: "der Grundunterschied zwischen den beiden décadence-Religionen: der Buddhismus verspricht nicht, sondern hält, das Christenthum verspricht alles, aber *hält Nichts*." 두 퇴폐 종교의 근본적인 차이점: 불교는 약속하지 않고 지키고, 기독교는 모든 것을 약속하지만 아무것도 지키지 않는다.

116 Ibid., 216-17: "Paulus wollte den Zweck, *folglich* wollte er auch die Mittel…Was er selbst nicht glaubte, die Idioten, unter die er *seine* Lehre warf, glaubten es.—*Sein* Bedürfnis war die *Machte;* mit Paulus wollte nochmals der Priester zur Macht,—er konnte nur Begriffe, Lehren, Symbole brauchen, mit denen man Massen tyrannisirt, Heerden bildet.—*Was* allein entlehnte später Muhamed dem Christenthum? Die Erfindung des Paulus, sein Mittel zur Priester-Tyrannei, zur Heerden-Bildung den Unsterblichkeits-Glauben—*das heisst die Lehre vom 'Gericht'...*"바울은 목적을 원했고, 그러고 나서 수단도 원했다…그가 스스로 믿지 않았던 것을, 그가 던진 교리를 받은 어리석은 이들이 믿었다. 그에게 필요한 것은 힘이었다. 바울과 더불어 제사장도 다시 힘을 원했다. 제사장은 대중을 압제하고 무리를 형성하는 개념, 교리, 상징을 사용할 수 있었다. 나중에 무함마드가 기독교에서 빌려온 것은 무엇이었나? 바울의 발명품, 그의 제사장적 독재 수단, 무리 형성, 불멸에 대한 믿음 곧 심판에 대한 교리…. 니체의 제사장 개념에 관하여는 다음을 보라. Valadier, *Nietzsche*, 181-292.

연구를 요약하고, 그것들의 결과를 (오늘날 불리듯) 냉소적 해체주의에 적용함으로써,[117] 사실상 기독교뿐만 아니라 모든 헬레니즘계 종교를 퇴폐한 사제들의 위조로 평가절하한다. 고전 시기(즉 "헬레니즘")의 그리스 문화를 가장 존경하는 바로 그 니체가 헬레니즘 문화와 헬레니즘 문화의 "최음제 향으로 가득한 관능적인 공기"에 대하여 경멸적인 말만 한다.[118] 니체는 일관된 그림을 제시하고, 또한 많은 당혹스러운 현상을 설명할 수 있다. 그러나 그의 그림은, 모든 것이 다소 부정적인 독법에 종속된 선입견에 빠진 이론들의 산물이다. ///23/// 이 모든 것을 위해 니체는 초기 기독교 및 다른 헬레니즘계 종교에 있는 중요한 애매모호한 현상들을 들먹인다.

니체에게 기독교는 계몽주의 시대와는 너무 다른 종교다. 그에게 모든 종교는 이성의 계시라기보다는 병적인 비합리성, 편집증적인 공포와 환상, 대중의 만족할 줄 모르는 욕구를 이용하는 사기꾼의 간교한 산물이다. 바울과 같은 종교 창시자들은 이러한 종교적 병리를 수 세기 동안 대중을 제압하고 억제할 수 있는 권력의 도구로 바꿀 수 있다. 그러나 이 모든 가운데, 썩어가는 낡은 종교의 형태를 부수어 인간의 삶이 순수한 형태임을 보여주는 또 다른 유형의 창시자가 존재한다. 그런 인물이 바로 예수였다.[119] 예수는 소위 기독교를 종교로 우리에게 주지 않았고 오히려 인간의 삶이 무엇이며, 무엇이

---

117 니체는 냉소주의를 지구상에서 성취할 수 있는 최상의 글쓰기 양식으로 부른다. 다음을 보라. *Ecce homo: Wie man wird, was man ist*, in *KSA* (본 에세이 각주 86 참고), 6:302: "das Höchste, was auf Erden erreicht werden kann, den Cynismus." 지상에서 도달할 수 있는 최상의 것, 냉소주의. 유사 문장, *Jenseits von Gut und Böse*, sec. 26 in *KSA*, 5:44: "Cynismus ist die einzige Form, in welcher gemeine Seelen an Das streifen, was Redlichkeit ist; und der höhere Mensch hat bei jedem gröberen und feineren Cynismus die Ohren aufzumachen und sich jedes Mal Glück zu wünschen, wenn gerade vor ihm der Possenreisser ohne Scham oder der wissenschaftliche Satyr laut werden." 냉소주의는 평범한 영혼들의 정직함을 나타내는 유일한 양식이다. 더 높은 사람은 자신 앞에 부끄러움을 모르는 어릿광대나 학식 있는 사티로스가 터져 나왔을 때, 더 거칠고 더 정교한 냉소주의에 귀를 기울여야 하고 매번 자신의 행운을 빌어야 한다.

118 *Jenseits von Gut und Böse*, sec. 189, 110: "inmitten der hellenistischen Cultur und ihrer mit aphrodisischen Düften überladenen und geil gewordenen Luft." 헬레니즘 문화의 한 가운데 그리고 최음제 향으로 가득찬 관능적인 공기.

119 다음을 보라. Uwe Kühneweg, "Nietzsche und Jesus—Jesus bei Nietzsche," *Nietzsche-Studien* 15 (1986): 382-97; Cancik and Cancik-Lindemaier, "Der 'psychologische Typus des Erlösers'" (본 에세이 각주 101 참고), 114-22.

어야 하는지 번쩍이는 빛으로 보여주었다. 그러므로 진정한 의미의 기독교는 종교가 아니라 진정한 인간 실존이다. 거두절미하고 이것이 바로 니체의 "기독론"의 현상을 가리킨다.[120]

오늘날 니체의 사상은 종교사가를 계속해서 매료시키고 있다. 프란츠 오버벡Franz Overbeck이 교회사, 고대사, 종교사 등에 대하여 니체의 사상의 중요성을 탐구하기 시작했지만,[121] 아직 그의 작품은 후계자를 발견하지 못했다. 최근 한 아티클에서 철학자 요제프 지몬Josef Simon은 철학의 기원에 관한 니체의 성찰 중 일부를 개괄적으로 설명했다.[122] **준용**準用, mutatis mutandis**하자면**, 이러한 성찰을 소위 종교의 창시자들에게도 적용할 수 있다. 즉, 그러한 창시자는 자신도 모르는 사이에, 기존 종교의 열린 '틈'에 발을 들여놓고, "그 틈 안에서 자신의 체계를 발전시킨다."[123] ///24/// 이 통찰력을 더 완전히 탐구하려면 더 많은 사색이 필요할 것이다. 어쨌든, 최초의 창시자 인물에 관한 개념 및 이차 창시자들과 숭배 개혁자들에 의한 창시자의 신화화, 혹은 종교적 의례의

120 '예수 해방하기'에 관한 니체의 사유에 관하여는 다음을 보라. Benz, *Nietzsches Ideen* (본 에세이 각주 77 참고), 52-57; Kühneweg, "*Nietzsche und Jesus*"은 도처에서, 예수를 니체의 "초인"Übermensch과 동일시한다. 다음을 보라. Ulrich Willers, "Aut Zarathustra aut Christus': Die Jesusdeutung Nietzsches im Spiegel ihrer Interpretationsgeschichte; Tendenzen und Entwicklungen von 1900-1980," *Theologie und Philosophie* 60 (1985): 239-56, 418-42; 61 (1986): 236-49, *Friedrich Nietzsches antichristliche Christologie* (본 에세이 각주 93 참고), 도처에; Peter Köster, "Nietzsche als verborgener Antipode in Bonhoeffers 'Ethik,'" *Nietzsche-Studien* 19 (1990): 367-418.

121 다음을 보라. Rudolf Brändle and Ekkehard W. Stegemann, eds. *Franz Overbecks unerledigte Anfragen an das Christenthum* (Munich: Kaiser, 1988).

122 Josef Simon, "Das neue Nietzsche-Bild," *Nietzsche-Studien* 21 (1992): 1-9.

123 Simon, "Das neue Nietzsche-Bild," 1-2: "In diesem Zusammenhang, sagt Nietzsche, was der Philosoph, wie er ihn versteht, tun *solle*: '*er soll erkennen, was noth thut.*' 'Der Philosoph soll am stärksten das allgemeine Leid nachempfinden; wie die alten griechischen Philosophen jeder seine Noth ausdrückt: dort, in die Lücke stellt er sein System. Er baut seine Welt in diese Lücke hinein. Es sind alle Mittel zu sammeln, durch die es möglich ist den Menschen zur Ruhe zu retten: bei absterbenden Religionen.'"이 맥락에서 니체는, 자신이 이해한 바에 따라 철학자가 무엇을 해야만 하는지를 말한다. '철학자는 무엇이 절박한지 알아야만 한다.' '철학자는 가장 강력하게 일반적인 고통을 느껴야만 한다. 고대 철학자는 모두 자신의 곤궁을 표현했다. 거기, 그 틈에 그는 자신의 체계를 둔다. 그는 그 틈에 자신의 세계를 건축한다. 인간을 구원하여 안식에 이르게 할 수 있는 모든 수단이 동원되어야 한다. 죽어가는 종교들 속에서.' 다음에서 판에서 인용했다. Giorgio Colli and Mazzino Montinari, *Nietzsche, Werke: Kritische Gesamtausgabe* (Berlin: de Gruyter, 1967-), 3:19[23] (강조는 본문의 것).

의식적 구성 개념, 정치권력의 도구로서의 새로운 종교의 기능, 마술과 신비에 매료되는 대중, 무엇보다 초인Übermensch 혹은 신인神人 θεῖος ἀνήρ의 출현 등, 이 모든 것이 실제로 헬레니즘계 종교의 전형적인 현상들이다.

결론적으로, 니체의 목표는 단순히 기독교에 관한 하나의 이론을 발전시키는 것이 아니었다. 그의 목표는 기독교를 파괴하는 것이었다. 이러한 이유로 *The Antichrist*적그리스도는 기독교에 대한 무서운 저주로 마지막 장을 마무리한다. 그러나 우리가 알고 있듯, 비할 데 없는 지적인 통찰력과 깊이로 이어지는 기독교에 대한 니체의 투쟁은 실패했다. 왜냐하면 그는 나사렛 예수라는 인물을 극복할 수 없었기 때문이다. 역설적으로 니체는 자신이 그토록 증오했던 바울과 일종의 예수에 대한 환상 경험을 공유한다. 이 환상에 정복되었던 니체는 새롭고 다른 기독교가 **되살아난 예수**Jesus redivivus인 자기 자신과 더불어 시작할 것이라고 확신했다. 아마도 니체는 그것이 어떤 종류의 종교일지 예측될 것을 거부했을 것이다. 다시금 역설적으로 등장하게 된 것은 새로운 기독교가 아니라 당혹감과 공포를 포괄하는 니체 숭배였다.[124] 따라서 오늘날 니체의 작업은 우리가 기독교라고 부르는 신비에 대한 또 하나의 다른 불안한 증언으로 서 있다.

IV. 결론

끝으로 두 가지 질문이 제기되어야 한다. 비록 이 두 질문은 여기서는 간략하게 논의되지만, 훨씬 더 많은 성찰이 필요하다.

1) 세 가지 기원 이론은 어떤 관계가 있는가? 물론 이 이론들은 확실히 같은 종류의 것이 아니며 흥미로운 방식으로 서로 연결되어 있다. 첫 번째 종류인 성취 이론들(I)은 역사에 대한 유대-기독교 신화적 개념들과 종말론에 근거하고 있다. 계몽주의 시대에 세속화된 해석을 거치면서, 이 이론은 역사 철

124 다음을 보라. Hubert Cancik, “Der Nietzsche-Kult in Weimar: Ein Beitrag zur Religionsgeschichte der wilhelminische Ära,” *Nietzsche-Studien* 16 (1987): 405-29.

학의 일부가 되었다. 이 이론은 "보편사" 내에서의 기간들('세대들'의 시작과 성취), 발전들, 변화들, 다양성, 일관성을 개념화하는 방법을 제공한다.

두 번째, 세 번째 종류의 이론들(II, III)은 첫 번째 종류의 반정립이다; 사실상 저 두 이론은 첫 번째 종류의 이론이 극복하려고 했던 불연속성을 재도입한다. 두 번째 이론과 세 번째 이론의 목표는 내적 일관성과 목적론적 발전을 위한 토대를 파괴하는 것이다. ///25/// 한편 동시에 두 번째 종류의 이론들과 세 번째 종류의 이론들도 서로 반정립이다. 원 사기 이론들(II)은 역사에는 객관적 일관성이 결여되어 있다는 의혹으로부터 비롯했다. 대신에 다른 종류의 일관성, "경건한 사기"pia fraus라는 주관적 인간 행위로서의 종교사의 일관성이 작용한다고 여겨진다.

또한 원 배신 이론(III)은 더 나아가 악마적 성격을 역사에 귀속시킨다. 이 이론에 따르면, 역사는 혼란스러운 어리석음, 실수, 속임수가 아니라, 오히려 20세기 말에서야 "거대한 거짓말"로 알려지게 된 것을 의도적으로 구성한 것이다. 모든 역사를 특징짓는 전형적인 일관성이 바로 배신이다. 배신감을 느낀 역사적 인물들은 차례로 서로를 배신할 뿐만 아니라 '거대한 거짓말'로 대중을 속여 정당한 복수를 꾀한다.

2) 이러한 여러 기원 이론의 중요성은 무엇인가? 역사적 기원에 관한 여러 이론은 역사적 실재들과 구별되어야만 한다. 역사학이 우리에게 전해주는 것은 단순한 사실에 대한 설명이 아니라, 앞서 묘사된 위의 세 가지 이론과 같은 것이나 혹은 다른 것들, 저런 것들을 조합한 다양한 이론들에 영향을 받은 설명이다. 역사적 기원에 관한 이론들은 역사에 대한 근본적인 가정들을 이해하기 쉽게 해 줄 뿐만 아니라, 또한 역사를 형성하고 만들어 낼 수도 있다. 그러나 역사적 실재들의 기원이 무엇이든, 경험하는 것이 먼저였고 그리고 나중에 (아마도) 이해하게 되었다. 결국, 역사적 기원을 이해하는데 있어서, 가장 큰 어려움은 무엇이 실재이고 무엇이 이론인지를 비판적으로 구별하는 데 있다.

초기 기독교의 가족: “가족의 가치” 재고

캐롤린 오시에크 지음 | 임충열 옮김

알맹e

초기 기독교의 가족: “가족의 가치” 재고, 개정판

편집 김선용, 맹호성
교정 이상원
표지 created by 맹호성 with helps from 김지호
내지 디자인 맹호성

펴낸이 김진실, 맹호성
펴낸곳 알맹e
등록 제25100-2014-000047호(2014년 7월 25일)
주소 서울특별시 노원구 동일로 1700, 1031호 (파르코오피스텔) 01624
e우편 rmaengermaeng2.com
웹집 www.rmaenge.com
얼굴책 www.facebook.com/rmaenge

전자책
2022년 5월 8일 초판 발행
2024년 2월 25일 개정판 발행
PDF ISBN 9791191822632
정가 3,300원

일러두기

1. ⓣ는 역자주를 뜻합니다.
2. 주요 성서학 용어의 번역어는 『성서학 용어 사전』(전자책: 알맹e, 2019; 종이책: IVP, 2022)를 따랐습니다.

캐롤린 오시에크의 〈초기 기독교의 가족: 가족의 가치" 재고〉 소개

김선용 씀

"그러면 '아내들이여 자기 남편에게 복종하기를 주께 하듯 하라'(엡 5:21)와 '아버지나 어머니를 나보다 더 사랑하는 자는 내게 합당하지 아니하고'(마 10:37) 중에 어느 구절이 더 성경적인가?" 캐롤린 오시에크가 이 소논문 서두에 제기한 질문에 답을 딱 부러진 답을 내기는 무척 어렵다. 하지만, 답을 찾는 과정에서 우리는 초기 기독교인들의 일상생활에 대해 다양한 지식을 얻을 수 있다. 오시에크 자신이 이 글에서 잘 보여주듯이 말이다.

이른바 사회사social history 연구는 끊임없이 심화, 발전하면서 신약성경과 초기 기독교 문헌 연구의 커다란 기둥으로 자리를 잡았다. 초기 기독교인의 일상사에 관한 관심이 로마 제국 시대의 가족 구성과 거주 건물의 구조로 이어진 것은 자연스러운 일이었다. 하지만 오시에크 교수의 이 소논문 이전에는 초기 기독교인의 삶과 신앙 행습이 가정이라는 사회의 단위 및 거주 장소의 구조와 어떤 연결이 있었는지 구체적으로 그려낸 연구가 많지 않았다. 오시에크의 말대로 1990년 초까지만 해도, 가정 규례나[1] 가정 교회에[2] 관한 연구

1 David L. Balch, *Let Wives Be Submissive: The Domestic Code in 1 Peter* (Chico: Scholars, 1981).

2 Floyd V. Filson, "The Significance of the Early House Churches," *Journal of Biblical Literature* (1939) 58: 105-112; Hans-Josef Klauck, *Hausgemeinde und Hauskirche im frühen Christentum* (Stuttgart: Verlag Katholisches Bibelwerk, 1981).

를 제외하면 초창기 기독교인의 가정이나 그리스-로마 시대의 유대인 가족에 관한 연구는 "아직 걸음마 단계"였기 때문이다. 하지만 고대 로마의 가옥과 가족 형태에 관한 연구는 기존에 발굴된 폼페이와 오스티아와 헤르쿨라네움의 유적 연구와 더불어 비문(주로 장례를 하며 세운 것 비석)과 파피루스를 체계적으로 탐구하면서 1980년대에 획기적인 발전을 이루었다. 오시에크는 고고학과 역사학과 서양 고전학의 눈부신 연구 성과를 바탕으로 초기 기독교 가정의 모습을 재구성하는 데 앞장선 학자다.

이 소논문에서 주목할 점을 꼽자면 다음과 같다. 먼저, 1세기 로마 시대의 '가정'이 현대인에게 익숙한 가정의 모습과 상당히 달랐음을 효과적으로 보여준다.[3] 둘째, 도무스가옥와 빈곤계층이 주로 살던 인술라상점과 '아파트'가 함께 있던 복층 건물에서 각기 다른 모습으로 기독교인의 모임이 형성-유지되었을 것이라는 설득력 있는 추정을 제시한다.[4] 셋째, 성별의 차이와 계급의 차이가 기독교인끼리의 모임에 다른 의미를 주었을 것이라는 주장도 설득력이 있다.[5] 넷째, 초기 예수 운동 내에서 가족의 가치에 대해 다른 시각이 공존했다는 관찰도 중요하다. 무엇보다 가장 중요한 점은 초기 기독교 여성의 일상사를 예전보다 구체적이고 입체적으로 그릴 수 있음을 보여주었다.

---

3 "가정(households)과 가족 단위(family units)에는 자녀들, 노예들, 결혼하지 않은 친척들, 그리고 종종 해방된 남녀 노예(freedmen and freedwomen) 혹은 상점이나 주거지의 다른 세입자들을 포함했다." "집은 업무를 피해 벗어나기 위한 장소가 아니라, 업무 대부분이 이루어지던 장소였다. 집은 공적 역할(public role)로부터 자유로워지는 장소가 아니라, 도리어 환대(hospitality)를 통해 그런 공적 역할을 더 강화하는 장소였다."

4 "'다세대 주택 교회'의 원형에서, 모임과 식사 준비는 도무스에서 모이는 교회에 비해 덜 형식적이었을 것이다. 또한 리더십 역시 좀 더 유연한 형태를 취했을 것이다. 왜냐하면 그 안에는 후원을 통한 방식이 자동으로 작동하지 않았기 때문이다. 이런 교회에서는 어떤 저명인사의 후원 아래 있는 모임에 비해, 참여와 리더십에 있어서 좀 더 협력적인 방식이 가능했으리라 추측해 볼 수 있다. 동시에, 이러한 기관은 필연적으로 모든 구성원의 완전한 협력에 좀 더 의존했을 것이다."

5 "[대리 가족으로서] 공동체적인 삶은 기독교인 대가족들에게는 별로 매력적이지 않았을 것이고, 그런 대가족이 없는 사람들, 혹은 가족이 없는 사람들, 그리고 좀 더 넓은 맥락에서 별다른 사회적 결합의 수단이 없었던 사람들에게는 좀 더 매력적이었을 것이다. 그런 부류의 구성원들은 교회가 이렇게 제시한 확대 가족 의식(sense of extended family)에 대해 매력을 느끼면서 괜찮다고 생각하며 발전시켜 나갔을 것이다."

초창기 기독교인 가정이라는 주제를 신선하고도 균형 있는 시각으로 다루어 유명해진 이 소논문이 발표된 후에 수없이 많은 연구가 쏟아져 나왔다. 새로운 연구는 오시에크의 주장 중 일부에 직간접적으로 의문을 제기한다. 예를 들어, 오시에크가 생각하는 것보다 이른바 '핵가족'이 압도적으로 많았던 것으로 보인다. 현존하는 가장 확실한 문서 증거는 로마 시대 이집트 지역의 인구조사 보고서인데, 이 증거에 따르면 기원후 1-3세기 이집트에서는 소위 핵가족(부모와 미혼 자녀로 구성된 가족)이 40% 이상이었다. 현대인처럼 결혼하면서 핵가족을 이루기 시작한 것이 아니라 부모나 형제의 죽음 때문에 그렇게 된 경우이지만 말이다. 심지어 '일인 가족'도 적지 않게 있었다.[6] 하지만 로마 시대 이집트 지역이 가족 구성은 상당한 확신을 두고 말할 수 있으나 다른 지역의 가족 형태와 가옥 등에 대해서 학자들은 점차 '정확히 알 수 없다'라고 인정하기 시작했다. 예를 들어 로마 시대 가족 구성을 추론하는데 기념비적인 연구로 인정되어온 Richard P. Saller와 Brent D. Shaw의 "Tombstones and Roman Family Relations in the Principate: Civilians, Soldiers and Slaves"에서[7] 사용된 방법론이 논박의 대상이 되면서 고고학적 유물을 해석하는 방법론에 관한 숙고가 필요하게 되었다. 현재로서는 20세기 초반의 인도나 중국의 경우와 비교하는 통계학적 접근을 병행하는 것이 최선이다.[8] 이러한 문제 제기는 로마 제국의 서부 지역의 가족 구성에 대해 우리가 확실한 지식을 가질 수 없음을 암시한다. 마지막으로, 오시에크의 글은 1세기 갈릴리 지역의 상황에 대해 별다른 언급이 없다. 이에 대해서는 Santiago Guijarro의 연구가 참고할 만하다.[9] 오시에크의 최신 아티클을 이 소논문과 비교

---

6 참고. R. S. Bagnall and B. W. Frier, *The Demography of Roman Egypt* (Cambridge: Cambridge University Press, 1994).

7 Richard P. Saller and Brent D. Shaw. "Tombstones and Roman Family Relations in the Principate: Civilians, Soldiers and Slaves," *The Journal of Roman Studies* 74 (1984): 124-56.

8 Sabine R. Huebner, "Household Composition in the Ancient Mediterranean - What Do We Really Know?" in *A Companion to Families in the Greek and Roman Worlds*, ed. Beryl Rawson (Malden, MA: Wiley-Blackwell, 2011); 크리스토퍼 켈리, 『로마 제국』, 교유서가 첫단추 시리즈, 이지은 옮김 (파주: 문학동네, 2015), 183-87.

9 Santiago Guijarro, "The Family in First-Century Galilee", in *Constructing Early Christian*

해 읽는 것도 추천한다.[10]

한국어로 쓰인 초기 기독교 가정에 관한 심도있는 연구가 많지 않다. 이 탁월한 소논문의 번역이 우리 학생들과 학자들의 관심을 북돋우는 촉매제가 되면 좋겠다. 오시에크의 연구에서 볼 수 있듯이 이 주제를 다루기 위해서는 파피루스나 비석문 등 고대 자료를 다룰 수 있어야 하고 고고학에도 식견이 있어야 한다. 방대한 일차자료를 읽고 정밀하게 해석하는 견실한 연구가 축적되면 언젠가 1세기 기독교인의 일상사를 다룬 멋진 한국어 소설도 나올 수 있을 것이다.

각주에 인용한 연구 외에 참고할 글은 다음과 같다.

Edward Adams. *The Earliest Christian Meeting Places: Almost Exclusively Houses?* London: Bloomsbury T. & T. Clark, 2013.

David L. Balch and Carolyn Osiek. *Families in the New Testament World: Households and House Churches.* Louisville: Westminster John Knox Press, 1997.

David L. Balch and Carolyn Osiek eds. *Early Christian Families in Context: An Interdisciplinary Dialogue.* Grand Rapids: Eerdmans, 2003.

Bettina Bergmann. "Housing and Households: The Roman World," in *Classical Archaeology*, eds. Susan E. Alcock and Robin Osborne. Malden: Blackwell, 2012, 228-48.

Roger W. Gehring, *House Church and Mission: The Importance of Household Structures in Early Christianity.* Peabody: Hendrickson Publishers, 2004.

Families, ed. Halvor Moxnes (London and New York: Routledge, 1997), 42-65.

10 Carolyn Osiek, "What We Do and Don't Know About Early Christian Families," in *A Companion to Families in the Greek and Roman Worlds*, ed. Beryl Rawson (Malden, MA: Wiley-Blackwell, 2011).

David Horrell, "Domestic Space and Christian Meetings at Corinth: Imagining New Contexts and the Buildings East of the Theatre," *New Testament Studies* 50 (2004): 360-68.

Jorunn Økland, *Women in Their Place: Paul and the Corinthian Discourse of Gender and Sanctuary Space.* London; NewYork: T. & T. Clark, 2004.

초기 기독교의 가족: "가족의 가치" 재고

캐롤린 오시에크 씀

임충열 옮김

최근 몇 년간, "가족의 가치"는 미국의 정치와 종교의 갈림길 위에 쌓여 있는 휘발성 물질을 의미했다. 여기서 성경은 마치 불이 붙기만 기다리는 기름 같았다.[1] 종종 "미국적인 삶의 방식"이라고도 알려진, "성경적" 가족의 가치는 평온함과 품위 그리고 도덕적 청렴이라는 아우라를 전달한다. 모든 사람은 그가 어디에 속하는지, 하나님이 그에게 무엇 하기를 원하는지를 잘 알고 있다. 그래서 익숙한 합창의 가사처럼, 모든 사람은 자족하는 것이다. "하나님이 하늘에 계시니, 세상의 모든 것이 평화롭다."이 가사는 로버트 브라우닝(Robert Browning)

이 소논문은 1995년 8월 12-15일에 뉴욕 주 라우던빌의 시에나 대학에서 열린 제58차 미국가톨릭성서학회(Catholic Biblical Association of America) 정기 학회에서 발표되었던 회장 취임 연설이다.

이 연설을 위한 연구에 많은 재정적 지원을 해준 시카고 대학교의 '종교, 문화, 그리고 가족 프로젝트'(Religion, Culture, and Family Project) 측에 깊은 감사를 전한다. 이 프로젝트는 릴리 재단(Lilly Endowment)의 아낌없는 연구비 지원을 통해 가능했다. 특별히 이 연설은 설리번(Kathryn Sullivan, R.S.C.J.)에게 헌정된 것이다. 설리번은 여성 최초로 CBA의 정회원이 되었고(1948년), 여성 최초로 부회장에 선출되었으며(1958년), *CBQ* (*Catholic Biblical Quarterly*)의 십년 단위 색인(decennial index)의 편집자였고(1949년, 1959년, 1969년), 또한 나에게 처음으로 대학원 과정에서 성경 연구를 공부하는 것에 대한 관심을 일깨워 주신 분이다.

1 "Whose Family Values Are They, Anyway?" *New York Times*, Sunday, August 6, 1995, 4. 1, 3을 보라. 공공 정책의 수준에서 이 상황을 해결해 보려는 일부 온건한 시도들은 다음과 같다. D. Browning, "Re-Building the Nest: Families and the Need for a New Social Agenda," *Just Reading* 3 (Melbourne: Catholic Commission for Justice, Development and Peace, 1994) 1-12; D. Browning and C. Browning, "Better Family Values," *Christianity Today* 39 (1995) 29-32; J. Wall, "The New Middle Ground in the Family Debate: A Report on the 1994 Conference of the Religion, Culture, and Family Project," *Criterion* 33/3 (1994) 24-31.

의 시 "Pipa's Song"(피파의 노래)의 마지막 부분임 ⓣ ///2/// 하지만 우리는 이 세상의 모든 것이 그저 평화롭지만은 않다는 것을 너무나도 잘 알고 있다. 특히, 가족에 관해서는 더욱 그렇다. 위탁 돌봄에 관한 이야기 대신에, 보육원에 관한 이야기와 모자 복지가 철회된다는 소식만 들려오고, "어린이가 아기를 가졌다"라느니 "어린이가 다른 아이를 죽였다"라느니 하는 문구들은 이제 익숙해진 지 오래다. 실제로, 시카고의 *Chicago Tribune*시카고 트리뷴, 미국 일리노이주 시카고를 중심으로 하는 주요 일간지임 ⓣ은 "죽어가고 있는 우리의 아이들"Killing Our Children이라는 시리즈를 2년 동안이나 전면에 연재하기도 했는데, 이 시리즈는 도시 안에서 발생한 어린이들의 폭력적인 죽음에 관한 내용을 연대순으로 기록했다.

그러면 우리는 가톨릭 성경 학자로서 우리의 전문적인 지식을 통해 이 고통스러운 상황에 대해 어떤 기여를 할 수 있을까? 오늘날 가족의 삶 속에 나타나는 엄청난 격변과 불확실성으로 인해, 일부의 사람들이 (좀 더 안전하다고 생각되는) 전통적인 윤리로 돌아가기를 선호한다는 사실은 놀랄 만한 일이 아니다.[2] 하지만 해결책을 약속하는 소위 성경에서 말하는 가족의 가치들은 정말 모두 다 성경적인 것일까? 그러면 "아내들이여 자기 남편에게 복종하기를 주께 하듯 하라"(엡 5:21)와 "아버지나 어머니를 나보다 더 사랑하는 자는 내게 합당하지 아니하고"(마 10:37) 중에 어느 구절이 더 성경적인가?

I

가족에 대한 신약의 묘사에는 근본적 긴장이 존재한다. 널리 알려진 가정 규례는 모든 가족 구성원들이 상호 간의 사랑과 존중의 분위기 속에서 자신

2 이런 과거에 대한 향수는 어제 오늘의 일이 아니다. 타키투스는(*Dial.* 28) "과거 좋았던 옛날에는"(pridem) 모든 아이들이 "집안을 돌보고 자녀들에게 모든 인생을 바치는 것을 최고의 찬사로 여겼던" 어머니들에게서 양육되었다고 말하면서 당시 그의 현실을 안타까워했다(W. Peterson's translation, *Tacitus: Dialogus, Agricola, Germania* [LCL; Cambridge, MA: Harvard University Press, 1946] 89).

의 위치와 책임을 인식하는 평화로운 가정생활의 에토스를 위한 피뢰침외부의 도전으로부터 기독교적 에토스를 지켜주는 역할을 한다는 의미에서 ⓣ이다.[3] 이 조화는 공적 생활의 모델이 되는 가정생활의 질서에 관한 헬레니즘계 가르침과 로마적 감성에 토대를 둔 것이기 때문에, 이 개별 가정에 관한 에토스는 교회 공동체의 생활과 시민적 책임의 영역으로까지 확장된다. 그래서 모든 이는 아버지와 어머니, 형제와 자매로서 서로를 존경하며(딤전 5:1; 벧전 5:5), 교회 안에서의 권위는 크고 화목한 가정을 다스리는 아버지가 하는 방식으로 행사된다(딤전 3:2-7).[4]

다른 한편으로, 위의 묘사를 규범적인 것으로 받아들이는 사람들에게 예수가 행한 것으로 여겨지는 가정생활에 대한 말들과 행위들은 별로 안심이 되지 않는다. ///3/// 누가복음에는 성전에서 그분의 신학적 날개에 깃털이 자라는 동안, 열두 살의 조숙한 예수는 부모님의 염려를 전혀 신경 쓰지 않는 듯 보이는 패턴을 시작한다. 마가복음 초반부에서 예수의 친척들은 아픈 가족 구성원을 돌볼 책임을 완수하기 위해 예수에게 찾아왔다. 그들은 예수가 제 정신이 아니라고 믿었기 때문에 예수를 집에 데리고 가려 했다(ἐξέστη엑세스테, 막 3:20).[5] 그러나 예수는 영들에 대한 그들의 고의적인 오판이 성령을 모독한 것이라고 비난함으로써 이에 대응했다(막 3:28-30).[6] 그들이 재차 시도했

3 골 3:12-4:6; 엡 5:21-6:9; 벧전 2:13-3:7; 또한 딤전 2:8-15 도처에; 딛 2:2-10.

4 신약의 가정 규례와 가정 경영에 관한 헬레니즘적 토포스의 문학적 관계는 이제 널리 잘 알려져 있다(토포스는 '장소'를 의미하는 그리스어 단어인데, 이 말은 문학이나 웅변의 영역에서 특정한 주제에 대해 마치 '고정적인 장소'처럼 반복적으로 등장하는 권면적 진술을 가리키는 문학적 용어로 사용된다 ⓣ). D. L. Balch, *Let Wives Be Submissive: The Domestic Code in I Peter* (SBLMS 26; Chico, CA: Scholars, 1981); 같은 저자, "Household Codes," *Greco-Roman Literature and the New Testament: Selected Forms and Genres* (SBLSBS 21; ed. D. E. Aune; Atlanta, GA: Scholars, 1988); 같은 저자, "Neophythagorean Moralists and the New Testament Household Codes," *ANRW* 2/26/1. 380-411을 보라.

5 완스브로(H. Wansbrough, "Mark iii.21—Was Jesus Out of His Mind?" *NTS* 18 [1971-72] 233-35, 이러한 주장은 D. Wenham, "The Meaning of Mark iii.21," *NTS* 21 [1975] 292-300에도 계속됨)는 제정신이 아닌 사람은 예수가 아닌 군중이라고 주장했다. 이 주장은 널리 받아들여 지지 않았다.

6 바알세불 논쟁이 가족들에게도 적용된다는 주장은 일부에 의해 거부되기도 하지만, 다른 이들은 이 주장에 동의한다. 바턴(S. C. Barton, *Discipleship and Family Ties in Mark and Matthew* [SNTSMS 80; Cambridge: Cambridge University Press, 1994] 75-77)은 이에 대한 "전문적인 동의"(qualified affirmative)를 제공한다.

을 때, 예수가 한 대답은 혈연 관계의 요구에 대한 거절이었다. "누구든지 하나님의 뜻대로 행하는 자가 내 형제요 자매요 어머니이니라."[7] 이 말은 가족을 쫓아내기에 충분했다. 왜냐하면 공관복음을 보면, 이후로는 가족들이 다시 나타나지 않기 때문이다. 그들은 그 동네에서 너무나 잘 알려져 있었는데도 말이다(마 13:55-56 병행구절, 막 6:3, 눅 4:22, 요 6:42). 누가는 당신의 어머니가 복되다고 말했던 무리 가운데 있던 한 여인에 대한 예수의 대답, "오히려 하나님의 말씀을 듣고 지키는 자가 복이 있느니라"(눅 11:27-28 병행구절. *Gos. Thom.*도마복음 79)을 제시함으로서,[8] 자기 가족에 대해 열의가 부족한 듯 보이는 예수의 모습을 더 심화시킨다. ///4///

요한복음의 경우, 예수의 가족은 가나에서 등장한다. 가나에서 예수는 어

7 막 3:31-35 병행구절. 마 12:46-50; 눅 8:19-21; *Gos. Thom.* 99; *Gos. Eb.* (Epiphanius *Pan.* 30.14.5). 눅 8:19-21에서 책망을 부드럽게 만든 것에 주목해보라. 그러나 반대로 누가의 표현이 더 강한 눅 14:26과 마 10:37도 대조해 보라. 이 모티프의 역사성에 대한 당연한 반대는 분명하게 나타났다. 예를 들어, J. Gnilka, *Das Evangelium nach Markus* (EKKNT 2; Zurich: Benziger; Neukirchen-Vluyn: Neukirchener Verlag, 1978) 1. 146, 152-53. 엘리스(I. Ellis, "Jesus and the Subversive Family," *SJT* 38 (1985) 173-88)는 이른바 이러한 긴장을 잘못된 해석(misinterpretation)으로 인한 것으로 여기면서, 가족에 대한 예수의 관심과 참여를 옹호한다. 대부분의 주석가들(예를 들어, W. Grundmann, *Das Evangelium nach Markus* [THKNT 2; 7th ed.; Berlin: Evangelische Verlagsanstalt, 1977] 86-87; D. E. Nineham, *The Gospel of St. Mark* [Pelican Gospel Commentaries; New York: Penguin, 1963] 122-23)은 새로운 공동체로서의 제자들이라는 초점을 강조한다. 예수가 가족을 거절한 것에 대한 마가의 묘사는 광범위하게 마가의 편집으로 여겨진다. 예를 들어, J. D. Crossan, "Mark and the Relatives of Jesus," *NovT* 15 (1973) 81-113. 람브레히트(J. Lambrecht, "The Relatives of Jesus in Mark," *NovT* 16 (1974) 241-58)는 크로산의 주장들 가운데 일부를 수정하긴 했지만, 여전히 마가는 "예수와 예수의 친척들 사이에 있었을 법한 마가 이전의(pre-Markan) 긴장을 노골적인 대립으로 바꿨다"라고 주장한다(p. 244); 많은 이가 그렇듯이, 람브레히트에게도 이 구절은 제자도에 대한 가르침을 강조하기 위해 연출된 것이었다. 이 구절이 역사적인 것인지 아니면 새로운 가족으로서 제자들과 대조를 위해 발전된 것인지는 중요한 것이 아니다. 오히려 중요한 것은 예수에 대한 묘사가 다음 세대들에게 미치는 영향이다. 예수의 가족들을 신자들로 보는 후대의 전통들에 관해서는, H. Koester, *Introduction to the New Testament 2: History and Literature of Early Christianity* (Hermeneia; Philadelphia: Fortress, 1982) 200; 그리고 B. L. Mack, *A Myth of Innocence: Mark and Christian Origins* (Philadelphia: Fortress, 1988) 91의 각주 11번을 보라.

8 이 대화를 읽는 또 다른 방법은 존경할 만한 여성에 대한 대중의 관심을 꺼리는 전통적인 방식이다. 이 여성은 오직 죽음 이후에만 대중으로부터 칭찬을 받아야만 한다(cf. Plutarch *De mul. vir.* 242). 하지만 예수가 자신의 가족을 대하는 나머지 다른 패턴들을 볼 때, 이 동기가 주된 것으로 여겨지지는 않는다.

머니의 요청에 응했음에도 불구하고, 일부 해석자는 예수가 공개적으로 어머니의 권위를 묵살했다고 말한다.[9] 또한 예수의 형제들은 다섯 장 뒤에서 불신자의 모습으로 등장한다(요 7:3-5). 이는 공관복음서에 나타나는 모습과 일치한다. 요한복음의 예수의 죽음 장면에는 예수가 가족들을 걱정하는 보기 드문 모습이 나타난다. 여기에는 예수의 어머니가 등장하는데, 예수는 홀로 된 어머니를 부양해야 할 책임을 끝까지 충실히 이행한다(요 19:25-27).

예수는 가족에 대한 종교적 요구사항들에 대해 둔감한 분으로 묘사되지 않는다. 오히려 예수는 그런 요구사항들을 회피하려던 종교 지도자들에게 네 번째 계명을 인용했고(마 15:3-6 병행구절, 막 7:10-12), 계명의 요구 그 이상의 것을 묻던 자에게는 이 네 번째 계명을 근본적인 것으로 말했다(마 19:19 병행구절, 막 10:19, 눅 18:20). 예수는 가족family과 가정household—우리에게는 구별된 두 개의 용어들이지만, 그리스어, 히브리어, 아람어, 라틴어로는 모두 동일한 하나의 단어로 번역된다—안에서 일어나는 다양한 종류의 상황들에 대해 잘 알고 있었으며, 그것들을 자신의 가르침에 사용했다. 예수는 용서할 줄 모르는 종의 이야기에 등장하는 채무자와 채권자의 위치에 있는 노예들과(마 18:23-35), 주인이 없는 동안 지혜롭거나 어리석은 선택을 한 노예들(마 24:45-51 병행구절, 눅 12:41-46), 그리고 달란트 혹은 므나 비유에서 주인의 페쿨리움peculium, 즉 관리해야 할 일정한 금액을 맡은 가정 노예들(마 25:14-30 병행구절, 눅 19:11-27)의 가정 역학household dynamics에 대해서도 잘 알고 있었다. 예수는 두 아들에 관한 두 개의 비유에서, 아버지의 관심을 얻기 위해 분투하는 아들들 사이에서 나타나는 경쟁적 역학을 사용한다. 그중 하나는 아버지의 바람에 대한 형제들의 다른 반응에 대한 비

9 C. K. Barrett, *The Gospel according to St. John* (2d ed.; Philadelphia: Westminster, 1978) 191; D. A. Carson, *The Gospel according to John* (Grand Rapids: Eerdmans, 1991) 170-71; C. R. Koester, *Symbolism in the Fourth Gospel: Meaning, Mystery, Community* (Minneapolis: Fortress, 1995) 11, 78, 215; F. J. Moloney, *Belief in the Word* (Minneapolis: Fortress, 1993) 81. 특이한 형태의 호칭(address, 예수가 어머니 마리아에게 했던 "여자여" [요 2:4]라는 호칭 ⓣ)에 대한 성경 구절들과 논의는 R. Schnackenburg, *The Gospel according to St. John* (New York: Seabury, 1980) 1. 328에서 확인된다.

유이고(마 21:28-31두 아들의 비유 ⓣ), 다른 하나는 방탕한 아들과 용서할 줄 모르는 그의 형에 관한 비유이다(눅 15:11-24탕자의 비유 ⓣ).[10] 또한 예수는 야심 찬 어머니였던 "세베대 여사"도 막아 내야만 했다. 왜냐하면 그녀는 자기 두 아들의 종말의 사회적 출세를 위한 후원patronage을 중개하려고 시도했기 때문이다(마 20:28-31).[11] ///5///

예수가 행한 것으로 여겨지는 이혼에 대한 어록들은 기독교 공동체에 말할 수 없는 어려움들을 야기시켰다.[12] 이혼에 대한 어록들은 너무나 흔해서 어디에서나 볼 수 있을 뿐만 아니라, 너무도 다양하며, 그것의 배경과는 너무도 완전히 구별되기 때문에, 그 기본적인 내용은 역사적인 것으로 매우 진지하게 받아들여져야만 한다. 여기서 예수의 권위는 매우 직접적이고도 놀랄만한 방식으로 가족생활에 개입하고 있다.

또한 예수는 가족의 고통에 대해 감수성이 부족한 것으로 묘사되지도 않는다. 예수는 유아 사망률이 매우 높던 시대에 아픈 자녀들로 인해 자포자기한 상태에 있던 부모들에게 동정심을 보였다. 구체적인 예로, 예수는 죽어가는 딸을 둔 회당장(마 9:18-26 병행구절, 막 5:21-43, 눅 8:40-56), 아픈

10 가정 경영에 관한 그리스-로마의 문헌 분석을 통해, 폴만(W. Pohlmann, *Der Verlorene Sohn und das Haus: Studien zu Lukas 15,11-32 im Horizont der antiken Lehre von Haus, Erziehung, und Ackerbau* [WUNT 68; Tubingen: Mohr (Siebeck), 1993])은 이 이야기가 가정의 질서 있는 세계에 대한 전면적인 도전을 의미했을 것이라고 주장한다. 왜냐하면 아버지가 완전히 부적절하게 행동을 함으로써, 사회 질서의 변화를 예고하기 때문이다.

11 아들의 사회적 출세를 위한 어머니의 역할에 관해서는, S. Dixon, *The Roman Mother* (London/New York: Routledge, 1988) 특히, pp. 168-209을 보라.

12 마 5:31-32; 19:3-12; 막 10:2-12; 눅 16:18; 고전 7:10-16; Herm. *Man.* 4.1.6; cf. Mal 2:13-16. 참고. J. A. Fitzmyer, "The Matthean Divorce Texts and Some New Palestinian Evidence," *TS* 37 (1976) 197-226; W. J. Harrington, "The New Testament and Divorce," *ITQ* 39 (1972) 178-87; E. Hoffmann, "Jesus' Saying about Divorce and Its Interpretation in the New Testament Tradition," *The Future of Marriage as an Institution* (*Concilium* 5/6; ed. F. Bockle; New York: Herder and Herder, 1970) 51-66; G. MacRae, "New Testament Perspectives on Marriage and Divorce," *Divorce and Remarriage in the Catholic Church* (ed. L. G. Wrenn; New York: Newman, 1973) 1-13; L. Sabourin, "The Divorce Clauses (Mt. 5:32; 19:9)," *BTB* 2 (1972) 80-86; B. Vawter, "Divorce and the New Testament," *CBQ* 39 (1977) 528-42; J. S. Kloppenborg, "Alms, Debt and Divorce: Jesus' Ethics in Their Mediterranean Context," *Toronto Journal of Theology* 6 (1990) 182-200.

아들을 둔 왕의 신하(요 4:46-53), 질문도 하지 않은 채로 그녀의 처지에 반응을 보인 대상인 나인성의 과부(눅 7:11-17)(καὶ ὁ κύριος ἐσπλαγχνίσθη ἐπ᾽ αὐτῇ, "주께서 과부를 보시고 불쌍히 여기사" 13절), 아픈 딸을 둔 수로보니게 혹은 가나안 여인(마 15:21-28 병행구절, 막 7:24-30), 귀신 들려 간질병이 있는 어린 아들을 둔 아버지(마 17:14-20 병행구절, 막 9:14-28, 눅 9:37-42)와 같은 사람들을 향해 동정심을 보였다. 특히, 이 마지막 이야기에 대한 마가복음의 기록에서, 예수는 어린 아들의 증상을 묻기도 하고, 아버지의 끈질기고도 애절한 간청에 의해서 더 고무되기도 한다예수가 더 고무되었다는 것은 "할 수 있거든이 무슨 말이냐?"라는 되물음을 통해서도 확인된다 ⓣ. 또한, 예수가 천국에 들어갈 수 있는 자격의 예로서 아이들을 제시했던 장면(마 18:1-5 병행구절, 막 9:36-37, 눅 9:48, *Gos. Thom.* 22)은 아이들에 대한 당시의 사회적 정황에 비추어서 살펴보아야 한다. 예수가 아이들을 축복하며 안수하는 장면(마 19:13-15 병행구절, 막 10:13-16, 눅 18:15-17), 즉 오랫동안 어린이 세례의 근거 구절로 해석되었던 이 장면은 영아를 유기하던 당시의 일반적 관행에 비추어서, 그리고 이 관행에 대한 유대교와 기독교의 금지와 관련하여서 살펴보아야 한다.[13] ///6///

이렇게 예수는 다른 사람들의 가족의 삶에 관해 관심을 가진 분으로 묘사되고 있는 것처럼 보인다. 비록 예수 자신은 그것을 포기하는 것처럼 보일지라도 말이다. 그러나 공관복음의 구절들, 즉 마 19:27-29 병행구절, 막 10:28-

---

13 A. van Aarde, "The *Evangelium Infantium*, the Abandonment of Children, and the infancy Narrative in Matthew 1 and 2 from a Social Scientific Perspective," *God-With-Us: The Dominant Perspective in Matthew's Story and Other Essays* (Hervormde Teologiese Studies, Supplementum 5; Pretoria: Nederduitsch Hervormde Kerk van Afrika, 1994) 261-76. 고대 지중해 세계의 어린이들에 관해서는, J. Pilch, "'Beat His Ribs While He Is Young'(Sir 30:12): A Window on the Mediterranean World," *BTB* 23 (1993) 101-13; B. Rawson, "Children in the Roman *Familia*," *The Family in Ancient Rome: New Perspectives* (ed. B. Rawson; Ithaca, NY: Cornell University Press, 1986) 170-200 (특히, *alumni/ae*와 *vernae*에 관해서); T. Wiedemann, *Adults and Children in the Roman Empire* (London: Routledge, 1989); O. L. Yarbrough, "Parents and Children in the Letters of Paul," *The Social World of the First Christians: Essays in Honor of Wayne A. Meeks* (ed. L. M. White and O. L. Yarbrough; Minneapolis: Augsburg Fortress, 1995) 126-41을 보라.

30, 그리고 눅 18:28-30은 제자들을 향하여 예수와 복음을 위해 그들의 "집이나 형제나 자매나 부모나 자식이나 전토를"(눅: "집이나 아내나 형제나 부모나 자녀를") 포기하라고 도전한다. 이에 대한 풍성한 보상을 약속하면서 말이다. 이렇듯 제자가 된다는 것은 가족으로부터 분리되는 예수의 방식을 본받는 것을 포함한다.

그러나 복음서에서 예수가 했을 것으로 여겨지는 가족에 관한 어록 가운데 가장 이해하기 어려운 것은 제자도discipleship와 관련한 가족 내부의 극심한 분열에 관한 경고이다. 사도적 사명에 대한 담화에서, 마태가 그린 예수는 (어느 정도는 역사적으로, 어느 정도는 종말론적으로 볼 수 있는) 박해들과 시련들에 대해 경고한다. 이런 맥락에서, 형제가 형제를 아버지가 자식을 그리고 자식들이 부모를 죽는 데까지 내어주게 될 것이다(마 10:21). 마가에게 있어서 이 경고는 자신의 종말론적 담화를 위해 아껴둔 비극적인 예언으로 나타나지만 말이다(막 13:12)역사적이고 종말론적인 차원에 대한 해석의 가능성을 모두 가지고 있었던 마태의 경고와 달리, 마가의 경고는 종말론적 차원에 강조점을 둔다 ⓣ.

예수는 화평이 아닌 검(sword마) 혹은 분쟁(divisions눅)을 주기 때문에, 예수의 존재는 필연적으로 가정 관계의 중심을 파괴하는 분열을 야기한다. 미가 7장 6절은 가족에 대한 충실함family loyalty이 붕괴된 결과로 원수가 집안에 있게 되었다고 한탄했다. 미가를 반향하는 가운데, Q구절은 예수가 조금의 망설임도 없이 아들과 아버지, 딸과 어머니, 며느리와 시어머니가 서로 불화하는 것은 자신의 사명의 일부라고 말했다고 기록한다(마 10:34-36 병행구절, 눅 12:51-53).[14] 결국 예수의 사명이 한 가정 안에 있는 구성원들을 서로 대립시킬 뿐만 아니라, 예수도 충격적인 양자택일의 이분법을 통해 가족을 사랑하는 것과

14 하지만 눅 1:17을 보라. 그 구절에 있는 말 3:24(4:6)에 대한 암시는 세례 요한의 사명의 일부가 아버지들의 마음을 아들들에게 돌리는 것이라고 제시한다. 그러나 MT가 말하는 바와 같이 (그러나 70인경[LXX]은 아니다), 그 반대(즉, 아들들이 아버지들에게 마음을 돌리는 것 ⓣ)는 아니다. 밀라벡(A. Milavec, "The Social Setting of 'Turning the Other Cheek' and 'Loving One's Enemies' in Light of the *Didache*," *BTB* 25 [1995] 131-43)은 가족의 세대간 갈등(inter-generational conflict)을 마 5:38-48, 눅 6:27-38, *Did.* 1.3-4의 역사적 배경으로 제시한다.

제자도에 대한 충성심을 대립시킨다. 예수는 누구든지 아버지나 어머니, 아들이나 딸을 예수보다 더 사랑하는 자는 자신에게 합당하지 않으며(마 10:39), 누가복음과 도마복음의 표현대로 하자면, 누구든지 자기 부모와 처자와 자녀와 형제와 자매 심지어 자기 목숨까지 미워하지 아니하면, 예수의 제자가 될 수 없다고 말했다(눅 14:25-26 병행구절, *Gos. Thom.* 55, 101).[15] 제자도로 부르심을 입은 사람은 작별 인사를 하기 위해 뒤를 돌아보지 않으며(눅 9:61), 심지어 (자녀의 가장 신성한 의무들 가운데 하나라 할 수 있는) 죽은 아버지를 장사하는 일도 하지 않는다(마 8:21-22 병행구절, 눅 9:59-60).

복음을 위해 가족의 우선순위를 낮추는 것은 철학에 대한 더 높은 충성심을 요구하는 그리스-로마의 전통 안에서도, 또한 하나님을 향한 더 높은 충성심을 요구하는 유대교 중간기 문헌에서도 발견된다. 이런 문헌들에는, 가족에 대한 애착으로 인해 명석한 사람이 안락함, 연약함 그리고 차원이 더 높은 진리를 배반하는 등의 유혹에 빠지게 되는 두려움이 나타난다.[16] 이러한 우선

15 루츠(U. Luz, *Das Evangelium nach Matthäus* [EKKNT 1; Zurich: Benziger; Neukirchen-Vluyn: Neukirchener Verlag, 1990] 2. 140-42)는 꺼려지는 우선순위들(reluctant priorities)에 대해 말한다. 해그너(D. A. Hagner, *Matthew 1-13* [WBC 33A; Dallas, TX: Word, 1993] 292)는 마 10:37을 35-36절에 등장하는 가족의 불화와 연결해서, 37절은 사람이나 불화가 제자도의 길을 방해할 수 없음을 말하는 것이라고 주장한다. 크로산은 가족간의 불화가 의도적으로 세대간에 나타난다는 주장을 펼치기 위해 노력했다(J. D. Crossan, *The Historical Jesus: The Life of a Mediterranean Jewish Peasant* [San Francisco: Harper SanFrancisco, 1991] 299-302 [『역사적 예수』, 한국기독교연구소, 2014], 또한 *Jesus: A Revolutionary Biography* [San Francisco: HarperSanFrancisco, 1994] 58-60 [『예수』, 한국기독교연구소, 2007]에서는 좀 더 강력하게 주장한다). 이를 통해서 가족 내의 위계적인 권력 행사에 대한 공격을 가한다는 것이다. 하지만 크로산도 인정하듯이, 막 3:35; 6:3, *Gos. Thom.* 55, 2 *Clem.* 9.11는 형제와 자매에 대해서 말한다(가족 내 위계적인 관계뿐만 아니라 수평적인 관계도 언급한다는 의미임 ⓣ). 세대간의 분쟁에 관해서는, *Jub.* 23.16,19을 참고하라.

16 예를 들어, 4 Macc 2:10-13을 보라. "율법은 부모들을 공경하는 것보다 우선하기 때문에, 부모들을 위해서 미덕을 져버리지 않는다. 율법은 아내를 향한 사랑보다 우선하기 때문에, 율법을 범한 아내를 꾸짖는다. 율법은 자녀들을 향한 사랑보다 우선하기 때문에, 자녀들의 잘못된 행동을 처벌한다. 또한 율법은 친한 친구 관계에서 권위를 행사하기 때문에, 친구들의 악행을 꾸짖는다" (tr. H. Anderson, *OTP* 2. 546). 참고. *Jos. and Asen.* 11.4-6. 이미 신 13:6-11은 가족 관계 안에서 우상 숭배에 빠지는 것에 대해 매우 강경한 어조로 경고했다. 필론, 요세푸스, 쿰란, 견유학파, 그리고 스토아학파(비교. 특히, Epictetus 3.3.5-10)에 대해서는, Barton, *Discipleship and Family Ties*, 23-56을 보라. 또한 견유학파에 대한 더 자세한 논의는 다음을 보라: A. J. Droge, "Call Stories in Greek Biography and the Gospels," *SBLSP, 1983* (Chico,

순위의 설정은 의심의 여지 없이 많은 초기 기독교인의 경험을 반영하고 있다. 초기 기독교 공동체 안에서 이러한 태도는 비단 박해의 시기 중에 나타난 것일 뿐만 아니라, 예수를 향한 가족들의 태도와 가족 구성원들을 향한 예수의 태도에 대한 초기 기독교인들의 기억에 힘입은 것일 가능성도 있다. 기독교 교회가 개별적인 사람들, 특히 가정의 일원으로서 종속적인 위치에 있었던 기혼 여성들을 세례의 대상으로 인정했다는 사실은 고전 7:13-16과 벧전 3:1에 이미 기록되어 있다. 베드로전서의 여러 곳에 암시된 그리스도를 위한 고난 가운데 일부(3:16-17; 4:1-4, 13-19)는 어떤 외부적 고난의 이유라기보다는 바로 이 점과 연결되었을 가능성이 굉장히 높다.[17]

하지만 벧전 3:1-2("아내들아 이와 같이 자기 남편에게 순종하라 이는 혹 말씀을 순종하지 않는 자라도 말로 말미암지 않고 그 아내의 행실로 말미암아 구원을 받게 하려 함이니 너희의 두려워하며 정결한 행실을 봄이라")과 막 10:29-30("누구든지 집이나 형제나 자매나 어머니나 아버지나 자식이니 전토를 버린 자는 … 현세에 있어 집과 형제와 자매와 어머니와 자식과 전토를 받되 박해를 겸하여 받고 내세에 영생을 받을 것이다")을 비교해 보면, 내재된 긴장이 분명히 드러난다. 베드로전서의 아내들은 "참고 견디라"hang in there라는 당부를 듣는다. 반면, 마가복음의 제자들은 이미 떠났을 것으로 추정된다.[18] ///8///

이것은 성경적 증언의 근본적인 긴장이다. 제자도는 인정된 사회 구조 내에서 (심지어 고통에 직면해 있을 때라도) 조화로운 인간관계를 장려하는 것

CA: Scholars, 1983) 245-57; F. G. Downing, *Christ and the Cynics: Jesus and Other Radical Preachers in First-Century Tradition* (JSOT Manuals 4; Sheffield: JSOT Press, 1988); 같은 저자, *Cynics and Christian Origins* (Edinburgh: T & T. Clark, 1992).

17 맥도날드(M. Y. MacDonald, "Early Christian Women Married to Unbelievers," *SR* 19 [1990] 221-34)는 선교의 중심으로서 가정의 중요성과 더불어서(남편으로부터 이혼을 당한 경우) 그런 아내들의 취약성을 함께 강조한다. 만약 이혼녀들이 가난하다면, 교회의 도움을 필요로 하게 될 것이다. 반대로 만약 그녀들이 부유하다면, 외부로부터 재혼하라는 사회적인 압력을 받게 될 것이다.

18 누군가는 지금 여기에 성차별이 작용하고 있는 것이 아닌지에 대해서 의문을 품을 수도 있을 것이다. 아내들은 늘 웃으며 참아야 했지만, 마가의 메시지에 등장하는 제자들은 누구도 남편을 떠나지 않았기 때문이다. 하지만, 한 세기가 채 지나지 않아, 그것은 외경 행전들(apocryphal acts)에서 아내들이 하는 일이 되었다.

으로 구성되는가? 아니면 (사회적으로 혹은 개념적으로) 우리가 가장 소중하게 여기는 인간관계들과 구조들을 모두 전복하고 거부하는 충격적인 도전으로 이루어져 있는 것인가? 지금 우리가 말하는 것은 율법과 성령 사이의 통상적인 대립이 아니다. 왜냐하면 성령 안에서의 자유와 율법의 성취라는 주장은 양쪽 모두에 있기 때문이다. 예수가 말한 것으로 여겨지는 복음서의 급진적인 도전을 비교적 조금 더 무난해 보이는 신약 서신서의 권면(대개는 역사적 바울에게서 비롯된 권면)과 대립시키는 것은 절대 적절하지 않다. 왜냐하면 가정의 질서를 붕괴시킬 가능성이 존재하기 때문이다. 예를 들어, 가부장제에 순응하는 것과 별개로 아내들과 노예들을 인정하려는 공동체의 의지에 대한 베드로전서의 반영(벧전 2:18, 3:1-2)이라던지, 요한의 사랑 계명(요 13:34-35, 15:12), 반복해서 계속 용서할 것을 명령하는 마태의 권면(마 18:21-22), 최후의 수단이 아니고서는 죄를 범한 개인을 공동체에 고발하지 말도록 하는 마태의 권면(마 18:15-17) 등의 구절들에 내포된 조화를 추구하는 경향tendency to harmony에는 가정의 질서를 붕괴시킬 가능성이 존재한다.[19]

현대 신약학계 대부분은 복음서의 최종적인 편집이 이루어진 시기를 제2 바울 서신들살후, 골, 엡, 딤전후, 딛 ⓣ과 ("가족적 가치"에 대한 신약의 가장 좋은 자료를 포함하고 있는) 베드로전서가 쓰인 시기와 거의 비슷한 시기로 추정한다. 한 편으로 일부 기독교 저자들이 가부장적 위계질서에 부합하는 화목한 가정생활을 옹호할 때, 다른 이들은 예수가 가정에 대한 기본적인 충실함과 충성을 거부한 것으로 보았다. 예수 이후, 1세대의 기독교인들에게는 분명 질문이 생겼을 것이다. 그들은 어떻게 주 안에서 한 가족이 된 것인가? pietas피에타스, 경건의 살아있는 본보기가 됨으로써? 아니면, 예수의 본을 따라서 가정의 평화에 대한 사회적 기대에 저항함으로써?여기서 피에타스는 하나님을 경외하는 것에서 비롯되는 '성경적 경건'이 아닌, 고대 로마 사회에서 황제를 중심으로 하는 제국의 질서에 순종하는 가운데 가정에서의 의무를 다하는 '세속적 경건'을 의미함 ⓣ 이 두 가지의 메시지가 동시에 그들에게 떠올랐을 것이다. 그리고 가족

19 더 자세한 논의는 Barton, *Discipleship and Family Ties*, 224-25을 보라.

의 해체에 대한 복음서의 암시들은 많은 사람에게 실제로 일어났던 일을 반영하는 것으로서 심각하게 받아들여졌을 것이다.

II

이 문제를 이해하기 위해, 우리는 당시 기독교인들의 가족에 대한 경험에 대해 어느 정도의 이해를 해야 할 것이다. 이를 위해, 우리는 기독교가 뿌리를 내리고 있던 당시 세계의 가족생활에 대해서도 알아야 한다. ///9/// 기독교 가족에 관한 연구와 마찬가지로, 그리스-로마 시대의 유대인 가족에 관한 연구는 아직 걸음마 단계이다.[20] (단, 나름대로 큰 성과가 있었던 가정 규례나 가정 교회house church에 관한 연구는 제외이다).[21] 로마의 가족에 관한 연구는 수년간 고대 역사가들 사이에서 주요한 학문적 연구의 대상이 되어 왔다. 물론, 현존하는 증거들의 양과 특징 사이에는 큰 차이가 있다. 로마의 가족의 경우, 특정한 개인들의 경험을 규범적으로 뿐만 아니라 서술적으로 기술한 문헌 자료들이 굉장히 풍부하다. 하지만 이런 증거의 약점은 그것이 주로 엘리트들의 생활을 보여주는 데만 국한된다는 것이다. 그러나 문헌적인 증거 외에도, 폼페이, 헤르쿨라네움, 오스티아, 에페수스에베소와 같은 지역에서 발견된 강력한 고고학적 증거도 있다. 가족 구성원들의 장례식 헌사가 적힌 비문들은 발견된 것만 해도 수 천개에 이른다. 그런데 우리가 (특별히 유대인이나 기독교인들만이 아니라) 로마 시대에 제국 전역에 걸쳐 나타나는 로마의 가족생활을 일반적인 의미에서의 가족생활로 본다면, 그 증거는 방대

---

20 좋은 초기 연구의 예는 *The Jewish Family in Antiquity* (BJS 289; ed. S. J. D. Cohen; Atlanta: Scholars, 1993)이다.

21 다음을 보라: P. A. Foulkes, "Images of Family Life in the Scriptures," *The Way* 32 (1992) 83-92(이 글은 신약과 구약을 모두 다룸); L. A. Hennessey, "Sexuality, Family, and the Life of Discipleship: Some Early Christian Perspectives," *Chicago Studies* 32 (1993) 19-31; P. Lampe, "'Family' in Church and Society of New Testament Times," *Affirmation* (Union Theological Seminary in Virginia) 5 (1992) 1-20.

한 파피루스 자료들과 다양한 비문들까지 모두 포함하게 될 것이다.

그리스-로마 시대의 유대인 가족에 관해서는, 가족생활 문제들에 관해 서술하고, 규정하고, 논의하는 상당한 양의 비문들과 파피루스 자료들과 풍부한 문헌 자료가 있다(물론, 초창기에는 미쉬나 문헌들의 가치에 의존했다). 하지만, 기독교인 가정에 관해서는, 확실히 사용할 수 있는 자료의 양에 있어서 불리한 상황이다. 처음 두 세기 동안, 기독교인의 가족에 관한 내용들은 다양한 장르의 여러 (대개는 규범적인) 문헌 자료와 기독교인들이 다른 이들과 공유해야만 했던 그리스-로마의 가정생활domestic life로부터 추론해야만 한다. 특히, 기독교 미술, 비문, 파피루스와 같은 것에서 발견되는 증거들은 3세기 후반에 이르러서야 나타나기 시작한다.[22]

III

로마 제국 시대에 살았던 지중해 연안의 거주민들에게 "가족"은 어떤 의미였을까? 역사학자들이 동의하는 것은 이 단어가 무엇을 의미했든지 간에 그것은 오늘날 서양인 대부분에게 의미하는 것은 아닐 것이라는 사실이다. ///10/// 히브리어 בית바이트, 그리스어 οἶκος오이코스와 οἰκία오이키아, 라틴어 domus(도무스)는 모두 집이라는 물리적 구조물을 의미할 수도 있지만, 더 자주 그것들이 가리키는 것은 노예, 물질적 재화들, 같은 집에 살지는 않지만, 혈연으로 연결된 직계 가족, 혈통의 수직적 차원이나 가계도를 포함하는 보다 광범위

22 콘스탄틴 이전 시대 기독교 비문들이 눈에 띌 만큼 축적된 곳은 로마와 중부 아나톨리아 두 곳뿐이다. 로마에 대해서는, A. Ferrua, "L'epigrafia cristiana prima di Costantino," *Atti del IX Congresso internazionale di archeologia cristiana, Roma, 21-27 Settembre 1975* (Studi di antichità cristiana 32; Città del Vaticano: Pontificio Istituto di Archeologia Cristiana, 1978) 1. 583-613을 보라. 아나톨리아와 관련해서는, G. J. Johnson, *Early Christian Epitaphs from Anatolia* (SBLTT 35; Early Christian Literature Series 8; Atlanta: Scholars, 1995)을 보라. 존슨(G. J. Johnson)은 "비문이 적힌 현존하는 기독교인들의 추모비들은 비기독교인들의 추모비에 비해 그 숫자가 수만 개나 더 적다"라고 말했다 (p. 1)."

한 수평적 개념으로서의 가정이다. 그 예로, 고린도전서에 등장하는 다음의 세 가지 오이코스의 용례들을 확인해 보라보기 쉽도록 괄호 번호를 붙임 ⓣ. (1) 바울은 스데바나의 οἶκος에게 세례를 베풀었다(고전 1:16). (2) 아굴라와 브리스가는 그들의 οἶκος에 ἐκκλησία교회를 두고 있었다(고전 16:19). (3) 그러나 여자들은 ἐν οἴκῳ집에서 자기 남편들에게 물어보아야 한다(고전 14:35). (1)에서는 가정의 모든 구성원을, (2)에서는 집기들과 사람들이 있는 물리적 장소를, (3)에서는 물리적 장소뿐만 아니라 (더 보수적인 진영에서는, 지배적인 남성들이 여성들의 존재를 인식하는 데 적절한 맥락으로 여기는) 사적 공간이라는 사회적 구조를 의미한다.

또한, 라틴어로 familia파밀리아는 대개 두 가지 중 하나를 의미한다. 첫 번째로, 그것은 paterfamilias파테르파밀리아스, 집안의 아버지의 권위 아래 있는 사람들이나, agnati아그나티, 부계 친족, 즉 부계로 연결된 사람들을 의미한다. 그런데 이 첫 번째 의미는 로마 제국주의 시대의 sine manu 결혼라틴어 '시네 마누'는 '손이 없는'(without hand), 즉 '수권(남편의 지배)이 없는'이라는 의미이다. 시네 마누는 결혼 후에 여성이 남편의 책임과 권위 아래에 들어 가게 되는 '쿰 마누'(cum manu)와 달리, 결혼 후에도 여성이 친정아버지의 법적인 권위 아래에 머무르는 로마 제국 시대의 독특한 결혼 방식이다 ⓣ, 즉 법적으로는 친정아버지로부터 남편의 파밀리아(집안)로 신분이 이전되지 않고 남편의 가정에 들어온 materfamilias마테르파밀리아스, 집안의 어머니의 신분을 굉장히 애매하게 만들었다. 이런 여성들은 관례상 남편에게 속해 있지만, 법적으로는 남편의 권위 아래에 있지 않았으며 남편의 상속 관계에도 있지 않았다. 왜냐하면 그 여자는 남편의 파밀리아의 구성원이 아니기 때문이다. familia의 두 번째 의미는 혈연이나 입양에 의한 자녀들뿐만 아니라 상속 관계에 있는 주변 친척들까지 포함할 수 있지만, 또다시 아내는 여기에 포함되지 않는다.[23] 하지만 실제적으로는 남편들과 아내들이 이러한 법적 제한을 점점 더 무시했고, 서로에게 재산을 상속했다. 그런데도, 이로 인한 법적인 애매함은 계속되

23 R. P. Saller, "*Familia*, *Domus*, and the Roman Conception of the Family," *Phoenix* 38 (1984) 336-55; 같은 저자, *Patriarchy, Property, and Death in the Roman Family* (Cambridge Studies in Population, Economy, and Society in Past Time 25; Cambridge: Cambridge University Press, 1994) 74-101.

었다. 왜냐하면 여자의 파밀리아 입장에서도 그녀를 가족 구성원으로 계속 유지하는 것이 경제적으로도 사회적으로도 더 유리했기 때문이다.

이로부터 두 가지 결론이 도출된다. 첫째, 우리는 이러한 로마의 용례가 그리스어를 사용하는 초기 기독교인들과는 상관없다고 생각하지 말아야 한다는 것이다. 당시 (가족법까지도 포함하는) 로마법은 제국의 각지에 있는 모든 로마 시민들에게 적용되었으며, 비록 바울의 공동체와 다른 초대교회 공동체에 속해 있는 해방된 남녀 노예로 보이는 사람들 대부분이 그리스어를 사용하긴 했지만, 그들은 분명 로마 시민이었다는 사실(특히, 로마의 식민지인 빌립보와 고린도에 거주하는 시민이었다는 사실)을 기억해야 할 것이다. 따라서, 그들은 자신을 향한 법적이고 사회적인 기대들이 서로 많이 달랐던, 진정한 의미에서의 교차 문화적인 상황 속에서 살았을 것이다. ///11/// 둘째, 필연적으로 도출되는 결론은 이것이다. 곧, 우리가 “가족”이라는 의미를 부여하는 고대의 단어 중에는 오늘날 우리가 “가족”에 대한 가장 분명한 의미로 생각하는 핵가족을 의미하는 것은 하나도 없다는 사실이다. 물론 핵가족은 당시에도 분명 존재했을 것이지만, 그것은 독립된 사회적 단위로서는 기능하지 않았던 것으로 보이며, 그래서 이에 대한 명명법이 따로 없었다. 이에 대한 인식만으로도 지금 우리가 수행하는 연구에 대한 적절한 주의를 기울일 수 있을 것이다.

가정과 가족 단위에는 자녀들, 노예들, 결혼하지 않은 친척들, 그리고 종종 해방된 남녀 노예 혹은 상점이나 주거지의 다른 세입자들을 포함했다. 문헌적 증거뿐만 아니라 현존하는 고고학적 자료에서도 발견되는 사실, 곧 상업적 공간과 주거 공간 사이의 쉬운 왕래가 이를 입증한다. 노예들을 포함한 가족 모두가 가족의 종교적 축제에 함께 참여했던 것으로 보인다. 가정을 소유하고 관리하는 것은 하나의 핵 집단이나 그 집단에 속한 사람들로만 제한되지 않았다. 실제로, 형제들이 함께 소유하며 거주하는 집에 대한 실례들이 있는데, 아마도 형제들은 각자 자신의 부양가족들이 있었을 것이다.[24] 여성들 역시 혼자서 혹은 다른 여성들과 함께 가정을 이끌기도 했다.[25] 따라서, 가부장적인 법적 구조가 가정에 관해서 엄격했음에도 불구하고, 실제적인 가정(οἰκίαι, domus) 구성에 있어서는 많은 다양성이 존재했던 것으로 보인다. 결국, 지금 우리가 가족과 가정이라는 단어들에 대해 생각하는 의미가 고대의 의미와 반드시 같을 수는 없다는 것이다.

공식 만찬은 넓은 집과 어느 정도의 사회적 지위를 가진 사람들에게 정기적인 활동이었으며, 영향력 있는 손님들 및 집주인과의 우정, 충성심 그리고 후원 관계를 결속시키는 매우 중요한 행사였다. 엘리트 계층의 사람들과 엘리트를 모방하는 사람들 사이에서는, 정치적이고 사회적인 지위를 가진 사람들과의 식사를 통한 제휴가 매우 강했다.[26] ///12///

하지만, 대부분의 도시 거주자는 폼페이나 헤르쿨라네움에서 볼 수 있는

---

24 일례로 폼페이의 유명한 베티(Vettii)의 집은 두 명의 자유인 형제인 아울루스 베티우스 레스티투스(Aulus Vettius Restitutus)와 아울루스 베티우스 콘비바(Conviva)가 공동으로 소유하고 있었다.

25 귀족들 가운데, 움미디아 콰드라틸라(Ummidia Quadratilla, 1세기에 살았던 로마의 부유한 여성 ⓣ)는 한 때 손자와 함께하기도 했지만, 79세까지 홀로 가정을 경영했다. 소 플리니우스는 그녀의 만찬 접대에 대해 비판적이었다(*Ep.* 7.24). 마르쿠스 아우렐리우스의 고모할머니인 마티디아(Matidia)는 161년에 마르쿠스의 딸들이 머무르기도 했던 로마 외곽에 있는 집을 소유하고 있었다. 마티디아가 죽은 후, 프론토는 상속을 둘러싼 분쟁에 휘말렸다(*The Correspondence of Marcus Cornelius Fronto* [2 vols.; LCL; ed. C. R. Haines; London: Heinemann, 1919-20] 1. 301; 2. 94-97). 좀 더 평범한 사회적 수준에 있는 사람들로는, 눔바(골 4:15), 마가 요한의 어머니(행 12:12), 루디아(행 16:14-15, 40) 그리고 Ign. *Smyrn.* 13.2와 Ign. *Pol.* 8.1-2에 언급된 여성들이 더 있다. 아마도 거기에는 서머나의 유대인 루피나(Rufina, *CII* 741; discussion by D. Martin, "Slavery and the Ancient Jewish Family," *Jewish Family in Antiquity*, 124-25), 이집트에서 자신들의 세금 신고를 했던 여러 로마 시민 여성들(R. S. Bagnall and B. W. Frier, *The Demography of Roman Egypt* [Cambridge Studies in Population, Economy, and Society in Past Time 23; Cambridge: Cambridge University Press, 1994] 11-13), 그리고 *New Documents Illustrating Early Christianity*에 언급된 파피루스에 등장하는 여러 다른 사람들도 포함될 것이다(ed. G. H. R. Horsley; Sydney: Ancient History Documentary Research Centre, Macquarie University, 1982) 2.25-32. 특히, 디디마이온(Didymaion, P. Wisc. 72).

26 담즈(J. D'Arms, "The Roman *Convivium* and the Idea of Equality," *Sympotica: A Symposium on the Symposion* [ed. O. Murray; Oxford: Clarendon, 1990] 308-20)는 평등과 사회적 평준화라는 수사에도 불구하고, 사회적인 계층화는 만연했다고 결론지었다. 참고. Pliny *Ep.* 9.5.3: 오르도(*ordo*, '계급' 또는 '지위' ⓣ)와 디그니타스(*dignitas*, '위신' 혹은 '위엄' ⓣ)의 차이를 지키지 않는 "평등"(equality)보다 더 불평등한 것은 없다.

넓은 도무스가 아닌, 더 밀집된 환경에서 살았다. 제국주의 시대의 다층 아파트 건물들(insulae인술라이)은 모든 주요 도시에서 나타났던 하나의 보편적이고도 점증하는 현상이었다. 간혹 그들 중에는 낮은 층에 있는 안락하고 넓은 아파트를 소유한 사람도 있었지만, 대개 하층민들은 그들의 셋방으로 기어 올라가야만 했다이 말은 인술라의 구조를 이해하면 이해하기 쉽다. 당시 대개의 인술라는 1층이 상점으로 사용되었고, 2층에 작은 거주 공간들이 있었다 ⓣ. 하지만 이 건물들의 허름한 건축, 밀집된 환경, 화재에 대한 취약성은 참으로 악명이 높았다.[27] 많은 사람은 상점 뒤편이나 위층에 있는, 어둡고 환기도 잘 안 되는 방 한두 개에서 살았다. 오직 넓은 저택을 가진 사람들만이 주방을 사용하는 호사를 누릴 수 있었다. 나머지 다른 사람들은 대부분 휴대용 그릴을 가지고 음식을 만들든지, 동네에 있는 "패스트푸드" 상점에서 식사를 해결했다(caupona카우포나, 식당 영업을 하는 하류 여관 ⓣ, taverna타베르나, 매점과 식당의 기능을 동시에 하던 가게 ⓣ, thermopolium테르모폴리움, 폼페이 유적지에서도 발견된 간이식당 ⓣ). 부자들은 집에서 식사하고, 가난한 사람들은 밖에서 외식을 했다.[28] 가난한 사람들을 위한 공식 만찬은 도시의 후원자나 다른 류의 후원자들의 주최로 오직 특별한 경우에만 열렸다. 그러므로, 기독교인들의 정기적인 공동체 식사는 부유한 사람들 사이에서 이루어졌던 식사보다 훨씬 더 큰 의의가 있었을 것이다. 하지만, 두 경우 어디에도, 미국의 가족 신화에 있어 중요한 부분이자 사회성과 도덕성의 발달이 이루어지는 거점이라 할 수 있는 매일의 가족 식사에 견줄만한 대응물counterpart은 고대에서 발견되지 않는다.

또한 오늘날 우리가 경험하는 방식으로 공적인 업무 영역과 사적인 가족생활 사이의 뚜렷한 구별이 이루어지는 공과 사의 구별은 상상할 수 없는 것이었다. 비트루비우스Vitruvius, 혹은 위트루위우스, 기원전 1세기경에 활약한 고대 로마의 건축가 ⓣ는 누구든지 별다른 초대를 받지 않고서도 합법적으로(suo jure) 이용할 수 있는 어떤 중요한 인물의 로마 저택 내부의 공공장소들을 열거했다: 베스티불룸들(vestibulavesibules, 앞마당), 카붐 아이디움들(cava aedium혹은 cavaedium, atria, 집 중심에 위치하는 안마

---

27 Seneca *De ira* 3.35.5; Juvenal *Sat.* 3.5-9,190-202; Martial *Epig.* 1.117.7; 7.20.20.

28 나는 조지 워싱턴 대학교의 Caroline Dexter 박사로부터 이 통찰력과 문구를 빌렸다.

당 ⓣ) 페리스틸리움들(peristylia peristyles, 주랑[colonnade]으로 둘러싸인, 가장 안쪽의 마당 ⓣ).[29] 이러한 공간의 바깥쪽에는 숙박, 식사, 목욕을 할 수 있는 cubicula쿠비쿨룸들, triclinia트리클리니움들, balneae발네움들와 같은 "사적" 공간들이 있다. 이런 장소들은 초대가 있어야만 사용할 수 있었다. 오후와 저녁에 손님 접대를 위해서 사용되었던 이 장소들은 아침에는 아이들의 놀이와 가사를 하는 공간으로 사용되었다. 집은 사업을 운영하고 판매용 물건들을 생산하는 중요한 장소였다. 집은 업무를 피해 벗어나기 위한 장소가 아니라, 업무 대부분이 이루어지던 장소였다. 집은 공적 역할로부터 자유로워지는 장소가 아니라, 도리어 환대를 통해 그런 공적 역할을 더 강화하는 장소였다.[30] 가정의 사생활을 신성시하는 오늘날의 현대적인 개념은 당시의 상황에는 적용되지 않는다. ///13///

기독교인 가정들은 다른 모든 가정과 별반 다를 것이 없지만, 몇 가지 점에 있어서는 달랐다. 디오그네투스Diognetus, 2세기 후반에 작성된 것으로 여겨지는 『디오그네투스에게 보내는 편지』(*Epistola ad Diognetum*, 분도, 2010)의 대상이 되는 수신자. 이 편지는 기독교에 대한 그의 질문에 답을 하기 위해 쓰인 것임 ⓣ는 말하기를, 기독교인들은 언어, 관습, 혹은 거주에 있어서는 다를 것이 없지만, 다른 곳에 속한 시민으로서의 충성심을 가지고 있다고 했다. 이러한 주제는 다른 기독교 작가들에게도 반영되어 나타나는데, 이 주제에 대해 들은 외부인들은 분명히 큰 의심을 품게 되었을 것이다.[31] 테르툴리아누스는 기독교인들이 게임이나 서커스 혹은 운동 경기에 자주 참석하지 않았다고 말한다.[32] 그리고 이것이 기독교인들을 너무나도 냉정한 사람으로 보이게 만들었을 것이라고 말한다(하지만 다른 한편으로, 테르툴리아누스는 왜 기독교인들이 이러한 활동에 참석하지 말아야 하는지를 증명하기 위해 *De spectaculis*구경거

29 Vitruvius *De arch.* 6.5.1.

30 A. Wallace-Hadrill, "The Social Structure of the Roman House," *Papers of the British School at Rome* 56 (1988) 43-97; 같은 저자, *Houses and Society in Pompeii and Herculaneum* (Princeton: Princeton University Press, 1994) 10-12, 17-37; M. Peskowitz, "'Family/ies' in Antiquity: Evidence from Tannaitic Literature and Roman Galilean Architecture," *Jewish Family in Antiquity*, 9-36 [26-28].

31 *Diogn.* 5.

32 Tertullian *Apol.* 38.4-5 and *De spec.* 곳곳에.

리에 관하여라는 논문을 저술하기도 했다. 이는 모든 기독교인이 그의 주장에 동의했던 것은 아니었음을 보여주는 듯하다). 기독교인들은 성경을 통해 유대교로부터 물려받은 윤리 체계를 따랐다. 기독교인들은 그 윤리 체계를 진심으로 따랐기 때문에,[33] 널리 알려졌을 것이며, 정직성과 신뢰성으로 인해 다른 사람들로부터 존경을 받았을 것이다. 유대인들과 마찬가지로, 기독교인들은 원치 않는 아이를 낙태시키거나 유기하는 것 역시 금지되었다.[34] 기독교인들은 모든 아이를 키워야만 했기에, 이는 분명 그들이 무모해 보이도록 했을 것이다. 또한 기독교인들은 엄격한 유일신론자들이었다. 분명히 이 사실은 유대인들과 마찬가지로 기독교인들을 이상하게 보이게 했을 것이다. 하지만 기독교인들은 시장과 목욕탕, 상점, 동네의 거리를 자주 드나들었다. 또한 그들의 자녀들은 계속 같은 학교에 다녔고, 그리스-로마의 문학적 모델들을 통해 똑같이 배웠다. 더불어 기독교인들은 그들의 불신자 이웃들 그리고 친구들과의 관계를 계속 유지했다.[35] ///14/// 하지만, 기독교인들에게는 구별된 정

33 플리니는 트라야누스에게 보낸 그의 유명한 편지에서 말하기를, 기독교인들은 도둑질, 강도질, 간통, 또는 신뢰를 저버리거나 보증금을 요구받았을 때 돌려주지 않는 등의 일을 일절 하지 않기로 서약했다고 말했다(*Ep*. 10.96.7). 하지만 다른 문헌들은 모든 기독교인이 전부 율법을 완벽하게 준수했던 것은 아니라고 말한다. 예를 들어, 벧전 4:15이나 Hippolytus *Ref* 9:12에서 말하는 칼리스투스(Callistus, 3세기 초에 재임한 로마의 주교 ⓣ)의 파란만장한 생애(이는 대부분이 조작된 것일 수도 있다).

34 다음의 문헌들에 따르면, 유대인들은 그렇지 않았다. Tacitus, *Hist*. 5.5; Diodorus Siculus 40.3; Philo, *Spec*. 3.110 and *Virt*. 131-32; Josephus *Ap*. 2.20.2; Pseudo-Phocylides 184-85. 하지만 그 반대를 보여주는 아르시노에(Arsinoe)의 서기 73년의 세금 명부를 보라(*Corpus Papyrorum Judaicarum* 421) cited by R. Kraemer, "Jewish Mothers and Daughters in the Greco-Roman World," *Jewish Family in Antiquity*, 108, 각주 51번. 다음의 문헌들에 따르면, 기독교인들은 그러했다. *Did*. 2.2; 5.2; *Barn*. 19.5; 20.1-2; Justin *Apol*. 1.27; *Ad nat*. 1.15; *Diogn*. 5.6; Minucius Felix, *Oct*. 30.2. 고대의 아동 유기에 대한 일반적인 사실에 관해서는, A. Cameron, "The Exposure of Children and Greek Ethics," *Classical Review* 46 (1932) 105-14; J. Boswell, *The Kindness of Strangers: The Abandonment of Children in Western Europe from Late Antiquity to the Renaissance* (New York: Pantheon, 1988) 53-179을 보라. 고대의 낙태와 피임에 관해서는, R. Crahey, "Les moralistes anciens et l'avortement," *L'Antiquité classique* 10 (1941) 9-23; J. H. Waszink, "Abtreibung," *RAC* 1. 55-60; M. Drury, "Les femmes et le vin," *Revue des études latines* 33 (1995) 1-13; K. Hopkins, "Contraception in the Roman Empire," *Comparative Studies in Society and History* 8 (1965) 124-51; E. Eyben, "Family Planning in Graeco-Roman Antiquity," *Ancient Society* 11-12 (1980-81) 5-82을 보라.

35 기독교인들은 신전이나 개인의 집에서 열리는 만찬 초대들에 응했으며(고전 8:10; 10:27), 자

체성에 대한 분명한 의식이 나타나고 있었는데, 그것은 곧 하늘의 시민권,[36] 새로운 인종,[37] 영(기독교인)과 육(세상)의 비유,[38] 등과 같은 개념에서 발견되는 정체성이다.

IV

새로운 구성원들을 교회로 받아들이는 것은 두 가지 다른 방식으로 이루어졌다(집안 전체 그리고 개인들). 남성 혹은 여성 가장의 권위로 말미암아 대가족이 다 함께 합류하게 되었을 때, 가족 구성원 중 얼마나 많은 사람이 그들이 지금 하는 일이 무엇인지를 다 이해했는지 알 수는 없다. 이를테면, 스데바나 집안의 경우(고전 1:16), 가이사랴의 고넬료의 집안에 관한 이야기의 경우(행 10:24, 44-48), 혹은 빌립보의 루디아와 간수의 집안 식구들의 경우(행 16:15, 33)가 그렇다. 각각의 경우, 집안의 모든 사람이 다 함께 세례를 받았다. 게다가 마지막의 경우, 그것도 한밤중에 말이다! 어쩌면 이들 기독교 가정은 가족들이 서로 다른 신앙으로 나뉘는 것보다 구조화된 복종 속에서 가족의 화합에 대한 가르침을 더 선호했기 때문에 세례를 받은 것이었을 수도 있다.

대가족의 모든 구성원이 함께 세례를 받았을 때, 그들은 하나의 독립적인 "가정 교회"를 이룰 수도 있었을 것이다. 이런 가정 교회는 만약 공간이 허락된다면, 가족 외에 다른 사람들을 받아들였을 수도 있었을 테지만, 자체적으로도 얼마든지 운영할 수 있었을 것이다. 이런 경우, 가족의 리더십과 교회의 리더십이 같은 것처럼, familia나 οἶκος는 ἐκκλησία와 일치했다. 이러한 상황은 교회 구조의 발전에 대한 실험의 장이 되었을 것이다. 구체적으로, 그것은 교회를 하나의 큰 확대 가족으로 보고, 가족 관습들을 전 교회로 확대하는 것

신들의 사회적 지위를 여전히 가치 있게 여겼다(Herm. *Man.* 10.1.4; Herm. *Sim.* 8.9.1; 9.20.2).

36 빌 3:20; 히 11:9-16; Herm. *Sim.* 1; *Diogn.* 5.4-5, 9.

37 *Diogn.* 1.

38 *Diogn.* 6.

이다.

또 다른 회심의 패턴은 그들이 속한 가족과는 별개로 개인들이 세례를 받는 경우이다. 한 가지 예는 바울이 그리스보와 가이오에게 베풀었던 세례이다. 이는 스데바나 가족 전체에게 세례를 주었다는 언급 다음에 바로 이어진다. 이는 다른 절차이다(고전 1:14-16).[39] 바울이 아내들과 부양가족들을 개별적으로 나열한 것은 (만약 그들이 결혼했다면) 그들 각자가 스스로 결정을 내릴 수 있었다는 사실을 암시한다. 고전 7:12-16과 벧전 2:18-3:6은 아내들에게 해당하는 경우임이 분명하다.[40] ///15/// 베드로전서는 노예들의 경우를 제시한다. 이는 다른 증거에 의해서도 확인된다.[41] 로마의 이름을 가진 그리스보와 가이오가 설령 결혼하지 않았다고 하더라도, 아버지가 살아 계셨더라면 법적으로는 여전히 아버지의 권위 아래에 있었을지도 모른다. 만약에 그들이 어른이고 아버지가 없었다면, 그들은 법적으로 독립적이었을 것이다sui juris수이 유리스, 법적으로 독립된 지위를 가리키는 라틴어 용어 ⓣ. 하지만 우리는 그들의 회심이 그들의 가족 중 다른 이들에게 어떤 영향을 미쳤을지는 알 길이 없다.

가족이나 확대 가족이 다른 신앙으로 나누어진 경우, 가족생활은 어떻게

---

39 전에 회당장이었던 그리스보(Crispus, Acts 18:8-9)와 교회를 돌보는 자인 가이오(롬 16:23)는 아마도 스데바나(Stephanas)와 더불어 고린도 교회 공동체의 가장 중요한 구성원들이었을 것이다(G. Theissen, *The Social Setting of Pauline Christianity: Essays on Corinth* [Philadelphia: Fortress, 1982] 55).

40 다음을 비교해 보라. Justin 1 *Apol.* 2.2; *Acts of Perpetua and Felicitas*. 후자의 경우, 비록 페르페투아의 아버지는 기독교인이 아니었지만, 그녀의 운명으로 인해 괴로워했다. 남편을 비롯한 나머지 가족들의 신앙에 대해서는 어떠한 정보도 나타나지 않는다. *Acts of Paul and Thecla*(바울과 테클라 행전)을 비롯해서 기독교인이 되기 위해 가족적 권위에 대해 여성들이 반항하는 것이 주요한 주제로 등장하는 여러 외경 행전들을 또한 참고하라. Hippolytus, *Ap. Trad.* 41 (B. Botte, *La Tradition apostolique de saint Hippolyte: Essai de reconstitution* [Liturgiewissenschaftliche Quellen und Forschungen 39; Münster: Aschendorf, 1963] 93). 히폴리투스에 따르면, 기독교인 부부는 기도하기 위해 자정에 일어난다고 한다. 그런데 혹 기독교인 남편의 아내가 불신자이더라도, 그 남편은 이 기도로부터 면제되지 않는다. 그는 반드시 다른 방에 가서 기도해야 한다.

41 이는 3세기 초반에도 여전했다. 예를 들어, 히폴리투스는 *Ap. Trad.* 15 (Botte, *Tradition apostolique*, 32-34)에서 규정하기를, 노예 교리문답 수강자는 그의 주인이 기독교인이라면, 반드시 주인의 허락을 받아야 하고, 만약에 그의 주인이 기독교인이 아니라면, 그 노예는 추문을 피하고자 주인을 기쁘게 하는 법을 배워야 할 것이라고 했다.

작동했을까? 로마의 가족 종교는 아이들과 노예들을 포함한 모든 가족 구성원들의 필수적인 역할을 강조했다. 특히, 파테르파밀리아스와 마테르파밀리아스의 경우, 가족의 lararium라라리움, 사당에서 lares, penates 그리고 집마다 다른 특정한 numina를 향해 매일, 매달, 혹은 그 외의 정기적인 희생 제사의 때마다 예배를 드렸다라레스와 페나테스는 당시에 집안에서 숭배되던 '가정 신'이며, 누미나는 '신령'이다 ⓣ. 폼페이에는 지금도 이와 관련한 많은 실례가 보존되어 있다.[42] 이러한 이유로 플루타르코스는 결혼 시에 신부가 그의 남편이 섬기지 않는 다른 신들에 대한 숭배를 멈춰야 한다고 조언했다. 왜냐하면 이것은 (다른 것들에 있어서와 마찬가지로) 예배에 있어서 가족의 연합과 일치를 가져다줄 것이며, 게다가 여자가 비밀 의식을 행하는 것을 장려하는 신은 없기 때문이다.[43] 물론 가족 구성원들은 가족 신들 외에 다른 신들을 섬길 수도 있었다. 하지만 보수적인 자들은 그러한 행위를 반대했다. 개별 가족 구성원이 유대교나 기독교로 개종했을 때, 이 종교들의 배타성은 도무스의 조화로운 질서를 위협하는 긴장된 상황을 끊임없이 발생시켰을 것이다.

테르툴리아누스는 2세기 후반 북아프리카 기독교인 여성들에게 기독교인과 결혼해야 한다고 주장하는 중에 그러한 긴장 상황에 대해 이렇게 설명했다. 불신자 남편은 그의 아내가 새벽에 철야 기도회vigil, statio에 참여하거나(그러면 남편은 욕실에서 만나자고 할 것이다), 금식하거나(그러면 남편은 중요한 저녁 약속을 잡을 것이다), 자선을 목적으로 가난한 자들을 방문하거나(그러면 남편은 아내가 반드시 남편과 함께 참석해야 하는 긴급한 가족 행사를 만들 것이다), 밤중에 있는 모임에 참석하거나(특히, 밤새도록 진행되는 부활절 기념행사), 감옥에 있는 순교자들을 방문하거나, 그들의 집에 방문한 낯선 기독교인들에게 환대를 제공하는 것을 절대 용납하지 않을 것이다. ///16/// 반대로, 아내는 가족 종교 행사의 향냄새를 맡으며, 더는 참여하고 싶지 않은

42 D. P. Harmon, "The Family Festivals of Rome," *ANRW* 2/16/2. 1592-1603; D. G. Orr, "Roman Domestic Religion: The Evidence of the Household Shrine," *ANRW* 2/16/2. 1557-91을 보라.

43 Plutarch *Conj. praec.* 19 (*Mor.* 140d).

매달의 종교 행사와 새해 기념행사에 참석하기 위해 월계수와 전등이 달린 문으로 들어가야만 할 것이다.[44] 긴장으로 가득한 이런 상황에서, 공관복음의 가혹한 반가족적 어록들은 틀림없이 사면초가의 상황에 있는 기독교인들에게 이러한 상황에서 그들은 혼자가 아니라는 사실을 일깨워주며 큰 위로를 주었을 것이다.

V

믿지 않는 가정에 있는 개별 기독교인들의 존재는 이들 개개인이 정기적인 예배와 종교적 활동에 참석했을 것이라는 오늘날 우리의 지배적인 "가정 교회" 모델에 대해 의문을 제기한다. 그들은 분명 다른 누군가의 집이나 아파트와 같은 장소에서 함께 모이는 집단에 속했을 것이다. 그들의 집안의 가장으로부터 허락을 받았을 수도 있고, 혹은 아니었을 수도 있다. 이것이 의미하는 바는 이렇다. 비록 우리는 온 가족이 한데 모여서 가정 교회를 이루었겠다고 생각하지만, 실제로 많은 가정 교회는 적지 않은 숫자의 이런 개별 기독교인들을 포함하고 있었다는 것이다. 이를테면, 남성과 여성 노예들(아마 이들의 아이들은 함께 교회에 참여했을지라도, 그들의 주인들은 함께 하지 않았을 것이다) 뿐만 아니라, (미혼 혹은 기혼의) 자유인으로 태어난 성인들, 그리고 자유인이 된 남성들과 여성들(아마 이들의 아이들은 함께 교회에 참여했을지라도, 그들의 배우자들은 함께 하지 않았을 것이다)이 이에 해당할 것이다. 모든 것이 가족이나 집안 단위에서 이루어졌을 것이라는 생각은 증거로 뒷받침되지 않는다.[45] 이런 집단이 자기 집에서 모임을 여는 남성이나 여성 후원자들을 보유하고 있었을 경우, (그 가정에 속하지 않은 자유인 출신 미혼 여

44 Tertullian *Ad uxor*. 2.4, 6.

45 처음 두 세기 동안 교회는 가정과 나란히 존재하지 않았으며 "오로지 그 안에서만" 존재했다고 말했던 람페(Lampe)의 언급(두 차례, "'Family' in Church and Society," 8, 13)은 교회가 오로지 가정 단위로만 구성되었다는 의미로 받아들여질 수 없다.

성들과 노예들은 그러한 집단에 속할 수 없었다는 사실을 제외한다면) 외부 인들이 보기에 이 모임은 후원자가 그의 혹은 그녀의 피보호자들에게 베푸는 만찬으로 보였을 것이다. 하지만 가부장적인 권위를 통한 적절한 통제도 없이, 사람들의 나이와 성별 그리고 사회적 신분이 무차별적으로 혼합된 모임의 모습은 권력을 유지하는 사회적 위계질서를 약화할 수 있다는 이유로 계속 의심받았다.[46]

유대력으로 주간의 첫날에 있었던 기독교인들의 정기적인 의례적ritual 식사는 개인적인 후원 아래 도무스나 인술라아파트 건물안에서 이루어졌다. 장소가 도무스인 경우, 남자와 여자 집주인 양쪽 모두 또는 어느 한쪽은 그들의 가장 친한 친구들 혹은 가장 중요한 구성원들과 함께 트리클리니움, 곧 집에서 가장 눈에 띄는 방이자, 전망이 좋은 방을 차지했을 것이다. 대개 그 방 안에는 아홉 사람이 비스듬히 기대어서 누울 수 있는 식탁 침상이 삼면으로 배치되어 있었다. ///17/// 나머지 참석자들은 페리스틸리움으로 쏟아져 나와서, 사람들이 자신의 이야기를 들어주기를 원했던 트리클리니움의 발언자의 말소리가 들릴 정도의 거리에 있는 이동식 침상이나 의자에 앉아 있어야 했을 것이다. 또한 그곳을 방문한 사도나 교사는 트리클리니움 안에 있는 귀빈석에 있었을 것이다. 따라서, 공동의 식탁에서 한 떡에 참예한다고(고전 10:17) 말하고 있음에도, 어느 정도의 계급은 불가피하게 존재했다. 소 플리니우스는 비난받아 마땅한 만찬의 주최자에 대해서 이렇게 말했다. 그는 세 가지 종류의 음식과 음료를 준비하는데, 하나는 그의 손님 중 핵심적인 사람들inner circle을 위한 것이고, 다른 하나는 "조금 덜 친한 친구들"lesser friend(피보호자들clients)을 위한 것이며, 마지막 세 번째는 해방된 노예를 위한 것이었다. 플리니우스는 이러한 관행을 반대하면서, 자신은 모두에게 똑같은 음식을 대접했다고 말했다. 하지만, 그의 묘사에는 세 개의 그룹이 분리된 좌석 배치가 암묵적으로

46 로마에서 디오니소스 의식(Bacchanalian cult)을 압제하는 것에 관해 기술한 리비우스(Livy)의 묘사를 비교하라(39.818, 특히, 39.8,6-7 그리고 39.13.10); Minucius Felix *Oct.* 9.6; Tertullian *Apol.* 7.1.

내포되어 있다.[47] 이것은 아마도 모두에게 익숙했던 관행이었을 것이다. 비트루비우스는 사람들이 초대받지 않고도 도무스의 아트리움카붐 아이디움과 페리스틸리움 안을 돌아다닐 수 있다고 말했다.[48] 이 사실은 기독교인들이 모임을 했을 때, 그들만 있었던 것이 아닐 수도 있음을 암시한다. 어쩌면 이것은 바울이 말하는바, 통역자가 없이는 방언을 알아들을 수 없는 ἰδιώτης이디오테스를 의미할는지도 모른다(고전 14:16).

남성들이 여성들과 함께 식사했는지는 불확실하다. 그것은 아마도 장소나 시간 혹은 상황에 따라 달랐을 것이다. 전통적인 관습에 따르면, 공식적인 행사에서 남성들과 여성들은 따로 식사했다. 그리고 가족이나 친한 친구들과 함께하는 좀 더 편한 상황에서, 여성들과 아이들은 남성들이 비스듬히 누워 있는 침상 옆 의자에 앉아 식사했다. 고전적인 심포지움의 경우, 여성들은 식사 후에 이어지는 가벼운 오락거리를 즐기기 위해 좀 더 머무를 수도 있었지만, 관례적으로는 식사가 끝나면, 본격적인 음주와 철학적 토론이 시작되기 전에 자리에서 일어났다. 물론, ἑταίραι헤타이라이, 창기들와 평판이 좋지 않은 여성들은 예외였다.

하지만, 로마인들 사이에서 이러한 관습은 기독교 시대가 시작될 무렵에 변화되었다. 비트루비우스는 그리스식 집과 로마식 집 사이의 차이점 중 하나가, 집 뒤편에는 여성들을 위한 공간이 있고, 앞쪽에는 남성들의 휴식을 위한 공간이 있는, 그리스식 집의 공간 분리라고 분명히 말했다.[49] 반면, 로마식 집은 성별이나 공적/사적 기능의 구분으로 공간을 분리하지 않았다. 오후에 손님을 접대하기 위해 사용될 방들이 오전에는 가족 활동을 위해 사용될 수도 있었다. ///18/// 늘 집 안에 머물면서 남들과 접촉하지 않는 여성이라는(동

47 Pliny *Ep.* 2.6. Theissen, *Social Setting*, 153-63을 보라. 초기 기독교 예배에서 그리스-로마의 식사 관습이 가지는 중요성에 관해서는, D. E. Smith, "Table Fellowship as a Literary Motif in the Gospel of Luke," *JBL* 106 (1987) 613-38; 같은 저자, "Social Obligation in the Context of Communal Meals: A Study of the Christian Meal in I Corinthians in Comparison with Graeco-Roman Communal Meals" (Th.D. diss., Harvard University, 1980)을 보라.

48 Vitruvius *De Arch.* 6.5. 1.

49 같은 책, 6.7.

양의 엘리트들고대 그리스 철학자들을 가리킴 ⓣ에 의해서 주창된)[50] 이상은 로마의 관습과는 완전히 달랐다.

로마 시대가 시작될 무렵, 여성들은 남성들의 만찬에 참석하기 시작했고, 심지어 그들과 함께 비스듬히 누워서 식사했다.[51] 코르넬리우스 네포스Cornelius Nepos 기원전 1세기에 태어나 활동한 로마의 역사가 ⓣ는 기원전 35년에 로마에서 쓴 글에서 말하기를, 오직 아내들은 친척들과 함께 만찬에 참석하는 것이 허용되며, 그것도 대개는 여자들만 있는 장소에 제한되는 (지금도 여전히 존재하는) 그리스의 관습과 달리, 로마인들은 그들의 아내를 만찬에 데려가는 것을 부끄러워하지 않으며, 아내들은 집안의 모든 축제에 참석한다고 했다.[52] 발레리우스 막시무스Valerius Maximus, 1세기에 활동한 로마의 작가이자 역사가 ⓣ는 성별에 의해 구별되는 만찬의 자리 배치는 이제 사적인 연회들보다는 도시의 종교적 만찬에서 더 자주 목격된다고 언급했다. 이는 실제 여성들보다 여신들이 규율에 더 신경을 쓰고 있음을 보여준다는 것이다.[53] 실제로, 리비아Livia는 옥타비아누스Octavian와 함께 비스듬히 누워 있기도 했지만, 군사적인 승리나 다른 공공 행사에 따른 연회들이 있을 때는, 여성들을 위한 만찬을 따로 마련했다.[54] 절충적인 관습으로 보이는 방식은 여성들이 남성들의 만찬에 함께 참석하되, 여성들을 위한 별도의 침상에 비스듬히 기대어 눕는 것이었다.[55] 이러한 언급들에 비춰볼 때, 그 시대 로마식 집 내부에 있는 분리된 식당에 대한 고고학적 증거들은 신중하게 평

50 필론의 *Spec.* 3.169,171-77 그리고 *Flac.* 2.89에 따르면, 결혼한 여성들은 바깥 문 안쪽에 머물러야 했으며, 소녀들은 중간 문(mesaulon) 안쪽, 즉 집 뒤편에 있는 여성들의 공간에 있어야 했다. 이와 더불어 4 Macc 18:7; Ps. Phocylides 215-18를 보라. 이러한 모든 문헌은 초기 그리스의 이상을 반영하고 있다(K. J. Dover, "Classical Greek Attitudes to Sexual Behavior," *Arethusa* 6 [1973] 59-73).

51 이것이 전통을 중시하는 남성들에게 주었던 위협은 그렇게 행동하는 여성들의 평판에 대한 공격을 통해 확인된다. Balch, *Wives Be Submissive*, 66-76; K. E. Corley, *Private Women, Public Meals: Social Conflict in the Synoptic Tradition* (Peabody, MA: Hendrickson, 1993) 24-79을 보라. 심지어 로마 제국의 "해방된" 분위기 속에서도, 한 여성의 명예를 실추시키는 최고의 방법은 그녀의 순결에 대해 의문을 제기하는 것이었다.

52 Nepos *De vir. illust.* 서문 6-7.

53 Valerius Maximus 2.1.2(서기 1세기 초반).

54 Dio Cassius 48.44.3; 55.2.4,8.2; 57.12.5.

55 Athenaeus *Deipn.* 14.644d; Lucian *Symp.* 8-9; 어쩌면 Petronius *Sat.* 76-69.

가되어야 할 것이다. 그것들은 **어쩌면** 남성들 혹은 여성들의 식당들이었을 수도 있고, 아니면 그저 또 다른 전망을 제공하거나 바람을 통하게 하기 위한 용도로 사용되던 대체 공간이었을 수도 있다.[56] ///19///

그래서 여성들이 가정 교회의 식사에 참여했을 때 가능했을 법한 대안은 다음과 같은 것들이다. 그것은 별도의 식사 자리에서 비스듬히 눕거나 앉는 것, 비스듬히 누워 있는 남성들 옆에 앉는 것, 아니면 남성들 곁에서 함께 비스듬히 눕는 것이다. 이러한 상황은 여성 가장들의 잘 알려진 사례들과 그들이 사회적 역할을 수행하던 방식에 대한 이해를 얻을 수 있는 비교 가능한 자료의 부족으로 인해 더 복잡해졌다.[57] 로마의 엘리트들과 이들의 수많은 (다른 사회적 계층에 속한) 모방자 사이에서는 (아마 1세기 후반 무렵이 되어서는) 동방과 서방 모두에서 여성들이 남성들과 더불어 비스듬히 누워서 식사했다. 더 전통적이고, 덜 로마화 된 집단들 사이에서 특히, 동방에 기원을 둔 초기 기독교 운동에서 이런 경우가 있었을 것이라고 상상하기는 어렵다. 하지만, 여성들이 가정 교회 식사에서 남성들의 활동으로부터 완전히 배제되었을 것이라고 상상하는 것 역시 어려운 일이다. 하지만 우리에게 남은 자료들

---

56 폼페이의 명백한 이중 식당들(double dining rooms)의 예로는 베티의 집, 라비린토스(Labyrinth)의 집, 멜레아그로스(Meleager)의 집을 들 수 있다. 리처드슨(L. Richardson, Jr., *Pompeii: An Architectural History* [Baltimore: Johns Hopkins University Press, 1988] 322, 398, 그리고 곳곳에)은 각각의 경우 이중 식당은 새로운 방식을 받아들이지 않은 사람들 소유의 집에서 한 부분이 여성들의 식당임을 의미하리라 추측한다. 월리스-하드릴(Wallace-Hadrill, "Social Structure of the Roman House," 93, 각주 147)은 이 점에 있어서 리처드슨과 의견을 달리한다. 리처드슨은 페드로니우스(Petronius, 1세기 로마의 풍자 작가 ⓣ)의 *Sat.* 67을 근거 본문으로 제시한다. 거기서 트리말치오(Trimalchio, *Satyricon*[*Sat.*]에 등장하는 남자 주인공 ⓣ)의 아내 포르투나타(Fortunata)는 식사의 처음 부분에는 등장하지 않다가 나중에 부름을 받고 나오게 된다. 그러나 그녀가 없었던 이유는 예의 때문이 아니라, 만찬을 관리하는 책임 때문이었으며, 또한 그녀가 들어올 때 그녀는 이미 비스듬히 기대어 누워 있는 여성 손님인 신틸라(Scintilla) 옆에 기대어 누웠다. 일반적으로 제시되는 또 다른 예는 키케로(Cicero)의 *Verr.* 2.1.26, 65-68이다. 여기서 베레스(Verres)의 대리인인 루브리우스(Rubrius)는 소아시아의 람프사쿠스(Lampsacus)에서 그의 선동으로 인해 식사 후에 이어졌던 술판에서 아직 결혼하지 않은 집주인의 딸을 데려오라고 요구함으로써 두 사람 모두를 수치스럽게 했다. 집주인은 그것이 그리스의 관습이 아니라고 말하면서 이를 거절했다(Vitruvius *De arch.* 6.7.4와 비교해 보라). 모든 이슈에 대해서는, Corley, *Private Women*, 24-52을 보라.

57 행 12:12; 16:14-15; 골 4:15; 어쩌면 고전 1:11 그리고 롬 16:1-2. 위에 있는 각주 25번의 문헌들을 보라.

은 이에 관해서 어떤 암시도 주지 않는다. 오히려, 좀 더 전통적인 집단에서 (특히, 동방에 있는 집단에서), 여성들과 아이들은 아마도 회랑에 따로 앉든지 혹은 비스듬히 누워있었거나, 남성들의 식탁 침상 곁에 앉았을 것이다. 여성들을 위한 식당을 따로 가지고 있을 정도로 충분히 부유하고 전통적인 집에서는, 마테르파밀리아스(집안의 어머니)가 아마도 그곳에서 귀빈 여성들을 접대했을 것이다. 어느 시기이든, 사람들이 매주의 축제 만찬 자리에서 무리를 이루는 데에는 여러 가지 다른 방법들이 있었을 것이다. 심지어 그것은 같은 도시 안에 있는 다른 장소들에서도 물리적 배열식탁과 좌석의 배열에 대한 고려를 의미함 ⓣ이나 신분 확인, 혹은 로마화 된 정도에 따라서 달랐을 것이다.

좀 더 전통적인 상황의 경우, 가족들이 다 함께 모였을 가능성은 매우 낮다. 또한 여러 명의 가족이 없는 개인 개종자들의 존재는 가족 단위보다는 그 모임에서 성별과 지위에 따른 그룹을 형성하는 것을 더 쉽게 만들었을 것이다. 주일 예배 시간에 가족들이 함께 모여서 예배드리는 이미지는 고대의 모습과는 맞지 않는 것이다.

기독교 공동체가 모임을 했을 것으로 여겨지는 또 다른 장소는 소위 다세대 주택 교회tenement church가 있는 장소인 인술라 혹은 아파트 건물이다. 분명 이런 기독교 집단들이 존재했다는 것은 확실하지만, 우리는 (도무스에서 모임을 했을 가정 교회에 대해 아는 것에 비해) 이러한 다세대 주택 교회들이 어떻게 존재했는지에 대해 아는 바가 거의 없다. 한 집안으로는 인식되지 않았던 기독교인 집단에 대한 언급들(예: 글로에의 사람들 [고전 1:11])은 어쩌면 이런 모임을 가리킬는지도 모른다비록 개역 개정판은 "글로에의 집"이라고 번역하여서 집으로 인식된 것처럼 보이지만, 그리스어 원어는 τῶν Χλόης, 즉 문자적으로는 "글로에의 사람들"이다 ⓣ. 어쩌면 그들은 모인 사람들로 북새통을 이루는 누군가의 아파트 방에서, 혹은 1층에 있는 상점에서, 아니면 (아마도 임시로 빌려서 잠시 사용하게 되었을) 회의실에서 만났을는지도 모른다. ///20/// 두 번째 발전 단계는 (가정 교회들이 도무스에서 도무스 에클레시아들*ecclesiae*로 전환한 것과 비슷하게) 지속해서 사용할 수 있는 아파트의 방 하나를 구하는 것이었을 수 있다. 2세기 또는 3세기에 미트라교 신자들Mithraists이 오스티아에서 소위 디아나Diana의 집이라고 불리는 1층의 방을 하나 매입했던 것처럼 말이다. 고고학과 문헌 증거들은 이와 비슷한 일이 나중에 로마의 교회들이 세워지게 된 장소들에서도 일어났음을 보여준다(산 클레멘테San Clemente, 산 크리소고노San Crisogono, 산티 조반니 에 파올로Santi Giovanni e Paolo).[58]

"다세대 주택 교회"의 원형에서, 모임과 식사 준비는 도무스에서 모이는 교회에 비해 덜 형식적이었을 것이다. 또한 리더십 역시 좀 더 유연한 형태를 취했을 것이다. 왜냐하면 그 안에는 후원을 통한 방식이 자동으로 작동하지 않았기 때문이다. 이런 교회에서는 어떤 저명인사의 후원 아래 있는 모임에 비해, 참여와 리더십에 있어서 좀 더 협력적인 방식이 가능했으리라 추측해 볼 수 있다. 동시에, 이러한 기관은 필연적으로 모든 구성원의 완전한 협력에 좀 더 의존했을 것이다.[59] 이 모임은 기독교 교회의 모델 중 하나로 제안되기도 하는 콜레기아*collegia*, 자발적 조합 ⓣ 모임과 더 유사했을지도 모른다. 하지만, 대부분의 콜레기아는 부유한 후원자들을 찾았고, 이에 따라 사회적 지위에 기초한 위계적 형태가 다시 등장하게 되었다.

그러면 매주 기독교 집회는 가정생활에 어떤 영향을 미쳤을까? 가장 초기의 자료들은 이 질문에 대해 거의 침묵을 지키고 있다. 당시의 실제 상황이 어땠는지에 대해서는 어떤 암시도 주지 않는 규범적인 용어들을 제외한다면 말이다. 하지만 한 가지 확실한 것은 가정을 국가의 축소판으로 바라보며 효과적인 공적 리더십을 가족 경영과 결부시키는 오랜 전통에 따라, 교회는 일

58 B. Blue, "Acts and the House Church," *The Book of Acts in Its First Century Setting 2: The Book of Acts in Its Graeco-Roman Setting* (eds. D. W. J. Gill and C. Gempf; Grand Rapids: Eerdmans, 1994) 119-222; J. S. Jeffers, *Conflict at Rome: Social Order and Hierarchy in Early Christianity* (Minneapolis: Fortress, 1991) 63-89; L. M. White, *Domus Ecclesiae-Domus Dei: Adaptation and Development in the Setting for Early Christian Assembly* (2 vols.; Ph.D. diss., Yale University, 1982); 같은 저자, *Building God's House in the Roman World: Architectural Adaptation among Pagans, Jews, and Christians* (ASOR Library of Biblical and Near Eastern Archaeology; Baltimore: Johns Hopkins University Press, 1990).

59 R. Jewett, "Tenement Churches and Communal Meals in the Early Church: The Implications of a Form-Critical Analysis of 2 Thessalonians 3:10," *BR* 38 (1993) 23-43을 보라.

찌감치 자신을 (시민적 리더십의 이상을 모델로 한 남성 리더십을 가진) 대리 가족surrogate family으로 인식하기 시작했다는 것이다.[60] ///21/// 이러한 발전은 가부장적인 가정의 권위를 약화하는 일에 한몫했을지도 모른다. 왜냐하면 3세기 중반에 이러한 발전은 좀 더 중앙 집권화된 주교의 후원을 강화하기 위해 개인 후원자들의 권위를 약화하는 데 성공했었기 때문이다.[61] 하지만 아이러니하게도 기독교는 시작부터 존재했던 어떤 정반대인 성향에도 불구하고, 가부장제를 약화한 것이 아니라 결국에는 오히려 그것을 강화했다.[62] 가부장제는 "하늘과 땅에 있는 각 족속에게 이름을 주신 아버지"(엡 3:15) 유일신 하나님의 절대적인 부성에 의해 특별한 동력을 얻게 되었다. 하나님은 근엄하고 무서운 규율주의자disciplinarian로 나타나지 않는다.[63] 도리어, 초기 기독교 작가들은 하나님에 대한 묘사에서 엄격함과는 반대로 자비와 긍휼을 더 강조하는 경향이 있었다. 처벌은 그저 현명한 아버지의 징계discipline에 지나지 않는 것이다.[64] 하지만 불가피하게 남성적 권위라는 이미지는 더 강화되었다.[65]

지역의 가정 교회 혹은 아파트 교회는 무엇보다도 공동체적인 삶과 개인의 책무에 대한 의식, 신학적 다원주의, 선교의 거점, 보편적인 교회혹은 우주적인 교회

---

60 Aristotle *Pol.* 1.2.1252b and *Eth. Nic.* 8.12.7-8; Isocrates *Ad Nic.* 19; Pseudo-Isocrates *Ad Dem.* 35; Seneca *Ep.* 5.4.14; Cicero *Off.* 1.54; *Fin.* 5.65; Philo *Praem.* 1 13; 딤전 3:4-5; 딛 1:6; M. Dibelius and H. Conzelmann, *The Pastoral Epistles* (Hermeneia; Philadelphia: Fortress, 1972) 53; Lampe, "'Family' in Church and Society," 20, 각주 54번; Balch, "Neopythagorean Moralists," 394, 403-4; 같은 저자, "Household Codes;" 32-33.

61 L. W. Countryman, *The Rich Christian in the Church of the Early Empire: Contradictions and Accommodations* (Texts and Studies in Religion 7; New York/Toronto: Mellen, 1980); C. A. Bobertz, "The Role of Patron in the Cena Dominica of Hippolytus' Apostolic Tradition," *JTS* ns 44 (1993) 170-84.

62 E. Schüssler Fiorenza, *In Memory of Her: A Feminist Theological Reconstruction of Christian Origins* (New York: Crossroad, 1983) 특히, 105-59; 251-84; 같은 저자, "'You Are Not to Be Called Father': Early Christian History in a Feminist Perspective," *Discipleship of Equals: A Critical Feminist Ekklesia-logy of Liberation* (New York: Crossroad, 1993) 151-79.

63 로마의 엄격한 아버지 상에 대한 현대의 고정 관념은 현대의 논쟁적 목적으로 인해 지나치게 과장되었다는 것이 샐러(Saller)의 논지이다(*Patriarchy*, 102-32).

64 Pilch, "'Beat His Ribs,'" 101-13.

65 Tertullian *Marc.* 2.13; Cyprian *Laps.* 35; Novarian *Trin.* 3.1; Clement of Alexandria *Paed.* 1.7,8. 이들 문헌은 앤드류스(Jerry Andrews)에게 빚진 것이다.

ⓣ의 모델을 제공했다.[66] 이런 공동체적인 삶은 기독교인 대가족들에게는 별로 매력적이지 않았을 것이고, 그런 대가족이 없는 사람들, 혹은 가족이 없는 사람들, 그리고 좀 더 넓은 맥락에서 별다른 사회적 결합의 수단이 없었던 사람들에게는 좀 더 매력적이었을 것이다. 그런 부류의 구성원들은 교회가 이렇게 제시한 확대 가족 의식에 대해 매력을 느끼면서 괜찮다고 생각하며 발전시켜 나갔을 것이다.

다양한 예배 집단의 증가는 필연적으로 신학적 다원주의를 육성했다. 1세대의 갈라디아, 고린도, 로마와 같이 바울이 편지를 보낸 곳에서, 그리고 이어서 2세기의 로마, 알렉산드리아, 갈리아에서 이런 일들이 있었던 것은 명백하다. 과도한 다원주의, 다시 말해 이단에 대한 반응들에 관해서는 많은 연구가 진행되어왔다. 이런 연구들은 가르치는 리더십의 집중화와 성경의 정경화에 관한 내용을 포함한다.

가정 교회는 지역 선교사들과 방문 선교사들을 양성하는 장이었다. ///22/// 여기에서 지역 구성원들은 선교 요청을 듣고 복음화에 노력을 기울임으로써 반응했을 것이다. 그것이 동네 안이든(행 10:24; 골 4:5-6; 히 12:14), 그들 자기 집 안이든(딤전 6:1; 벧전 3:1), 아니면 해외이든(행 13:1-3) 간에 말이다. 또한 이런 집단들 안에서 방문 선교사들이 후원과 격려 그리고 물질적 도움을 받았다(행 20:7; 롬 15:24, 16:1-2).

또한 지역 교회 집단들은 그들 자신을 더욱 더 큰 조직의 작은 단위들로 이해했다. 지역의 집단들에서, 사람들은 로마 세계의 다른 지역들에서 그들과 같은 믿음을 공유하고 있는 사람들에게 무슨 일들이 일어나고 있는지를 알게 되었다(행 14:26-27; 살전 1:7-9; 2:14-16; 골 4:8,16). 갈수록 더 교회의 리더십은 친숙한 정부 형태를 그 모델로 삼게 되었다(비록 제국주의적 모델로의 전환은 몇 세기가 더 걸렸지만 말이다).

66 Lampe, "'Family' in Church and Society," 8-12; D. W. Riddle, "Early Christian Hospitality: A Factor in the Gospel Transmission," *JBL* 57 (1938) 141-54.

VI

다시 처음에 제기했던 문제로 되돌아가서, 그러면 가족의 삶에 관한 최초의 기독교 저작들이 가족들에게 전달한 이 너무나도 다른 메시지들에 대한 반응은 어떠했는가? 연합과 조화 그리고 가부장적 구조를 강조하는 가족의 삶에 대한 묘사들이 더 매력적으로 보였을 수도 있고, 어쩌면 그러한 묘사들은 하나 혹은 그 이상의 (완전한 기독교인) 가족들로 구성된 가정 교회들에서 비롯된 것일 수도 있다(그들이 도무스에서 만났든, 아니면 작은 가족 집단들로 살았던 인술라에서 만났든 말이다). 여기서 신약 서신서의 일반적 권면paraenesis에 나타난 모든 가치는 격찬받았을 수 있고, 어쩌면 그것을 따라 살았을 수도 있다.

반대로, 이러한 집단들에게 예수에게 돌려지는 많은 전통의 특징인 신뢰할 만한 가족 구성원들에 관한 날카로운 비관론은 잘 받아들여지지 않았을 것이다. 가족의 리더십과 교회의 리더십은 너무나도 긴밀하게 연결되어 있어서, 가족에 대한 이런 비판은 합법적인 권위에 대해 의문을 제기하는 것처럼 보였을 수도 있다. 우리는 교회의 리더십에 대한 의문이 제기되었던 몇몇 경우들에 대해 알고 있다. 실제로, 갈라디아서, 고린도전후서, 그리고 클레멘트 1서는 의심을 억누르기 위해 온갖 시도를 다 했음을 말하고 있다. 바울의 편지들에서 연합을 독려하는 다른 사건들은 단지 사소한 의견 충돌에 대한 것이 아니라, 리더십의 위기에 대한 것일 수도 있다.[67]

가족에 대한 비판과 외부를 향한 충성의 촉구는 홀로 기독교 공동체에 가입하는 어려운 결정을 내려야 했던 개종자 개개인의 경험을 잘 표현하는 것처럼 보인다. 그들은 종종 가족 구성원들의 지원을 의지할 수 없으며, 궁극적으로는 충성을 선택하고, 그편을 들어야 하며, 때로는 가족과 친구들을 맞서

---

67 특히, 빌 2:1-18; 4:2-3.

야 하는 것이 진정한 사실임을 깨달았을 것이다. ///23///

이것은 깔끔한 그림이다. 정말이지 너무도 깔끔하다. 하지만 이 그림을 산산조각 내는 조약돌은 베드로전서인데, 여기에 등장하는 아내들(그리고 아마도 노예들)을 향한 파라이네시스는 가족이 전부 기독교인이 아니었던 사람들에게 쓰였다(반대로, 여기에서 아내들은 그들의 고결한 행실이 남편을 개종시킬 수 있게 한다는 말을 듣게 된다). 노예들은 심지어 부당한 대우를 하는 주인들에게도 부당한 고난을 받으신 그리스도의 모범을 따라 순종하라는 말을 듣는다.[68] 따라서, 가정 규례에 대해서 배운 많은 학생과 마찬가지로, 가정 규례는 (그것이 의심하는 외부의 청중을 향한 것이든, 아니면 내부인들을 가르치기 위한 것이든 간에) 기독교가 사회 질서를 전복할 것이라는 두려움을 완화하기 위해 의도된 것이라고 결론지어야 할 것이다.[69] 권면적 담화에 등장하는 선전 문구 중에는 좋은 모범이 사람의 마음을 얻게 한다는 말이 있다. 실제로, 정직한 상인과 양심적인 기술자들, 또한 순종적인 아내들과 복종하는 자녀들, 노예들은 신앙의 진리를 나타내는 살아있는 광고들이었다. 그들은 가정 선교사들이었다. 가정 규례가 주로 내부인들에게 들려졌든 아니면 외부인들에게 들려졌든 간에, 그 규례는 연약한 구성원들을 보호하고자 하는 교회의 방어 태세를 강화하고, 궁극적으로 외부인들의 공격, 특히 신자들의 생각과 삶의 방식에 관련한 교회의 배타적인 주장에 대해 분개하는 권위 있는 불신자 가족 구성원들의 공격으로부터 교회 전체를 보호한다.

그러면 우리는 이 그림의 반대편, 즉 가족에 대해서는 좋은 어록을 남긴 적이 없고, 가족 구성원들은 결코 믿을만한 대상이 아니라고 매섭게 예언했던 예수의 회의적인 초상은 어떻게 해야 할까? 이 말들에 포함된 한 가지 중요

---

68 기독교인 주인들 가운데 폭력적인 사람도 있었을 것이라는 상상은 충분히 생각해 볼 수 있는 가능한 일이다. 노예제도의 이점에 관한 토포스에 관해서는, D. Kyrtatas, "Slavery as Progress: Pagan and Christian Views of Slavery as Moral Training," *International Sociology* 10 (1995) 219-34을 보라.

69 J. H. Elliott, *A Home for the Homeless: A Social-Scientific Criticism of l Peter, Its Situation and Strategy, with a New Introduction* (Minneapolis: Fortress, 1990); Balch, *Wives Be Submissive.*

한 의미는 이제 제자들의 집단이 하나의 가족으로서 기능해야 한다는 것이다. 가족은 폐지되는 것이 아니라 오히려 확장된다. 친족의 관계는 제거되는 것이 아니라 오히려 새롭게 설정된다. 진정한 가족 구성원의 소임을 수행할 사람들은 혈연관계가 사회 구조에 의해서 함께 묶인 사람들이 아니라 세례와 성찬으로 함께 묶인 사람들이다.

이렇게 볼 때, 가정에 대한 권면과 제자도에 관한 어록이라는 이 두 가지 의미론적 세계는 우리가 생각했던 것만큼 정반대에서 대치하는 것은 아니다. 공관복음서에 나타난 급진적 제자도에 관한 전통은 기독교인들을 향해 복음의 요구를 거부할 수도 있게 만드는 변덕스러운 관계들에 뿌리를 내리지 말라고 경고한다. 다른 편에서, 베드로전서와 목회서신은 의도적으로 교회를 가정처럼 묘사한다. **///24///** 골로새서와 에베소서는 독자들을 (기독교인의 관심사가 그리스도의 관심사만큼 넓어져야 하는) 우주적 교회의 비전으로 이끈다.[70] 그다음 몇 세기 동안 교회 조직들은 교회를 복지국가와 같은 것으로 만들기 위해 시도했었다. 요람에서 무덤까지 필요한 모든 것들, 이를테면 교육, 결혼, 목회적 돌봄, 기아 구제, 보건, 그리고 장례 등에 신경을 쓰면서 말이다. 각각의 전통은 가족에 대한 편협한 기대를 뛰어넘는 위대한 사명을 위해 나름의 방식으로 시야를 넓히는 도전을 했다. 이렇게 볼 때, 초기 기독교의 의제는 사회의 기초를 약화하고 더 넓은 지평의 새로운 사회 질서를 창조하는 일을 **이미** 착수하기 시작했다.

만약 성서학자들이 "가족의 가치들"에 대한 현재의 논쟁에 어떤 기여를 할 수 있다면, 그것은 아마도 20세기 중반의 핵가족은 규범적인 것이 아니며, 성경적 가족의 황금기는 그렇게 좋기만 했던 것은 아니고, 다만 가족은 매우 강력한 사회적 조직이며, 너무도 유연하기 때문에 강력하다는 것을 인식하도록 하는 것이다. 실제로, 가족은 당시의 어떤 이상적인 형태에서보다 초기 기독교에서 더 유연했다. 늘 그렇듯이, 가족의 형태는 계속 변하고 있다. 가족은

70 벧전 2:5, 18; 4:10, 17; 딤전 3:15; 딤후 2:20-21; 엡 2:11-22; 골 1:15-23.

반드시 외부로 시선을 돌려서 자신 보다 더 큰 무엇인가의 일부가 되어야 한다. 그래야만, 가족은 믿음, 소망, 사랑이라는 가장 기본적인 자질들을 양성하는 목적을 이루게 될 것이다. 이것이야말로 우리가 추구할 가치가 있는 가족의 가치이다.

기억, 역사 이론, 그리고 예수 수용

옌스 슈뢰터 지음 | 김선용 해설 | 임충열 옮김

알맹e

일러두기

1. 이 글은 영국 트위커넘에 위치한 세인트 메리 대학교에서 2016년 6월 10-11일에 열린 "Memory and Reception of Jesus in Early Christianity"초기 기독교 기억과 수용 컨퍼런스에서 발표되었던 기조연설문이다.
2. 저자가 강조의 목적으로 사용한 이탤릭 문자는 굵은 글씨체로 표기했다.
3. 본문의 괄호는 모두 저자의 것이다.
4. 이해를 돕기 위해 한자, 외국어, 첨언, 역자 주, 편집자 주는 첨자로 넣었고, 역자 주와 편집자 주의 경우 구분을 위해서 역자 주는 ⓣ로, 편집자 주는 ⓔ로 표시해했다.
5. ///987///처럼 /// ///로 표시된 숫자는 원문의 쪽수이다.
6. 주요 성서학 용어의 번역어는 『성서학 용어 사전』(전자책: 알맹e, 2019; 종이책: IVP, 2022)를 따랐다.

Jens Schröter, "Memory, Theories of History, and the Reception of Jesus," *Journal for the Study of the Historical Jesus* 16 (2018): 85-107. Published by Brill, Leiden, Netherlands.

The Korean text used in this edition is translated by Chungyeol Lim.
DOI 10.1163/17455197-01602005

옌스 슈뢰터의 「기억, 역사 이론, 그리고 예수 수용」 소개

김선용

신약학은 발전한다. 아니, 더 정확히 말하면 연구 주제들에 관한 논의에 진전이 있다. 최근 이십 년 사이 공관복음서 연구와 역사적 예수 탐구 분야에서도 눈에 띄는 진전이 있었고, 그 중심에는 구술성orality과 기억 이론의 적용과 응용이 있다. 베를린 훔볼트 대학교 교수인 옌스 슈뢰터는 "기억"이라는 주제를 예수 전승 연구에 적용한 선구자로 꼽힌다. "기억"은 필연적으로 역사학적 연구의 본질에 관한 문제를 건드리는데, 슈뢰터는 신약학계(특히 역사적 예수 연구)에서 아직까지도 존재감을 잃지 않은 역사적 실증주의를 날카롭게 비판하고, 정교하고 세련된 새로운 역사 서술을 제시했다. 이 분야에 대한 슈뢰터의 방대한 저술 가운데 비교적 간략하게 그의 생각의 알짬을 녹인 소논문이 있어 쁘띠 알맹e 시리즈에서 소개한다.

소논문의 개요는 다음과 같다. 우선 슈뢰터는 기존 학계에서 기억의 개인적 측면에만 집중하거나 에르핫손처럼 "문자 그대로 기억되어 전승되는 것"에 집중했던 작업을 집단 기억 또는 문화 기억 이론을 끌어와 비판한다. "예수 연구에서 '기억'이라는 범주는 개인적 기억이나 예수의 말과 행적에 대한 신뢰할 만한 전달이라는 관점으로 이해해서는 안 된다. 개인적 기억은 현재와 실제적인 과거를 연결하는 다리 역할을 할 수 없는 파악하기 힘든slippery 범주이다." 이렇게 개인의 기억이 신뢰할만하지 못하다는 점을 강조한 뒤, "기억하는 행위와 기억의 보존은 둘 다 개인 차원만 가지고 있는 것이 아니라 집단적 문화적 차원도 함께 가지고 있다"고 지적하며, "기억은 한 사회나 공동체의 공통적 지식, 그 사회나 공동체의 기초를 세우는 전통, 그리고 그 사회나 공동체를 형성하는 사건들로 인식"되는 "사회적이고 문화적인 현상"이라고 말한다.

신약학자가 다양한 집단 기억 이론에 관심을 갖는 이유는 예수 전승 및 기독교 기원이라는 역사적 현상을 '역사학자'로서 이해하려 하기 때문이다. 그래서 슈뢰터는 이어서 "기억과 역사 서술"이라는 복잡한 문제에 대해 창의적이고 건설적인 답을 제시한다. 역사 기술은 문화적 기억과 불가분의 관련을 지닌다. 슈뢰터는 역사학적 방법론의 전제와 본질에 관해 논하면서, "있는 그대로의 역사"라는 것은 존재하지 않는다고 단언하고, 역사 서술이라는 학문 작업에서 역사가의 역할을 매우 강조한다. "과거의 유적들을 수집하고, 그것들을 비판적으로 면밀히 조사해, 자신의 역사적 서사로 통합하는 역사가의 재구성이다. 그 결과물은 과거와 현재를 연결하는데 있어 (선택적이고, 논쟁의 여지가 있으며, 단편적인) 과거에 대한 역사가 자신만의 이미지이다." 이러한 작업의 결과물은 동료 학자들의 검증과 비판에 열려있고, 그런 측면이 있기에 "학문"Wissenschaft이라고 할 수 있는 것이다.

이렇게 기억과 역사 서술에 대한 현대의 논의와 자신의 입장을 천명한 뒤[1] 본격적으로 슈뢰터는 이를 예수 전승 수용이라는 역사적 현상에 적용한다. 그는 "예수 연구에서 '기억'을 적합한 범주로 정립하기 위해서는, 과거의 흔적들이 아닌 '전설' 혹은 '허구'와 묶여 있는 수용으로부터 기억을 구분할 필요가 있다"라고 주장하며, "기억이라는 범주는 초기 예수 전승의 특징을 묘사하는 데에도 유용하고, 예수에 대한 최근의 비평주의적 학계의 연구를 위해서도 유용하다"라고 말한다. 예를 들어 그는 예수의 탄생과 유아기 설화는

---

1 문화적 기억 혹은 집단 기억 혹은 사회 기억 이론에 관한 논의는 언제나 모리스 알박스와 얀 아스만에서 시작한다. 이 두 사람의 이름은 기억할 필요가 있다. 둘의 차이는 "알박스에게 있어서 역사와 기억은 상반된 입장에 서 있는 반면, 아스만은 역사적 연구(혹은 "진정한 역사")와 현재를 향한 과거의 실제적 의미 사이에는 엄격한 구분이 존재하지 않는다는 점을 지적하면서 이 둘을 조화시키고자 시도한다." 하지만 슈뢰터는 이 두 학자 모두 ""Geschichte im eigentlichen Sinn"(진정한 역사)이 존재한다는 입장"이라고 지적하면서 "하지만 역사 기술의 해석학에 관한 최근의 논의들에 비추어 볼 때, 이런 구분은 의구심이 든다"라고 말한다.

기억이라고 할 수 없으며, "예수님의 의미에 대한 초기 전승들에 기초한 수용"으로 본다. 2세기 외경 문헌의 전문가이기도 한 슈뢰터는 예수 전승에 대한 다양한 수용reception을 강조하며, 이러한 시각을 초기 예수 전승 이해에 적용한다.

슈뢰터의 여러 제안과 통찰 중에서 주목할 만한 것들을 조금 더 자세히 살펴보자.

슈뢰터는 소위 "현재주의자"the presentist—집단 기억 이론을 지지하는 이들 중에 과거에 대한 기억은 거의 전적으로 현재의 공동체의 유지나 정체성 형성 같은 '현재'적 사안을 위해 선별·망각되는 방식으로 사용된다는 입장—에 동의하지 않는다. "'기억'이 과거가 현재를 향한 지속적인 영향력을 갖는다는 의미를 포함한다는 사실을 잊지 않는 것은 너무나도 중요하다." 그에 따르면, 역사가는 자료 사이의 틈들을 메우기 위해 자료를 비평적으로 사용하고 역사적 상상력을 동원해야 하지만, **자료는 역사가가 방종하게 상상력을 펴지 않게 제한하는 역할을 한다**. 현재가 과거에 대한 역사 서술과 기억에 일방적으로 영향을 끼치는 게 아니라, 과거의 자료가 현재의 기억과 역사 서술 작업에도 영향을 준다는 말이다. 따라서 역사학적 방법론을 사용하는 신약학자는 "여러 가능성을 모두 따져보고, 이용할 수 있는 자료들과 관련해서 개연성이 있는 시나리오를 만들"고 과거의 이야기를 "현재의 '역사'로 접할 수 있게 하는 서사를 제공"하는 작업을 하는 사람이라고 할 수 있다.

결국 역사가가 산출할 수 있는 최대치는 전승과 기억을 뚫고 "있는 그대로의 사실"에 접근하는 것(이는 애초에 불가능하며, 역사 연구라는 작업이 본질적으로 지닌 한계다)이 아니라 보다 **높은 개연성을 지닌** 역사적 서사를 만들어 내는 것이다. 우리는 어떤 논제의 likelihood 또는 possibility를 논증한 연구물을 성공적이라 부를 수 있고, plausibility를 보여준 연구물은 탁월한 연구 성과라고 간주한다. Certainty는 존재하지 않는다. 이것이 인문학의 한계이지만, 인문학 연구를 흥미롭고 역동적이게 만드는 요소이기도 하다. 또한, 이러한 현실 앞에서 역사가 및 그리스도인은 겸손할 수밖에 없다. "예수 기억에 대한 해석학적 도전은 우리가 이 인물과 이러한 사건들에 대해 우리의 취약한 해석을 통해서 알고 있으며, 예식 및 역사적 서사를 통한 과거의 재구현으로 알고 있음을 진지하게 받아들이는 것이다. 과거를 향한 즉각적인 접근법이란 존재하지 않는다. 모든 해석은 우리의 파편적인 지식, 언어, 그리고 사고방식에 의해서 굴절된다. 하지만 오직 이것만이 과거가 현재에 의미를 가지게 되는 유일한 방법이다."

본 쁘띠 알맹e 신약 부문 시리즈는 신약학이라는 학문의 본질에 대한 글들(웨인 믹스와 리처드 헤이스의 입장)을 이미 낸 적이 있는데, 이번 슈뢰터의 소논문에서도 역사학적 접근을 하는 신약학자의 정체성과 작업의 본질에 대해 중요한 배움을 얻을 수 있다. 과거와 현재, 역사와 해석은 분리될 수 없다. 그의 글을 길게 인용한다.

> 역사가는 역사비평적 분석의 결과물들을 과거에 대한 이미지를 제공하는 서사로 통합하여서, 현재에도 이해가 되도록 만들어야 한다. 그러므로 역사가는 과거에 대한 자신만의 설명을 역사적 서사의 형식으로 제공해야 한다(예: 단행본, 소논문, 혹은 강의로). 이것이 바로 역사가가 과거를 해석하는 해석학적 활동에 참여해서 그것을 현재에도 이해 가능한 역사로 만드는 과정이다. 이러한 비평적 분석과 해석의 관계를 '뼈와 몸' 혹은 '틀과 이야기'의 비유로 묘사할 수 있겠다. 이용 가능한 재료들에 대한 비평적 분석은 역사적 서사의 토대를 제공하지만, 그것이 과거의 이미지 그 자체는 아닌 것이다. . . . 역사적 서사는 과거에 대한 재구성이라 할 수 있다. 그러나 그것은 언제나 과거의 유적들을 수집하고, 그것들을 비판적으로 면밀히 조사해, 자신의 역사적 서사로 통합하는 역사가의 재구성이다. 그 결과물은 과거와 현재를 연결하는데 있어 (선택적이고, 논쟁의 여지가 있으며, 단편적인) 과거에 대한 역사가 자신만의 이미지이다. 또한 제공된 서사의 선택적이고, 논쟁의 여지가 있으며, 단편적이라는, 바로 이 특성이 동료 학자들로 하여금 참여할 수 있게 함으로써 진정한 학문적 결실을 만들어 내는 것이다.

> 이러한 죽은 자료들에 생명을 불어넣어 주는 것은 그 자료들에 대한 질문과 해석의 물을 부어주는 역사가들뿐이다. 그러므로 역사적 서사는 과거 그 자체가 아니라 역사로서의 과거, 즉 역사가의 언어와 서사적 개념으로 표현된 과거를 포함한다. 따라서 프리트가 주장한 바와 같이, 적어도 역사 기술의 분야에서는 과학과 상상력 사이에 깔끔한 구분이란 존재하지 않는다. 당연히 역사가는 사건들을 제멋대로 지어내는 것을 삼갈 것이며, 자신의 구현이 최대한 자료들에 가깝도록 조정하려 노력할 것이다. 그러나 역사가는 자료들을 자신의 고유한 언어로, 그리고 자신의 시대에 얻을 수 있는 관념들과 개념들의 도움을 얻어서, 역사적 서사의 의도된 독자들을 위하여 해석하는 것을 피할 수 없다. (그리고 피해서도 안 된다.)

기억과 수용을 세심히 구분해야 한다는 슈뢰터의 주장 역시 귀기울일 만하다. 수용은 기억보다 더 넓은 범주여서 다양한 형식의 초창기 예수 자료를 바라보는 렌즈가 될 수 있고, 기억은 "서사적" 특징을 지닌 해석학적 범주로 이해하는 것이 좋다.

> "기억"은 "수용"이라는 보다 넓은 범위와 구별되어야만 한다. 예수 수용은 과거의 유적들에 매이지 않는 전설, 허구적 소설 혹은 영화라는 형태를 취할 수도 있다. 다만 "예수 기억"은 초기 예수 전승을 자유롭고 살아있는 전통으로 진지하게 받아들이며, 과거의 유적들에 대한 비판적 평가 방식을 통해 실제적 과거를 현재에 맞게 재구현하여 역사적 서사로 형성하는 것에 관한 역사 기술의 해석학의 도전들에 대응하는 해석학적 범주로 이해해야 한다.

이는 다른 학자에 비해 **예수 전승의 가변성**을 받아들이는 그의 태도를 잘 나타내준다. 예수 전승을 "자유롭고 살아있는 전통"으로 보면, 가령 정결과 부정결에 대한 초기 그리스도인들—바울, 마태, 누가 등—의 다양한 태도를 입체적으로 이해할 수 있다.

> 초기 기독교 문헌들에서 정결/부정에 대한 다양한 자료들은 예수의 활동 혹은 예수 그리스도를 통한 하나님의 행동은 정결과 부정의 관계에 대한 새로운 평가이자 유대인과 비유대인들의 관계에 관한 새로운 평가로 인식되었음을 보여준다. 예수의 어록이 있었든지 없었든지 상관없이, 이 주제는 예수에 대한 초기 기독교 기억의 일부가 되었으며, 초기 기독교 역사에서는 중요한 문제였다. 따라서 그것은 정결하고 부정한 음식에 대한 예수의 어록의 역사성에 대한 평가와는 상관없이 예수 초상의 일부가 되어야만 한다.

> 초기 예수 전승이 자유롭고 살아있는 전통이었다는 사실은 초기 복음서들 그 자체로 더욱 뒷받침된다. 공관복음서 조차도 (복음서들 사이의 긴밀한 문학적 관계에도 불구하고) 예수에 대한 개별적인 초상들을 만들어 내며, 놀라울 정도의 변형과 문학적 자유를 보여준다. 이러한 변형의 원인을 찾기 위해 목격자들을 추적하는 것은 목격자들의 진술이 역사적으로 신뢰할 만한 전달의 기초로서 기능할 수 없음을 확인시켜 줄 뿐이다. 도리어 공관복음서의 예수에 대한 초상들은 이후 기독교의 상황들 속에서 등장한 "재구현"re-presentations으로서 인식되어야 한다. 따라서 이들 복음서들은 이후의 관점에서 지상의 예수에 대한 초상들을 창조하는 방식을 통해 그들 자신의 상황을 해석하는 것을 목표로 하는 "투명한 서사들"transparent narratives로 묘사될 수 있을 것이다. 예수 전승을 "살아있는 전통"으로 인식하는 것은 요한복음과 비정경적 복음서들에 의해 더욱 뒷받침된다. . . . 따라서 예수의 가르침을 보존하는 것이 우선적으로 중요했던 것이 아니라, 그 의미를 새로운 상황들에 적용하는 것이 더욱 중요했다.

개인적으로 판단할 때, 슈뢰터가 예수에 관한 이야기(전승 및 수용)와 케리그마를 분리할 수 없다고 주장한 점은 매우 높은 가치가 있다. 그는 이렇게 말한다. "예수 기억"Jesus memory은 초기 기독교 공동체들의 집단적 문화적 기억으로 인식해야 한다. 예수에 대한 초기 기독교 기억은, 앞선 연구에서 종종 가정했던 것처럼, '케리그마'kerygma와 분리하지 않았다. 오히려 예수는 그분을 통해 하나님께서 인간의 구원을 위해 역사한 사람임을 다양한 방식으로 기억하였다." 이러한 관점에서는 예수의 죽음과 부활에 전적으로 집중했던 바울을 예수의 치유와 축귀 사역 및 비유 가르침을 기록으로 남긴 마가 사이의 차이점이 축소된다. "다양한 방식으로 기억"했다는 슈뢰터의 강조점은 기억 이론을 역사적 정확성을 담보하는 도구로 사용하려는 보컴이나 키너 같은 학자들의 보수적 시도에 대한 적확한 비평이라고 할 수 있다.

슈뢰터는 그간 학계에서 무분별하게 제시된 양식비평에 대한 비판보다 훨씬 균형잡힌 시선을 선사한다. 양식비평이 복음서 및 역사적 예수 연구에 끼친 영향은 심대하다. 많은 후학이 양식비평이 낸 길을 별 의심없이 따라갔다. 복음서 전승에서 예수에 대한 초창기 예수 추종자들의 해석을 벗겨내면 "진짜 예수" 혹은 "진짜 역사적 사건"에 다다를 수 있을 것이라는 확신이 바로 그것이다. 하지만,

> 역사가들이 복음서 전승들을 예수의 부활 이전 시기로, 심지어는 예수 당시로까지 거슬러 올라가도록 하는, 예수 가르침의 신뢰할 만한 보존과 전달에 관한 주장은 어디까지나 성문화된 텍스트의 전달 모델에 기초한 것이며, 구전 전승의 역동성을 충분히 반영하지는 못한 것이다.[2] 예수 전승의 구전 단계가 인정된다 하더라도, 예수 가르침의 축자적 전달verbatim transmission을 전제로 삼는 학자들은 구전 의사소통의 특징들을 신중하게 고려하지 않는다. 그러나, 구전 전승에 관한 연구들이 증명하듯이, 구전 의사소통에서 각 사건의 구현presentation은 그 자체가 본래적인 것이며, 실제적인 의사소통의 상황에 의해 결정되고, 현재를 위해 수행된 전승으로서의 의미를 그 목적으로 한다.

2 참조 A. Kirk, "Memory," in *Jesus in Memory: Traditions in Oral and Scribal Perspectives* (W.H. Kelber, S. Byrskog eds.), Waco, TX: Baylor University Press, 2009, 155-172, 특히 156-159.

이러한 비판과 더불어 슈뢰터의 다음과 같은 관찰은 초대 교회라는 집단 혹은 공동체가 필요에 따라 예수 전승을 자유롭게 다루었다는 양식비평의 중추를 이루는 관찰을 지지하고 강화하는 역할도 한다고 볼 수 있다.

> 기억하는 행위와 기억의 보존은 둘 다 개인 차원만 가지고 있는 것이 아니라, 집단적 문화적 차원도 함께 가지고 있다. . . . 그 사회나 공동체의 공동체의 공통적 지식, 그 사회나 공동체의 기초를 세우는 전통, 그리고 그 사회나 공동체를 형성하는 사건들로 인식된다. 하나의 사회적이고 문화적인 현상으로서, 기억은 개인적 회상과는 구별되어야 한다. 비록 후자개인적 회상는 집단 기억의 일부가 될 수 있지만 말이다.

> 초기 기독교 문헌들에서 정결/부정의 주제는 예수님 추종자들의 윤리, 기독교 공동체들 안에서 유대인과 이방인의 관계, 그리고 이방인들이 어떻게 하나님 백성의 일부가 될 수 있는가에 관한 문제와 매우 밀접하게 연결되어 있다. 이 주제에 대한 다양한 수용은 예수의 등장이 유대교 정결 규정들 및 유대인과 이방인의 관계를 새로운 관점으로 바라보게 한다는 초기 기독교의 확신에 기인한다.

독자는 슈뢰터의 이 소고를 먼저 읽고 집단 기억 이론의 요지와 역사 기술의 본질에 대한 성찰을 숙고한 뒤에 다른 학자들—예를 들어 Samuel Byrskog, Richard Horsely, Barry Schwartz, James Dunn, Alan Kirk, Tom Thatcher, Chris Keith—의 글을 차근차근 읽어나가면 이 주제에 대해 비교적 튼실한 이해를 얻을 것이다.

더 읽을 거리

Allison, Dale C. *Constructing Jesus: Memory, Imagination, and History*. Grand Rapids: Baker, 2010.

Assmann, Aleida. *Cultural Memory and Western Civilization: Functions, Media, Archives*. Translated by David Henry Wilson. Cambridge: Cambridge University Press, 2011.

Bailey, Kenneth. "Informal Controlled Oral Tradition and the Synoptic Gospels." *Asia Journal of Theology* 5 (1991): 34–51, reprinted in *Themelios* 20, no. 2 (1995): 4–11.

Bauckham, Richard J. "The Eyewitnesses in the Gospel of Mark." *SEÅ* 74 (2009): 19–39.

_______. *Jesus and the Eyewitnesses: The Gospels as Eyewitness Testimony*. 2nd ed. Grand Rapids: Eerdmans, 2018. 『예수와 그 목격자들』(새물결플러스, 2015)

Byrskog, Samuel. "A New Quest for the Sitz im Leben: Social Memory, the Jesus Tradition, and the Gospel of Matthew." *NTS* 52 (2006): 319–36.

_______. *Story as History / History as Story*. WUNT 123. Tübingen: Mohr Siebeck, 2000.

Donne, Anthony Le. *The Historiographical Jesus: Memory, Typology, and the Son of David*. Waco, TX: Baylor University Press, 2009.

Dunn, James D. G. *Jesus Remembered. Vol. 1 of Christianity in the Making*. Grand Rapids: Eerdmans, 2003. 『예수와 기독교의 기원 상, 하』(새물결플러스, 2010, 2012)

______. "Social Memory and the Oral Jesus Tradition." Pages 179–94 in *Memory in the Bible and Antiquity: The Fifth Durham-Tübingen Research Symposium*. Edited by Stephen C. Barton, Loren T. Stuckenbruck, and Benjamin G. Wold. WUNT 212. Tübingen: Mohr Siebeck, 2007.

Crook, Zeba A. "Collective Memory Distortion and the Quest for the Historical Jesus." *Journal for the Study of the Historical Jesus* 11 (2013): 53–76.

Fried, Johannes. *Der Schleier der Erinnerung: Grundzüge einer historischen Memorik*. Munich: Beck, 2004.

Halbwachs, Maurice. *Les cadres sociaux de la mémoire*. Bibliothèque de l'Évolution de l'Humanité 8. Paris: Michel, 2001. Orig. pub. 1925.

_______. *La mémoire collective*. Bibliothèque de l'Évolution de l'Humanité 28. Paris: A. Michel, 1997. Orig. pub. 1949/50.

_______. *On Collective Memory*. Edited and translated by Lewis A. Closer. Chicago: University of Chicago Press, 1992.

_______. *The Collective Memory*. Translated by Francis J. Ditter and Vida Yazdi Ditter. New York: Harper & Row Colophon Books, 1980.

Horsley, Richard A. "The Gospel of Mark in the Interface of Orality and Writing." Pages 144–65 in *The Interface of Orality and Writing: Speaking, Seeing, Writing in the Shaping of New Genres*. Edited by Robert B. Coote and Annette Weissenrieder. WUNT 260. Tübingen: Mohr Siebeck, 2010.

______. "Introduction." Pages vii–xvi in *Performing the Gospel: Orality, Memory, and Mark*. Edited by Richard A. Horsley, Jonathan A. Draper, and John Miles Foley. Minneapolis: Fortress, 2011.

Huebenthal, Sandra. *Reading Mark's Gospel as a Text from Collective Memory*. Grand Rapids: Eerdmans, 2020.

Keith, Chris. "Social Memory Theory and Gospels Research: The First Decade (Part One)." *Early Christianity* 6 (2015): 354-76.

______. "Social Memory Theory and Gospels Research: The First Decade (Part Two)." *Early Christianity* 6 (2015): 517-42.

Kelber, Werner H. "Conclusion: The Work of Birger Gerhardsson in Perspective." Pages 173-206 in *Jesus in Memory: Traditions in Oral and Scribal Perspectives*. Edited by Samuel Byrskog and Werner H. Kelber. Waco, TX: Baylor University Press, 2009.

______. "The Generative Force of Memory: Early Christian Traditions as Processes of Remembering." *BTB* 36 (2006): 15-22.

Kirk, Alan. "Memory." Pages 155-72 in *Jesus in Memory: Traditions in Oral and Scribal Perspectives*. Edited by Samuel Byrskog and Werner H. Kelber.

Waco, TX: Baylor University Press, 2009.

Kirk, Alan, and Tom Thatcher. "Jesus Tradition as Social Memory." Pages 24–42 in *Memory, Tradition, and Text: Uses of the Past in Early Christianity*. Edited by Alan Kirk and Tom Thatcher. Atlanta: Society of Biblical Literature, 2005.

Schröter, Jens. *Erinnerung an Jesu Worte: Studien zur Rezeption der Logienüberlieferung in Markus, Q und Thomas*. WMANT 76. Neukirchen-Vluyn: Neukirchener Verlag, 1997.

______. *From Jesus to the New Testament: Early Christian Theology and the Origin of the New Testament Canon*. Translated by Wayne Coppins. Waco, TX: Baylor University Press, 2013.

______. "Markus, Q und der historische Jesus: Methodische und exegetische Erwägungen zu den Anfängen der Rezeption der Verkündigung Jesu." *ZNW* 89 (1998): 173–200.

______. "New Horizons in Historical Jesus Research? Hermeneutical Considerations concerning the So-Called 'Third Quest' of the Historical Jesus." Pages 71–87 in *The New Testament Interpreted: Essays in Honour of Bernard C. Lategan*. Edited by Cilliers Breytenbach and Johan C. Thom. NovTSup 124. Leiden: Brill, 2006.

Schwartz, Barry. "Jesus in First-Century Memory—a Response." Pages 249–61 in *Memory, Tradition, and Text: Uses of the Past in Early Christianity*. Edited by Alan Kirk and Tom Thatcher. Atlanta: Society of Biblical Literature, 2005.

다행히 구전과 기억 이론을 신약 연구에 적용하는 분야에 대한 입문서들이 우리말로 번역 출간되었다. 앤서니 르 돈의 『역사적 예수: 우리는 무엇을 어떻게 알 수 있는가』(도서출판 100, 2018)와 에릭 이브의 『예수에서 복음서까지』(좋은씨앗, 2016)를 강력히 추천한다. 전자는 초급자에게, 후자는 입문자는 물론 진지한 신약학도(학자)에게 적합하다.

기억, 역사 이론, 그리고 예수 수용

옌스 슈뢰터

임충열 옮김

초록

본 소논문에서는 문화적 기억이라는 개념이 역사적 예수 연구에서 상당한 기여를 한다고 주장한다. 과거는 언제나 현재의 관점에서 인식되기에, 과거에 대한 역사적 재구성과 수용은 본질상 뒤얽혀 있다. 따라서, 자료들 뒤에 "진정한" 과거가 존재하는 것이 아니다. 대신, 과거의 사건들과 사람들에 대한 우리들의 견해는 과거의 유적들을 현재의 관점으로 해석한 결과물이다. 게다가, 역사비평적 재구성 및 예수 연구와 관련하여서는, 허구적인 기사들까지 모두 포괄하는 '좀 더 넓은 범주로서의 "수용"reception'과 '진정한 역사적 재구성'을 구분하는 것이 중요하다. 후자는 역사적 자료에 대한 비판적인 분석에 기초해 과거에 대한 이미지를 연구 목적으로 삼기 때문에, 과거에 대한 합리적이고도 신뢰할 만한 접근법을 제공한다.

주제어

문화적 집단적 기억, 초기 예수 전승, 재구현re-presentation, 역사 기술의 해석학hermeneutics of historiography, 기억사mnemohistory

1. 역사적 예수 연구에서 기억에 대한 접근들

지난 이십 년간 역사적 예수 탐구에서, “기억”memory은 상당한 발전을 경험해 왔다. ///86/// 비록 이 용어는 수십 년 전에 에르핫손Birger Gerhardsson의 방대한 연구서인 *Memory and Manuscript*기억과 사본를 통해 예수 연구에 이미 소개된 바 있지만,[1] 역사적 예수 연구에서(“집단적”, “사회적” 혹은 “문화적” 기억으로 인식되는) “기억”이 해석학적 관점의 지위를 가지게 된 것은 1990년대에 이르러서였다.[2] 이 개념의 목적은 에르핫손의 목적과는 다르다. 에르핫손의 주된 의도는, 초기 예수 전승이 부활 이후 신앙에 의해 형성되어 초기 기독교 공동체들에서 익명으로 전달된 것으로 간주하는 양식비평적 입장에 대한 대안을 제시하기 위함이었다. 그 후로도 에르핫손의 접근법을 따르는 추종자들이 있었으며, 특히 이 접근법은 리스너Rainer Riesner와 뷔쉬코그Samuel Byrskog에 의해서 좀 더 정교해지게 되었다.[3] 그들리스너와 뷔쉬코그의 관점에서, 초기 예수 전승과 관련된 “기억”은 학교라는 맥락에서 예수의 가르침이 암송되고 보존되는 방식을 보

1 B. Gerhardsson, *Memory and Manuscript. Oral Tradition and Written Transmission in Rabbinic Judaism and Early Christianity* (ASNU 22), Lund: Gleerup, and Copenhagen: Munksgaard, 1961. “Tradition and Transmission in Early Christianity”초기 기독교의 전통과 전승라는 글 이 글은 1964년에 발행되었던 에르핫손의 책이다. 이 책에서 에르핫손은 앞서 1961년에 발행되었던 *Memory and Manuscript*에 쏟아졌던 여러 비평에 대하여 답변을 제시하면서 앞선 저작의 논의를 좀 더 구체화했다.ⓣ, 새로운 머리말, 뉴스너Jacob Neusner의 서문이 추가되어서 새롭게 출판되었다. Grand Rapids, MI: Eerdmans, 1998*Memory and Manuscript*의 앞부분은 『복음서 전승의 기원』(솔로몬, 1993)으로 출간된 적이 있다ⓣ.

2 좀 더 최근에 나온 개관을 보려면, 주제와 관련된 이슈를 참고하라. “Jesus and Memory: The Memory Approach in Current Jesus Research”, *EC* 6/3 (2015); A. Kirk, *Memory Theory and Jesus Research*, in: T. Holmén/S.E. Porter (eds.), *Handbook for the Study of the Historical Jesus.* Volume 1: *How to Study the Historical Jesus*, Leiden/Boston 2011, 809–842. 더불어서 A. Kirk/T. Thatcher (eds.), *Memory, Tradition, and Text. Uses of the Past in Early Christianity* (Semeia Studies 52), Atlanta, GA: SBL Press, 2005; L.T. Stuckenbruck/S.C. Barton/B.G. Wold (eds.), *Memory in the Bible and Antiquity* (WUNT 212), Tübingen: Mohr Siebeck, 2007도 참고하라.

3 R. Riesner, *Jesus als Lehrer Eine Untersuchung zum Ursprung der Evangelien-Überlieferung*, WUNT 11.7, Tübingen: Mohr Siebeck, 1981 (2nd edition 1984; 3rd revised edition 1988); S. Byrskog, *Jesus the Only Teacher. Didactic Authority and Transmission in Ancient Israel, Ancient Judaism and the Matthean Community*, ConBNT 24, Stockholm: Almquist & Wiksell Int., 1994.

여준다(유대-헬레니즘적 교육 환경과 랍비 중심 교육 환경은 사회적 교육적 차원에서 이에 대한 적절한 유비를 제공한다). 또한 예수 전승의 보존은 초기 기독교에서 그것을 전달하고 해석하는 토대를 제공하고, 궁극적으로는 복음서를 통해 예수 전승을 텍스트화하는 토대를 제공했을 것이다. 그러므로 이러한 관점에서 "기억"은 예수의 사역과 가르침, 다른 한 편으로 신약 복음서에서의 그 기억의 수용 사이의 연속성을 확립하는 과정으로 인식된다.

1.1. 보존으로서의 기억

비슷한 접근법들은 현재 예수 연구에서도 차용되었다. 예를 들어, "기억"은 예수의 제자들과 다른 목격자들에 의해서 이루어진 예수의 가르침과 활동에 대한 신뢰할 만한 보존과 전달을 기술하는 범주로서 이해된다.[4] ///87/// 따라서, 기억은 개인적 기억으로 인식된다. 이는 곧, 그것이 사건들의 주요한 흐름과 세부 사항을 저장하는 인간의 사고 능력과 제한성에 의존한다는 말이다. 종종 실험 대상자들을 통해 장기 기억과 단기 기억을 테스트하는 실험들은 복음서에 언급된 목격자들이 어떻게 예수의 가르침과 그가 행한 사건들을 수집하고, 형성하여, 전달했을지에 관한 질문에 답변을 제공하는 데 사용되기도 한다. 집단적 기억을 이 패러다임 안에서 고려할지라도(예를 들어, 맥카이버Robert McIver가 했던 것처럼),[5] 주요한 패턴은 동일하다. 즉, 기억은 예수 활동의 본질적 내용에 대한 보존, 재생산, 그리고 최종적으로 텍스트화로 이해된다.

그러나 과거에 대한 신뢰할 만한 보존하는 일은 경험을 저장하고 재생산하는 인간의 기억력에 의존한다는 말을 개연성 없게 만드는 요인들이 더러 있다. 첫째, 심리학자들에 의해 이루어진 다양한 연구들에서 지적되었던 것처럼, 인간의 기억은 샥터Daniel Schacter가 "기억의 일곱 가지 죄"라고 부른 것에 대

4 R. A. Bauckham, *Jesus and the Eyewitnesses. The Gospels as Eyewitness Testimony*, Grand Rapids, MI: Eerdmans, 2006 (2nd edition 2017)(『예수와 그 목격자들: 목격자들의 증언인 복음서』, 새물결플러스, 2015).

5 R. K. McIver, *Memory, Jesus, and the Synoptic Gospels,* Resources for Biblical Study 59, Atlanta, GA: SBL Press, 2011.

해서 취약하다.[6] 샥터에 따르면, 기억은 소멸transience, 정신없음absent-mindedness, 막힘blocking, 오귀인misattribution, 피암시성suggestibility, 편향bias, 그리고 지속성persistence으로 특징지어진다. 더욱이, 인간의 사고는 이미 존재하는 패턴을 따라 새로운 경험을 개념화하고 이미 기억 속에 저장된 것과 일치되는 측면에서 과거를 "구성"construct하려는 경향이 있다.[7] 그러므로 개인적 혹은 집단적 기억으로 역사를 재구성하는 것은 비판적인 정밀 조사의 시험을 견뎌내지 못할 것이다. 물론 특정한 사건들의 구체적인 상황에 대해서는 분명 차이가 있을 수도 있겠지만 말이다. 이는 프리트Johannes Fried의 역사적 기억에 관한 책을 통해서도 증명된다.[8] 프리트는 한 편으로 보존과 전달의 과정들에 대해 다루면서도, 다른 한 편으로는 기록과 정경이라는 안정적 요소들을 다룬다. 전자는 새로운 상황들에 대한 변형과 조정을 그 특징으로 하지만, 후자 역시 과거에 대한 신뢰할 만한 보존을 보장한다기보다는, 어디까지나 현재에 대한 과거의 의미를 강화하는 것이다. 이러한 발견들은 또한 한 편으로는 에르핫손의 접근법에 대한 대안으로 그리고 다른 한 편으로는 초기 예수 전승에 관한 양식비평적 견해에 대한 대안으로 제시되었던, 베일리Kenneth Bailey의 "비공식적으로 통제된"informal controlled 구전 예수 전승의 전달 모델에도 매우 중요하다.[9] ///88/// 위든Theodore Weeden이 베일리의 사례들을 비판적으로 수정하면서 보여주었던 바와 같이, (개인적이고 집단적인) 기억 속에서는 사건의 세부 사항들뿐 아니라 큰 흐름도 상당하게 바뀔 수 있다.[10] 구전 환경에서, 이야기는 다양한 방식으로

6 참조 D. L. Schacter, "The Seven Sins of Memory: Insights from Psychology and Cognitive Neuroscience," *American Psychologist* 54.3 (1999), 182-203이 저자의 번역서로 『도둑맞은 뇌: 뇌과학이 발견한 기억의 7가지 오류』, 인물과사상사, 2023가 있다ⓣ.

7 참조 D.L. Schacter, K.A. Norman and W. Koutstaal, "The Cognitive Neuroscience of Constructive Memory," *Annual Review of Psychology* 49 (1998), 289-318.

8 참조 J. Fried, *Der Schleier der Erinnerung. Grundzüge einer historischen Memorik*, München: C. H. Beck, 2012.

9 Kenneth E. Bailey, "Informal Controlled Oral Tradition and the Synoptic Gospels," *Themelios* 20.2 (1995), 4-11.

10 참조 T. J. Weeden, "Kenneth Bailey's Theory of Oral Tradition: A Theory Contested by Its Evidence," *JSHJ* 7 (2009), 3-43.

전해질 수 있으며, 다양한 상황들에 맞춰 조정될 수 있다. 그러므로 기억은 (그것이 개인적이든 집단적이든 간에) 과거의 실제 사건들을 보존하는 수단으로 간주하기 어려울 수도 있는 것이다.[11] 오히려 기억은 현재 상황과 필요에 따른 과거 전통들의 조정으로 간주해야 한다. 예수 전승과 관련해서, 이 사실은 기억이 초기 기독교 내에서 자유롭고도 살아있는 전통으로서 전달되고 조정되었음을 의미할 것이다.

둘째, 목격자들은 과거의 경험에 대한 신뢰할 만한 증인으로 간주하기 어렵다. 목격자의 증언은 인간의 기억력의 제약을 받는다. 그것은 선택적이고, 감정적인 영향을 받으며, 일방적일 가능성이 있다. 이것은 또한 예수의 활동, 갈등들, 그리고 십자가 처형과 같은 사건들에 매우 깊숙이 관여했던 초기 예수 추종자들의 증언들에도 적용된다. 게다가, 예수 전승은 아람어에서 그리스어로 번역되었으며, 여러 장르로 형성되었고, 초기 공동체들의 다양한 상황에 적용되었으며, 궁극적으로는 복음서의 서사적 구성으로 통합되었다는 사실도 고려해야만 한다. 따라서 예수 전승은 그것이 복음서의 예수 이야기의 일부가 될 때까지 상당한 변화를 겪었다.

셋째, 헬레니즘계 유대교적, 랍비 학교라는 배경은 초기 예수 운동에 대한 사회학적 유비의 역할을 할 수 없다. 예수의 활동 중심지이자 예수를 따르는 추종자들의 사회적 배경이 되는 시골 갈릴리에서 학교 교육을 위해서라면 반드시 전제되어야 할 읽고 쓰는 능력을 그들이 지녔을 것으로 가정하기 매우 힘들다.[12] ///89///

넷째, 역사가들이 복음서 전승들을 예수의 부활 이전 시기로, 심지어는 예

11 참조 J. S. Kloppenborg, "Memory, Performance, and the Sayings of Jesus," *JSHJ* 10 (2012), 97-132.

12 참조 C. Hezser, *Jewish Literacy in Roman Palestine*, WUNT 81; Tübingen: Mohr Siebeck, 2001, 39-109; idem, "The Torah Versus Homer: Jewish and Greco-Roman Education in Late Roman Palestine," in M. R. Hauge, A. W. Pitts (eds.), *Ancient Education and Early Christianity*, LNTS 533, London: Bloomsbury T&T Clark, 2016, 5-24; C. Keith, *Jesus' Literacy. Scribal Culture and the Teacher from Galilee*, LNTS 413, London/New York: Bloomsbury T&T Clark, 2011, 71-123.

수 당시로까지 거슬러 올라가도록 하는, 예수 가르침의 신뢰할 만한 보존과 전달에 관한 주장은 어디까지나 성문화된 텍스트의 전달 모델에 기초한 것이며, 구전 전승의 역동성을 충분히 반영하지는 못한 것이다.[13] 예수 전승의 구전 단계가 인정된다 하더라도, 예수 가르침의 축자적 전달verbatim transmission을 전제로 삼는 학자들은 구전 의사소통의 특징들을 신중하게 고려하지 않는다. 그러나, 구전 전승에 관한 연구들이 증명하듯이, 구전 의사소통에서 각 사건의 구현presentation은 그 자체가 본래적인 것이며, 실제적인 의사소통의 상황에 의해 결정되고, 현재를 위해 수행된 전승으로서의 의미를 그 목적으로 한다.[14] 비록 초기 예수 전승에 있어서 구술orality과 저술scribality 사이의 "대분열"great divide을 유지하는 것은 부적절하지만,[15] 전승은 그 전달 과정에서 축자적으로 전달되며, 그것의 본래적 배경 속에서 보존된다기보다는, 그 전승이 처음으로 텍스트화textualizations를 거친 후에도 여전히 새로운 상황에 대한 지속적인 변형variation과 각색adaptation의 과정을 그 특징으로 한다는 것은 매우 가능성 있는 추정이다.

초기 예수 전승이 자유롭고 살아있는 전통이었다는 사실은 초기 복음서들 그 자체로 더욱 뒷받침된다. 공관복음서 조차도 (복음서들 사이의 긴밀한 문학적 관계에도 불구하고) 예수에 대한 개별적인 초상들을 만들어 내며, 놀라울 정도의 변형과 문학적 자유를 보여준다. 이러한 변형의 원인을 찾기 위해 목격

---

13 참조 A. Kirk, "Memory," in *Jesus in Memory: Traditions in Oral and Scribal Perspectives* (W.H. Kelber, S. Byrskog eds.), Waco, TX: Baylor University Press, 2009, 155-172, 특히 156-159.

14 참조 예를 들어, E. Eve, *Behind the Gospels. Understanding the Oral Tradition*, London: SPCK, 2013.

15 이것은 켈버Werner Kelber의 연구에서 문제의 소지가 있는 과장이었다. *The Oral and the Written Gospel: The Hermeneutics of Speaking and Writing in the Synoptic Tradition, Mark, Paul, and Q*, Philadelphia: Fortress, 1983. 1997년에 나온 이 책의 새로운 판(Bloomington and Indianapolis: Indiana University Press)의 서문에서, 켈버는 스스로 구술과 저술 사이의 "대분열"에 대한 본인의 주장이 문제의 소지가 있음을 인정했다. 비록 "이론적 기반을 깨고, (성서학계와 많은 인문과학을 지배하고 있는) 손으로 쓴 것과 인쇄한 것을 중시하는 헤게모니chirographic-typographic hegemony에 도전할 필요가 있었고, 지금도 어느 정도는 여전히 필요하다"(xxii)라고 하긴 했지만 말이다.

자들을 추적하는 것은 목격자들의 진술이 역사적으로 신뢰할 만한 전달의 기초로서 기능할 수 없음을 확인시켜 줄 뿐이다. 도리어 공관복음서의 예수에 대한 초상들은 이후 기독교의 상황들 속에서 등장한 "재구현"re-presentations으로서 인식되어야 한다. 따라서 이들 복음서들은 이후의 관점에서 지상의 예수에 대한 초상들을 창조하는 방식을 통해 그들 자신의 상황을 해석하는 것을 목표로 하는 "투명한 서사들"transparent narratives로 묘사될 수 있을 것이다. 예수 전승을 "살아있는 전통"으로 인식하는 것은 요한복음과 비정경적 복음서들에 의해 더욱 뒷받침된다(예를 들어, Pap. Eg. 2; Pap. Oxy. 840; GThom 혹은 소위 유대-기독교적 복음서들). ///90/// 이들 복음서들과 다른 초기 기독교의 복음서들은 공관복음서가 구성된 이후에도 예수 전승이 다양한 문학적 양식으로, 그리고 다른 종교적이고 신화적인 배경들을 상대하여 제시될 수 있었음을 보여준다(4세기 이후, 예수 전승이 성경 사본들 안에서 더욱 안정된 전통이 되기 전까지는 말이다).

마지막으로, 초기 예수 전승은 그 시작에서부터 초기 기독교 공동체들의 윤리적 지향의 기초가 되는 부활하신 주의 가르침으로 인식되었다는 사실을 반드시 고려해야 한다. 따라서 예수의 가르침을 보존하는 것이 우선적으로 중요했던 것이 아니라, 그 의미를 새로운 상황들에 적용하는 것이 더욱 중요했다. 그런 점에서, 고전 7:10과 9:14에서 바울이 인용한 "주"("예수"가 아닌!)의 어록들이 공관복음 어록 형성에 대한 어떠한 흔적을 보이지 않으면서(예를 들어, 정확한 병행parallelismus membrorum이나 교차배열법chiasm과 같은 흔적들), 대신에 결혼과 이혼 그리고 사도권에 관한 더 큰 담론의 한 부분으로서 바울 자신에 의해 제시되었다는 사실은 놀랍다. 이 담론들에서, 바울은 결혼, 이혼, 성에 관한 문제들에 대하여 자신의 입장들을 제시하고, 그가 사도로서 공동체로부터 받아야 할 지원에 대한 예수의 계명을 따르지 않을 자유를 정당화한다. 비교적 최근에 공관복음서와 바울서신 사이의 유비들에 관한 분석에서 증명되었듯이,[16] 바울은 예수 전승을 자유롭게 그리고 심지어 부활하신 주의 사도로서

16 C. Jacobi, *Jesusüberlieferung bei Paulus? Untersuchungen zu Analogien zwischen den echten Paulusbriefen und den synoptischen Evangelien*, BZNW 213, Berlin, New York: Walter de

자신의 권위로 인용할 수 있었던 반면에, 예수 전승은 나중에야 수집되어서 장르로 형성되었을 가능성이 높다. 바울서신에서 유일하게 나타난 두 가지 예외(고전 15:3-5의 성만찬 제정에 관한 언명words of institution과 신앙고백 공식confession formula)는 이러한 결론을 확증한다. 두 경우 모두, 바울은 자신이 전해 받은 전통을 인용하고 있음을 분명히 밝히고 있다. 그러므로, 그것들은 바울 이전 전승에 속한 것이며, 또한 그것들은 초기 기독교에서 그것들이 사용되었던 용례를 보여준다. (성만찬 제정에 관한 언명을 포함하는) 최후의 만찬에 대한 기사는 기독교 공동체의 식사와 예수의 최후의 만찬을 연결하고 예수의 삶과 죽음의 재구현으로서의 공동체적 식사의 기원을 설명하는 전승aetiologic tradition일 가능성이 높다.[17] 전달 과정의 초기 단계에서, 그것은 최후의 만찬에 대한 회상과 성만찬 제정에 관한 언명을 포함하는 전승으로 형성되었다. 비록 후자성만찬 제정에 관한 언명가 예수의 말로서 인용되긴 했지만, 그것들은 예수 자신에게로 거슬러 올라가지 않을 가능성이 높다. 오히려, 바울서신과 공관복음에 나타나는 변이들은 이 말들이 기독교 공동체들을 위한 최후의 만찬의 의미를 표현하는 것을 목적으로 형성되었던 것임을 반영한다. ///91/// 의례ritual 식사를 기념할 때, 공동체들은 그들의 모임 중에 예수 그리스도를 재구현하고("이것을 행하여 나를 기념하라," τοῦτο ποιεῖτε εἰς τὴν ἐμὴν ἀνάμνησιν), 예수의 삶과 죽음을 그들의 정체성을 확립하는 사건으로서 상기한다.[18]

Gruyter, 2015.

17 이는 최후의 만찬이 그 자체로 예수와 예수의 추총자들에게 중요한 사건이라는 사실을 부인하지 않는다. 초기 기독교에서 최후의 만찬은 예수가 그의 추종자들 가운데에 새로운 형태의 임재 시작으로 기억되었다. 식사 중에 나타나는 이러한 예수의 재구현은 성만찬 제정에 관한 언명으로 형성되었다.

18 다른 접근법들은 성만찬 제정에 관한 언명과 예루살렘의 최후의 만찬을 직접적으로 연결하여 이 언명들의 "본래의 양식"을 재구성하고자 시도한다. 참조. 예를 들면, I. Howard Marshall, "The Last Supper," in D. L. Bock/ R. L. Webb (ed.), *Key Events in the Life of the Historical Jesus. A Collaborative Exploration of Context and Coherence*, WUNT 247, Tübingen: Mohr Siebeck, 2009, 481-588. 또한, 참조. B. Pitre, *Jesus and the Jewish Roots of the Eucharist. Unlocking the Secrets of the Last Supper*, New York et al.: Doubleday, 2011. 피트리Pitre는 수난 전승들passion traditions을 다소 획일적인 방식으로 출애굽, 유월절Passah 등에 관한 유대 전승들Jewish traditions과 연관시킨다. 유대적, 그리스-로마적 그리고 초기 기독교의 맥락에서 성찬에 대한 최근의 개관을 보기 원한다면, "Perspectives on the Eucharist in Early Christianity", *EC* 7/4,

바울에게 있어서 최후의 만찬에 대한 전승과 같은 선상에 있는 고전 15:3-5의 공식은 우리의 죄를 위한 그리스도의 죽으심, 그의 장사되심, 부활하심 그리고 부활하신 이로서 사도들에게 나타나심에 대한 의미를 요약해준다. 이는 바울에게 있어서 예수의 활동과 가르침은 부활 이후의 관점에서 그 의미를 얻게 된 것임을 보여준다. 그런데 이것은 바울서신에서 뿐만 아니라 다른 기독교 문헌들에서도 마찬가지이다. 비슷하게, 복음서는 현존하는 예수 전승들과 부활 이후의 관점 사이의 통합을 분명히 드러낸다. 아마도 복음서 기자들은 이미 장르들로 형성되고 부분적으로는 모음집으로 모아진 전통을 받아들였을 것이며, 그 후에 그들은 그것들을 예수가 하나님의 아들이었고 죽은 자들 가운데서 살아났으며 하나님의 보좌 우편으로 높임을 받았다는 확신을 배경으로 하여 예수의 활동과 가르침을 묘사하는 서사들로 빚어냈다. 요한복음은 예수의 제자들이 예수의 부활 이후에 예수의 말들을 "기억했고"remembered 이제 그것의 완전한 의미를 깨닫게 되었다고 언급하면서 부활 이후의 관점을 분명하게 인식한다.[19] 그러므로 부활 이후의 "기억하는"remembering 과정은 요한의 예수 이야기에서 특히 중요하다. 다른 초기 기독교 텍스트들(예: 바울서신, 비정경적 복음서, 클레멘스1서 그리고 이그나티우스의 편지들)은 예수가 하나님의 대사로서 하나님의 권위를 가지고 이 땅에서 행했으며 부활했고 죽음 이후에 높임을 받았다는 전반적인 관점을 공유하고 있다. 비록 예수의 지상 활동과 부활 그리고 높아짐승귀, exaltation은 각기 다른 방식으로 연결되어 있지만 말이다.

이러한 관찰들은 예수에 대한 기억들이 초기 기독교 내에서 자유롭고 살아있는 전승으로 인식되었고 수행되었음을 보여준다. 이러한 과정에서, 예수 전승은 편집되고, 장르들(예: 크레이아들chreiai, 고전 수사학의 전문 용어로서, 위인과 관련된 간략한 경구나 일화를 가리킴ⓣ, 어록 모음집, 비유, 치유 이야기)로 형성되어, 다양한 상황들에 적용되었다. 이러한 관찰들은 이 전승을 예수의 제자들과 다른 목격자들에 의해 암기되어서 축자적으로 전달된 것이라고 보기 어렵게 만든다. ///92///

2016를 참고하라.

19 요 2:22; 12:16.

이 소논문의 서두에서 언급한 바와 같이, 예수 연구에서는 기억에 대한 또 다른 접근법이 존재한다. 그것은 1997년에 나온 나의 책 *Erinnerung an Jesu Worte*예수의 말 기억하기에서 소개되었고,[20] 이어서 나와 다른 이들에 의해 이루어진 다양한 연구들을 통해 발전되었다.[21] 이제 내가 살펴보려고 하는 것이 바로 이 개념이다.

1.2. 재구현으로서의 기억: 기억 접근법

기억하는 행위와 기억의 보존은 둘 다 개인 차원만 가지고 있는 것이 아니라, 집단적 문화적 차원도 함께 가지고 있다. 기억에 관한 이 관점은 알박스Maurice Halbwachs, 프랑스의 사회학자로서 "집단 기억"(collective memory)이라는 개념을 제시했고, 기억사회학의 창시자가 되었다ⓣ에 의해 개요가 제시되었고, 얀 아스만Jan Assmann, 독일의 이집트학자로서 "문화적 기억"(cultural memory)라는 개념을 제시했다. 그는 부인 알라이다 아스만Aleida Assmann)과 함께 연구 활동을 한다. 각주 22번에 등장하는 A. Assmann은 부인 알라이다 아스만을 가리킨다ⓣ에 의해 좀 더 발전되었다.[22] 이 관점에서, 기억은 한 사회나 공동체의 공통적 지식, 그 사회나 공동체의 기초를 세우는 전통, 그리고 그 사회나 공동체를 형성하는 사건들로 인식된다. 하나의 사회적이고 문화적인 현상으로서, 기억은 개인적 회상과는 구별되어야 한다. 비록 후자개인적 회상는 집단 기억의 일부가 될 수 있지만 말이다. 예를 들어, 동독GDR에서 억압적인 시스템의 희

---

20 J. Schröter, *Erinnerung an Jesu Worte. Studien zur Rezeption der Logienüberlieferung in Markus, Q und Thomas*, WMANT 76, Neukirchen-Vluyn: Neukirchener, 1997.

21 참조. 예를 들어, J. Schröter, "Neutestamentliche Wissenschaft jenseits des Historismus. Neuere Entwicklungen in der Geschichtstheorie und ihre Bedeutung für die Exegese urchristlicher Schriften," *ThLZ* 128, 2003, 855-866; A. Kirk and T. Thatcher (eds.), Memory, *Tradition, and Text. Uses of the Past in Early Christianity, Semeia Studies* 52, Atlanta et al., 2005, C. Keith, "Memory and Authenticity. Jesus Tradition and What Really Happened," *ZNW* 102, 2011, 1-23; R. Zimmermann, "Geschichtstheorien und Neues Testament. Gedächtnis, Diskurs, Kultur und Narration in der historiographischen Diskussion," *EC* 2, 2011, 1-28.

22 M. Halbwachs, *La mémoire collective* [1939], Paris: Presses Universitaires de France, 1950; 같은 저자, *Les cadres sociaux de la mémoire* [1925], Paris: Presses Universitaires de France, 1952; J. Assmann, *Das kulturelle Gedächtnis. Schrift, Erinnerung und politische Identität in frühen Hochkulturen*, München: C.H. Beck, 1999; A. Assmann, *Der lange Schatten der Vergangenheit. Erinnerungskultur und Geschichtspolitik*, München: C.H. Beck, 2006.

생자들에 대한 목격자들의 기억은 1989년과 1990년 사이 독일의 집단 기억에서 중요한 부분이다. 마찬가지로, 시리아에서 온 난민들에 대한 개인적 기억은 후대에 아사드 정권에 대한 기억에 있어서 없어서는 안 될 부분이 될 것이다. 사회적으로 과거를 기억하는 윤리적 책임까지 가진 않더라도, 이 같은 개인적 기억들이 특별한 가치를 가진다는 사실은 의심의 여지가 없다. 그러나 무엇보다도 "문화적 기억"은 과거를 어떤 공동체나 사회의 공통적인 역사로 기억하는 방식을 설명하는 범주이다(예를 들어, 공동체나 사회를 형성하는 사건들을 기념함으로써). 그래서 나는 지금까지도 유월절이 되면 유대교에서 기억하는 이스라엘의 출애굽을 그 예로 든다. 비록 이미 지난 수 세기 동안, 이 사건을 기억하고 의례에서 기억을 재구현하는 사람 중에는 이 유월절 사건에 대한 개인적인 기억이 없는데도 말이다. ///93/// 마찬가지로, 예루살렘에서 예수와 그의 제자들이 행한 최후의 만찬은 기독교 공동체들 안에서 공동체의 기초를 세우는 사건으로 기억한다. 비록 아무도 그 사건에 대한 개인적 기억을 가지고 있지 않지만 말이다. 두 경우 모두, 과거의 사건은 집단 차원으로 기억하고 공동체 안에서 시행되는 의례라는 방식으로 재구현된다. 유대교와 기독교에서 이 사건들의 의미는 개인적 회상이나 사실성 혹은 정확성에 의존하지 않는다. 비록 아주 소수의 히브리인만이 이집트에서 빠져나왔다고 할지라도 (혹은 빠져나온 사람이 없을지라도), 또한 예수가 직접 최후의 만찬에서 성만찬 제정에 관한 언명을 말하지 않았을지라도, 이들 사건은 지금까지도 지속되고 있는 유대교와 기독교를 형성하는 능력을 갖춘다.

그러므로, 집단적 문화적 기억 차원에서, 기억은 개인적 회상recollections이나 암기한 전통에 기초할 수 없다. 또한 기억은 기록 보관소들, 도서관, 혹은 데이터베이스에 있는 과거의 유적들을 보존하는 것으로 제한할 수도 없다. 대신에 기억은 역사적 서사, 의례, 기념일 따위의 방식으로 과거를 기념하고 현실화하는 것을 모두 포괄한다. 그러므로 공동체 문화의 일부"Erinnerungskultur", 기억의 문화로서의 기억을 통하여 우리는 실제적인 과거는 오직 그것에 대한 해석과 현실화를 통해서만 의미가 생긴다는 사실을 깨닫게 된다. 이 사실은 기억과 역사 기술의 관계에 대해 다루게 될 이 논문의 두 번째 부분으로 인도한다.

2. 기억과 역사 기술

역사적 예수 연구는 문화적, 종교적, 그리고 정치적 환경 속에서 예수의 활동에 대한 자료들을 비판적으로 평가하는 작업을 의미한다. 게다가, 20세기의 1990년대 이후로 예수 연구는 역사적 예수의 초상에 대한 충분한 이해를 위해 반드시 연구해야 할 자료들 대부분을 상당하게 개선했다.[23] 그것은 갈릴리와 유대에서의 고고학적 발견들, 동전들과 비문들뿐만 아니라 헬레니즘-로마 시대의 유대 문헌들, 초기 기독교의 비정경적 텍스트들을 포함한다.[24] ///94/// 비록 비정경적 텍스트들에 담긴 예수의 초상이 가지는 의미에 대해서는 논쟁의 여지가 있긴 하지만, 이 글의 목적을 위해, 광범위한 역사적 자료들을 포함하는 것은 다음의 사실을 올바르게 강조해왔음에 주목한다면 충분할 것이다. 곧, 역사적 예수 탐구는 해석학적 전제들을 고려하는 가운데 비판적 역사 기술의 방법론적 도구들을 가지고 진행되어야만 한다는 것이다. 좀 아이러니하게도, 역사적 예수 탐구의 해석학적이고 인식론적인 전제들에 대한 재검토를 유발한 순수하게 역사적인 접근을 하기 위해서는 신학적이고 철학적인 관심사들을 벗겨내는 것이 가능하리라는 것이 소위 "역사적 예수 탐구의 세 번째 탐구" 초반의 공식화된 주장이었다. 역사 기술의 해석학을 언급함으로써, 역사적 재구성은 그 자체로 인식론적이고 방법론적인 전제들에 근거한 해석학적 작업이라는 것을 보여준 것이다. 분명히 지금도 여전히 역사적 인물로서의 예수와 초기의 자료들에서 드러나는 예수에 대한 수용을 깔

23 지금 나는 지난 수십 년간 이루어진 역사적 예수 연구의 발전에 관해 언급하고 있다(구체적으로, 소위 "역사적 연구의 세 번째 탐구"Third Quest of the historical Jesus에서 일어난 발전). 다양한 접근법 간의 차이가 있긴 하지만, 예수의 재구성을 위해서 광범위한 역사적 자료를 포함한다는 점은 이들 접근법의 공통적인 특징으로 볼 수 있을 것이다.

24 참조. 예를 들어, M. Hengel and A. M. Schwemer, *Jesus und das Judentum*, Tübingen: Mohr Siebeck, 2007; J. H. Charlesworth (ed.), *Jesus and Archaeology*, Grand Rapids, MI and Cambridge, UK: Eerdmans, 2006.

끔하게 구분할 수 있다고 주장하는 학자들이 존재한다.[25] 어쩌면 그들 중에는 자신의 초상들을 통해 초기 기독교의 예수 수용 그 이면에 있는 "진정한 예수"에 도달했다고 확신하는 사람이 있을지도 모르겠다. 하지만 대부분의 경우, 비평주의 학계는 과거 **그 자체**the past *itself*와, 현재에도 여전히 이용할 수 있는 과거의 **유적들**과, 그 유적들에 대한 비판적 평가 및 역사적 서사의 구성에 근거한 과거의 **재구성***reconstructions* of the past 사이의 차이를 인식하고 있다. 그러므로 만약 과거에 대한 해석이 말 그대로 역사적 서사에 제시된 창조적 상상력에 의존하는 것이라면, 역사 기술은 필연적으로 문화적 기억과 연관되는 것이다. 이는 역사적 예수 탐구와 그 이상의 기억 접근법을 이해하는 데 중요하기 때문에, 좀 더 자세히 설명해야 할 것이다.

그의 책 *Moses the Egyptian*에서,[26] 아스만Jan Assmann은 기억사Mnemohistory, 독. "Gedächtnisgeschichte"와 진정한 역사history proper, 독. "Geschichte im eigentlichen Sinn"를 구분했다. 아스만에 의하면, 후자진정한 역사와 달리, 기억사는 "실제 과거가 아니라, 오직 기억된 것으로서의 과거와 관련된다."[27] 그러므로 아스만에게 있어서 기억사는 역사 과학(Geschichtswissenschaft)의 한 분야로서 인식된다. 이러한 구분은 '과거란 그것이 수용되고 해석되는 한에서만 의미 있게 된다'는 아스만의 기본적 전제의 귀결이다. ///95/// 아스만은 이런 방식으로 역사와 기억의 관계에 대한 알박스의 견해에서 자신이 감지했던 문제점을 해결하고자 시도한다. 알박스에게 있어서 역사와 기억은 상반된 입장에 서 있는 반면, 아스만

25 복음 전승을 사용하는 다양한 모델들에 관한 논의를 보려면, C. Keith, "The Narratives of the Gospels and the Historical Jesus: Current Debates, Prior Debates and the Goal of Historical Jesus Research," *JSNT* 38, 2016, 426-455을 참고하라. 그는 초기 기독교 텍스트들의 "이면"behind으로 가고자 시도하는 예수 전승의 용례와 초기 자료들에 대한 해석에 기초하여서, 가설적, 선택적, 그리고 수정할 수 있는 재구성이라는 방식을 통해서만 접근할 수 있는 인물로 "역사적 예수"를 간주하는 것을 구분한다.

26 J. Assmann, *Moses the Egyptian: The Memory of Egypt in Western Monotheism*, Cambridge, MA: Harvard University Press, 2007. 독일어 원본: *Moses der Ägypter. Entzifferung einer Gedächtnisspur*, Frankfurt a.M.: Fischer Taschenbuch Verlag, 2000(『이집트인 모세: 서구 유일신교에 새겨진 이집트의 기억』, 그린비, 2010).

27 Assmann, *Moses der Ägypter*, 26 (내가 독일어 원문을 영어로 번역한 것이다).

은 역사적 연구(혹은 "진정한 역사")와 현재를 향한 과거의 실제적 의미 사이에는 엄격한 구분이 존재하지 않는다는 점을 지적하면서 이 둘을 조화시키고자 시도한다. 그런데 아스만은 또한 "기억사학자에게 기억의 진리는 기억의 사실성이 아니라 기억의 실재성이다"라고 말하면서, 역사 기술의 이 두 분야 사이에는 구분이 존재한다고 주장한다.[28] 그러므로, 알박스와 아스만 모두는 사실성과 실재성을 구별하는 가운데, "Geschichte im eigentlichen Sinn"진정한 역사이 존재한다는 입장이다. 하지만 역사 기술의 해석학에 관한 최근의 논의들에 비추어 볼 때, 이런 구분은 의구심이 든다.

20세기의 1970년대 이후로, 때로 "서사적 전환"narrative turn이라고 불리기도 하는 역사 기술의 해석학에 대한 자각이 점차 증가하는 것을 확인할 수 있을 것이다.[29] 이 담론에 기여하는 학자들은 역사적 자료에 대한 비판적 분석이 그 자체로 과거의 이미지로 인도하는 것은 아님을 점점 더 자각하게 되었다. 오히려 역사가는 역사비평적 분석의 결과물들을 과거에 대한 이미지를 제공하는 서사로 통합하여서, 현재에도 이해가 되도록 만들어야 한다. 그러므로 역사가는 과거에 대한 자신만의 설명을 역사적 서사의 형식으로 제공해야 한다(예: 단행본, 소논문, 혹은 강의로). 이것이 바로 역사가가 과거를 해석하는 해석학적 활동에 참여해서 그것을 현재에도 이해 가능한 역사로 만드는 과정이다. 이러한 비평적 분석과 해석의 관계를 '뼈와 몸' 혹은 '틀과 이야기'의 비유로 묘사할 수 있겠다. 이용 가능한 재료들에 대한 비평적 분석은 역사적 서사의 토대를 제공하지만, 그것이 과거의 이미지 그 자체는 아닌 것이다. 이는 19세기 역사 기술에 관한 여러 성찰에서 이미 간파되었는데, 20세기의 역사적 서사에서 과거의 재구현에 대한 논의들 가운데에서도 강조되었다. *The*

---

28 Assmann, *Moses der Ägypter*, 26 (내가 독일어 원문을 영어로 번역한 것이다).

29 참조. 예를 들어, H. White, *Metahistory. The Historical Imagination in Nineteenth-Century Europe*, Baltimore u.a.: John Hopkins University Press, 1973; F. Ankersmit, *Narrative Logic. A Semantic Analysis of the Historian's Language*, The Hague et al.: Martinus Nijhoff Publishers, 1983; A. Munslow, *Narrative and History: Theory and History*, Basingstoke and New York: Palgrave Macmillan, 2007.

Idea of History『역사의 인식』, 경문사, 1990라는 자기 연구서에서, 영국의 철학자이자 역사가인 콜링우드Robert Collingwood는 역사가는 과거에 대한 그림을 위해서 "역사적 상상력"historical imagination에 의존한다고 주장했다.[30] ///96/// 이러한 "역사적 상상력"은 그저 자의적인 발명이 **아니며**, 그것은 역사적 자료를 비판적으로 분석한 결과물들을 이해하기 위한 노력이다. 참으로 역사적 서사에서 역사가는 과거에 실제로 일어난 사건들의 이미지를 제공하는 것을 목표로 한다. 따라서 역사적 서사는 과거에 대한 **재**구성이라 할 수 있다. 그러나 그것은 언제나 과거의 유적들을 수집하고, 그것들을 비판적으로 면밀히 조사해, 자신의 역사적 서사로 통합하는 역사가의 재구성이다.[31] 그 결과물은 과거와 현재를 연결하는데 있어 (선택적이고, 논쟁의 여지가 있으며, 단편적인) 과거에 대한 역사가 자신만의 이미지이다. 또한 제공된 서사의 선택적이고, 논쟁의 여지가 있으며, 단편적이라는, 바로 이 특성이 동료 학자들로 하여금 참여할 수 있게 함으로써 진정한 학문적 결실을 만들어 내는 것이다.

역사가의 비판적 작업은 그것이 신뢰할 만한 정보, 위조, 그리고 완전한 허구를 구분하는 기초를 제공하기에 중요하다. 예를 들어, 역사적 자료들에 대한 비판적 분석은 문학 텍스트나 비문이 특정한 역사적 시기에 속한 것임을 입증해 보여주며, 그리스의 신전은 로마나 심지어 기독교 시대를 비롯한 다른 시기에도 재사용re-used되었음을 입증해 보여준다. 그러므로 역사적 자료에 대한 비판적 분석은 리쾨르Paul Ricoeur가 말한 대로, "기록으로 남기는 역사 서술"documentary historiography이다. 그것은 과거에 대한 재구현으로서의 역사가 "과거의 흔적들"과 연결된다는 사실을 확증한다.[32] 역사 기술은 윤리적 책임을 가지기에 이것은 중요하다. 역사가의 작업에 있어서, 예를 들어, 정치적 억압의

30 R. G. Collingwood, *The Idea of History*, Oxford 1946. Jan van der Dussen에 의해서 책의 서론이 편집된 개정판. Oxford: Oxford University Press, 1994.

31 참조. 다음의 주의 깊은 연구를 보라. M. J. Thate, *Remembrance of Things Past? Albert Schweitzer, the Anxiety of Influence, and the Untidy of Markan Memory*, WUNT 2.351, Tübingen: Mohr Siebeck, 2013.

32 P. Ricoeur, "Philosophies critiques de l'histoire: Recherche, explication, écriture," in G. Fløistad (ed.), *Philosophical Problems Today*, Vol. I., Dordrecht: Kluwer, 1994, 139-201.

희생자들을 침묵시키거나 과거로부터 기억이 유지되는 불편하고 불쾌감을 주는 사건들을 감추려는 경향과 관련해 자료들을 비판적으로 평가하는 것은 매우 필수적이다. 따라서 역사적 자료에 대한 비판적이고 면밀한 조사는 현재 어떤 공동체의 자기 인식을 위한 지향점으로 기능할 수도 있는 과거에 접근하는 데 필수적이다. 그러나 드로이젠Johann Gustav Droysen, 1808-1884, 헬레니즘(Hellenismus)이라는 용어를 만든 독일의 역사가이다ⓣ은 이미 "역사 원리들의 개요들"Outlines of the Principles of History이라는 그의 강연에서 다음과 같이 진술했다: "비평의 결과물은 '정확한 역사적 사실'이 아니다. 최대한 상대적으로 안전하고 정확한 견해를 제시하는 상황에 자료를 위치시키는 것이다."[33] 그러므로 드로이젠의 견지에서 비판적 분석의 결과물들은 과거를 현재와 연결하고 과거에 비추어 현재를 해석하는 역사적 서사의 기초를 제공한다. ///97/// 특히, 드로이젠은 여기서, 알박스와 아스만이 그들 각자의 관점에서 도출했던, 과거와 현재가 뒤엉켜 있는 동일한 상호 관계의 역학dynamic을 이야기하고 있다.

그러므로 역사적 서사로 이어지게 하는 것은 과거의 유적에 대한 비판적 분석 그 자체가 아니다. 오히려, 코젤렉Reinhart Koselleck, 1923-2006, 독일의 역사가이다ⓣ이 우리에게 상기시켜 주었듯이, "엄밀히 말해, 자료a source는 우리가 무슨 말을 해야 할지를 결코 알려줄 수 없다. 그것은 우리에게 허락되지 않은 주장들을 하지 못하게 한다. 자료들은 거부권을 가지고 있다. … 자료들은 오류들로부터 우리를 보호하지만, 우리가 무슨 말을 해야 할지에 대해서는 알려 주지 않는다."[34] 그래서 독일 역사학자 프리트는 "자료"라는 용어를 가리켜 오해의 소지가 있는 메타포라고 일컬었다.[35] 그것은 반짝이는 생명, 근접성, 순수한 지

---

33 J. G. Droysen, "Outlines of the Principles of History" ("Grundriss der Historik. Letzte Druckfassung, Leipzig 1882" by E. Benjamin Andrews를 번역한 것임), Boston: Ginn & Company, 1897, 25-26.

34 R. Koselleck, *Vergangene Zukunft. Zur Semantik geschichtlicher Zeiten*, Frankfurt a.M. Suhrkamp, 1988, 206(내가 독일어 원문을 영어로 번역한 것이다)(『지나간 미래』, 문학동네, 1998).

35 J. Fried, "Wissenschaft und Phantasie. Das Beispiel der Geschichte," *Historische Zeitschrift* 263 (1996), 291-316, 25-26.

식의 기원, 부패하지 않은 진리를 암시한다. 그러나 실제로 "자료들"이라고 불리는 것들은 파피루스, 양피지, 도기 파편, 데이터의 모음집 따위이다. 이러한 죽은 자료들에 생명을 불어넣어 주는 것은 그 자료들에 대한 질문과 해석의 물을 부어주는 역사가들뿐이다. 그러므로 역사적 서사는 과거 그 자체가 아니라 **역사로서의** 과거, 즉 역사가의 언어와 서사적 개념으로 표현된 과거를 포함한다. 따라서 프리트가 주장한 바와 같이, 적어도 역사 기술의 분야에서는 과학과 상상력 사이에 깔끔한 구분이란 존재하지 않는다. 당연히 역사가는 사건들을 제멋대로 지어내는 것을 삼갈 것이며, 자신의 구현이 최대한 자료들에 가깝도록 조정하려 노력할 것이다. 그러나 역사가는 자료들을 자신의 고유한 언어로, 그리고 자신의 시대에 얻을 수 있는 관념들과 개념들의 도움을 얻어서, 역사적 서사의 의도된 독자들을 위하여 해석하는 것을 피할 수 없다. (그리고 피해서도 안 된다.) 그렇지 않으면, 그 역사가는 원래의 언어들로 자료들을 되풀이하거나, 그저 고고학적인 발견물들, 비문들, 동전들의 슬라이드를 보여주어야 할 것이다. 만약 비평적 분석이 역사적 작업에 있어서 본질적이라고 한다면, 역사가의 언어와 정신적 개념에 의해 결정되는 자료의 해석과 그것의 서사적 통합에서도 마찬가지이다. 그러므로 진정한 의미에서 역사를 기술한다는 것은 곧 현재와 과거 사이의 관계를 확립하는 도전이며, 좀 더 정확히 말해, 현재의 관점에서의 과거에 대한 해석이다. 그러한 해석은 여전히 현재에도 얻을 수 있는 과거의 유적들, 이러한 유적들에 관한 지식, 그리고 우리의 문화적, 인식론적, 사회적 전제들에 의존한다. 이는 곧, 과거의 "죽은" 자료를 현재의 "살아 있는" 역사로 바꾸는 것은 역사가가 연구하는 자료의 인식론이라기보다는 그 역사가의 인식론이라는 의미이다. ///98///

그러므로 역사적 서사는 "자료들 뒤에 있는" 실재의 구현으로 인식되어서는 안 된다. 과거 그 자체는 이미 지나간 것이며 잊힌 것이다. 과거 그 자체는 역사적 서사에 의해 접근할 수 있게 된 것은 과거의 유적들이다. 그러므로 이 서사는 과거의 "재구현"이라고 일컬어질 수 있는 것이다. 그러므로 아리스토

텔레스의 잘 알려진 구분,[36] 즉 '시인'과 '역사가' 사이의 구분은 너무 도식적이기 때문에, 리쾨르가 '역사'와 '서사'의 "얽힘"interweaving, 프. croisement이라고 일컫는 것으로 대체되어야만 한다.[37] 물론 역사적 서사의 **목표**는 소설이나 전설 혹은 픽션의 목표들과는 구별되어야 한다. 동시에, 역사적 서사와 허구적 서사 사이에는 깔끔한 구분이 존재하지 않는다. 따라서 리쾨르는 자료에 대한 비판적 분석("기록적 역사"documentary history), 사건들이나 사실들에 대한 설명("해설적 역사"explicative history), 그리고 서사 형식으로 이루어지는 역사의 재구현("시적 역사"poetic history)을 모두 포함하는 역사의 해석학을 발전시켰다.[38] 이 접근법은 드로이젠의 접근법에 비견된다. 비록 리쾨르의 과거와 현재의 관계에 대한 묘사와 역사적 서사를 통한 과거의 재구현은 철학적으로 그리고 인식론적으로 드로이젠의 접근법에 비해 더 정교하지만 말이다.

그러므로 비판적 연구의 결과로서의 "역사"와 역사적 서사를 통한 역사의 구현은 과거 그 자체와는 구분되어야 한다고 결론을 내릴 수 있겠다. 현재의 역사로서의 과거는 오직 역사가의 상상력과 해석을 거친 작업을 통해서만 접근이 가능하다. 그래서 네덜란드의 역사가인 하위징아Johan Huizinga는 역사를 "한 문명 스스로가 자신의 과거에 대한 설명을 제시하는 지적 형태"라고 정의했다.[39] 이 정의는 기억사를 기억된 과거를 지향하는 학문으로 정의했던 아스만의 설명에 상당히 근접해 있다. 그러나 역사 기술의 해석학에 관한 연구의 배경하에서, 그것의 "사실성"factuality과 "실재성"actuality 사이의 구분뿐 아니라 "진정한 역사"history proper와 "기억사"mnemohistory 사이의 구분에 대해서도 의문을 제기할 수밖에 없다. 이러한 구분들은 기억사와 구별되는 "사실성" 혹은 "진

36 Aristotle, *Poetics* 1451b: "The real difference (between the historian and the poet) is this, that one tells what happened and the other what might happen."

37 P. Ricoeur, *Time and Narrative*. Volume 3 (translated by Kathleen Blamey and David Pellauer), Chicago and London: The University of Chicago Press, 1988, 180-193(『시간과 이야기 3: 이야기된 시간』, 문학과지성사, 2004).

38 참조. Ricoeur, "Philosophies critiques de l'histoire" (n. 32).

39 J. Huizinga, "A Definition of the Concept of History," in *Philosophy and History. Essays*, ed. by R. Klibansky and H.J. Paton, Oxford: Clarendon, 1936, 1-10, 9.

정한 역사"가 존재한다는 생각에서 비롯된다. 이러한 정의는 기억사를 비판적 역사 기술로부터 너무도 깔끔하게 떼어서 현재 시점에서 과거의 수용reception으로만 그 초점을 전환하게 될 위험성이 있다. ///99/// 아마도 이것은 과거의 재구현을 주된 목적으로 하는 해석을 정당화할 수 있을 것이다(예: 의례들이나 기념 의례들). 그러나 다양한 종류의 수용을 구분하기 위해 역사적 해석을 과거의 흔적들과 연결하는 것이 역사가의 책무이다. 그러므로 "기억사"와 "진정한 역사" 사이의 구분은 반드시 재고되어야 할 것이다. 적어도 역사적 예수 탐구와 관련해서는 말이다. 이는 나의 논문의 세번째 부분으로 인도한다.

3. 기억, 역사 기술, 그리고 예수 수용

지금까지 대략 살펴본 결과들을 예수 연구에 연결하기 위해서, 나는 자료들을 살펴보는 것으로 시작하려 한다. 이미 나는 최근의 연구가 예수에 관한 이용 가능한 자료들을 과거 학계에서 흔히 봐왔던 것에 비해 훨씬 더 포괄적인 방식으로 고려하고 있음을 언급한 바 있다. 공관복음에 등장하는 예수의 활동과 가르침에 관한 서사적 구현들은 특정한 종류의 자료들이다. 이러한 서사들은 역사비평적인 관점에서 예수의 활동과 가르침에 대한 가장 유용한 접근을 제공한다. 중요한 점은 이러한 결론이 정경적 자료들과 비정경적 자료들 사이의 구분에 근거하지 않는다는 사실이다. 역사적 예수 탐구와 관련해서, 이런 구분은 제쳐 두어야 한다. 왜냐하면 받아들여진 복음서와 거부된 복음서라는 초기 기독교의 구분이 이러한 문헌에 대한 역사적 평가와 동일시되어서는 안 되기 때문이다. 공관복음서를 예수의 역사적 초상의 주요한 자료로 간주하는 주된 이유는 그것들공관복음서이 서사 기사들accounts 안에 지리학적 지역과 예수의 활동이 이루어진 개별 장소들, 예수의 가족과 추종자 그리고 대적들에 관한 정보와 묘사들, 전기적biographical 에피소드들에 관한 세부 항목들을 보존하고 있기 때문이다. 그러므로 공관복음서에는 "서사 기억들"narrative memories, 심지어 어느 정도는 예수에 대한 "역사적 기억들"historical memories이라고 하는 특징이 있다.[40] 물론 공관복음서는 현대의 비평적 의미에서의 역사적 기사들은 아니다. 오히려 신화적이고 전설적인 모티프들을 통해서 역사적 정보를 해석하고 틀에 끼워 넣는다. 그래서 공관복음서는 역사비평적 도구들과 더불어서 최근의 관점으로 정밀하게 연구해야 할 것이다. 그러나 공관복음서는 단순히 허구적 서사도 아니다. 공관복음서는 허구적 요소들과 더불어 틀에 끼워 넣고 해석한 실제 과거를 가리키고 있다. 따라서 공관복음서는 역사비평적 관점에서 예수의 초상을 위한 기초를 제공한다.[41] ///100/// 헤롯 안티파스Antipas 시대의 갈릴리에 대한 지식(예를 들어, 지포리Zippori, 혹은 세포리스, 미그달Migdal, 혹은 믹달, 티베리아스Tiberias, 혹은 디베랴에서의 여러 고고학적 발견을 사용함으로), 그리고 그 시대 그 지역의 여러 유대교 문헌 자료에 대한 지식의 도움을 받아서 공관복음서의 기사들을 면밀하게 연구할 수 있다.

예수의 활동을 특정한 시간과 장소에 위치시키는 텍스트적 특성으로 인해서, 공관복음 기사들은 도마복음과 소위 대화 복음Dialogue Gospels에 등장하는 예수의 초상들과 유아기 복음Infancy Gospels이나 빌라도행전Acts of Pilate, 니고데모복음Gospel of Nicodemus의 전설적 특징을 가진 세부 설명들에 대한 기준 역할을 한다. 요한복음의 역사적 가치는 지금 여기에서 더 자세히 다룰 수 없는 구체적인 문제이다. 이 논문의 목적을 위해서는, 도마복음뿐 아니라 요한복음도 (그리고 어쩌면 여타의 초기 복음서들도) 초기 전통들을 포함할 수 있다는 점에 주목하는 것으로도 충분할 것이다.[42] 하지만 이러한 문헌을 기초로 삼아 예수에

---

40 참조. J. Schröter, "Von der Historizität der Evangelien. Ein Beitrag zur gegenwärtigen Diskussion um den historischen Jesus," in idem., *Von Jesus zum Neuen Testament. Studien zur urchristlichen Theologiegeschichte und zur Entstehung des neutestamentlichen Kanons* (WUNT 204), Tübingen: Mohr Siebeck, 2007, 105-146.

41 참조. P. Merenlahti/R. Hakola, "Reconceiving Narrative Criticism," in D. Rhoads/K. Syreeni (eds.), *Characterization in the Gospels. Reconceiving Narrative Criticism* JSNTSup 184, Sheffield: Sheffield Academic Press, 1999, 13-48; S. Freyne, Galilee, *Jesus and the Gospels. Literary Approaches and Historical Investigations*, Philadelphia: Fortress, 1988.

42 참조. M. Labahn, "The Non-Synoptic Jesus: An Introduction to John, Paul, Thomas, and other Outsiders of the Jesus Quest," in T. Holmén/S.E. Porter (eds.), *Handbook for the Study of the Historical Jesus*. Volume 3: *The Historical Jesus*, Leiden and Boston: Brill, 2011, 1933-1996.

관한 역사적 초상을 그리는 것은 불가능하다. 왜냐하면 서사적 구현이 특정한 시간적 그리고 공간적인 틀 안에서 이루어지는 것은 역사적 서사에 있어서 반드시 필요하기 때문이다. 그러므로 예수에 대한 역사적 초상의 기본적 정보를 제공하는 것은 공관복음의 기사들이며, 그것들은 요한복음과 도마복음 같은 문헌들에 의해 어느 정도 보완될 수 있다.

역사적 재구성을 위해서는, 이러한 텍스트들이 유대 메시아적 인물들과 그들의 위대한 업적들, 이스라엘의 성경구약 구절들의 인용을 통한 도움들뿐 아니라, 그리스-로마 전통에서 온 용어들과 개념들을 가지고 예수의 가르침과 활동을 해석하는 전승들을 포함한다는 사실을 반드시 고려해야 한다. 이를 기초로 해서, 복음서 저자들은 그들의 시간을 예수의 지상 활동의 시간과 연결하며 예수에 대한 독특한 초상들을 발전시켰다. 그러면 이런 기사들은 예수 전승을 집단적 문화적 기억으로 이해하는 데 어떤 기여를 하는가? 예를 한 번 들어보자. 예수의 탄생과 유년기의 상황들은 신화적인 모티프들 뒤에 가려져 있다. 마태와 누가의 전설적인 탄생 서사들과 유아기 복음에 있는 그 서사들에 관한 세부 설명은 대개 이 시기 예수의 생애에 대한 믿을 만한 역사적 정보를 제공해 주지 않는다. 오히려 예수의 탄생과 유년기에 관한 전승들은 예수의 신적 기원과 다윗의 후손이 되심, 그리고 마리아의 잉태와 예수의 탄생을 통한 이스라엘의 성경의 성취에 대한 확신을 표현하는 전설적인 모티프들에 의해 형성되었다.[43] ///101/// 결국, 예수에 대한 기억들은 예수의 유년기나 청소년기가 아닌 예수의 공적 사역과 함께 비로소 시작되었다. 그 이전의 시기들에 대한 추정들은 오로지 나사렛에 대한 일반적인 지식, 유대 가족에서 어린이들의 역할, 그리고 그 당시 갈릴리에서 행해졌던 유대 교육에 근거할 수밖에 없다. 마태와 누가, 기 복음의 탄생 이야기들, 그리고 최근에 나온 영화 "The Young Messiah"영 메시아, 2016년에 미국에서 제작된 영화로서, 예수의 유년기와 청소년기

43 참조. J. P. Meier, *A Marginal Jew*. Volume One: *The Roots of the Problem and the Person*, ABRL, New York et al.: Doubleday, 1991. 더불어 R. E. Brown, *The Birth of the Messiah. A Commentary on the Infancy Narratives of Matthew and Luke*. New Updated Edition, ABRL. New York et al.: Doubleday, 1993도 참고하라(『메시아의 탄생: 앵커바이블』, CLC, 2014).

를 다루고 있다. 한국에서는 개봉되지 않았다.ⓣ에서 그랬던 것처럼 메시아의 탄생과 인생의 초창기에 대한 묘사는 결국 '예수가 메시아이시다'라는 기독교 신앙고백을 그분의 탄생과 청소년기에 투사한 투영이다. 이런 묘사들은 예수의 전기와 활동에 대한 **역사적** 재구성을 목적으로 하는 것이 아니라, 신화적이고 전설적인 재구현을 그 목적으로 한다. 따라서 그것들은 예수의 사역에 대한 역사적 재구현이라는 의미에서의 "기억들"이라 불릴 수 없으며, 도리어 실제 사건들에 대한 아무런 근거도 없이 보강되고 해석된 예수의 의미에 대한 초기 전승들에 기초한 수용이라고 간주해야 마땅하다. 인식론적 관점에서 현재와 과거 사이에는 불균형이 존재한다. 과거의 전통들과 유물들에 비추어서 현재를 해석하기보다는, 현재가 일방적으로 과거의 구현을 지배한다는 점에서 그러하다. 따라서 예수 연구에서 "기억"을 적합한 범주로 정립하기 위해서는, 과거의 흔적들이 아닌 "전설" 혹은 허구"와 묶여 있는 수용으로부터 기억을 구분할 필요가 있다.

예수에 관한 신뢰할 만한 정보는 놀랍게도 예수 자신이 아니라 세례 요한으로부터 시작된다. 이러한 시작 부분들을 예수의 사역에 관한 재구현으로 통합하기 위해서는 당시 유대교 안에서 요한이라는 인물의 이미지 그리고 요한이 예수와 가지는 관계에 대한 이미지를 만들어 내야 할 필요가 있다. 유대교와 초기 기독교 자료들에 따르면, 요한은 자신이 살았던 시대에 그 지역에 살고 있는 유대인들을 향해 회개를 선포하던 선지자로 활동했을 가능성이 높다. 예수가 요한과 만난 것은 하나님의 나라가 이 땅에 세워지는 과정 가운데 자신의 역할에 대해서 뿐만 아니라 다가오는 하나님의 심판에 관한 그의 견해에 대해서 매우 깊은 영향을 끼쳤을 것으로 생각할 만한 충분한 이유가 존재한다. 초기 기독교 전통은 요한을 예수의 선구자로 간주하며, 또한 그를 종말에 돌아올 엘리야로 인식하는 가운데, 주의 길을 예비하라는 선지자 이사야의 선포를 예수에 대한 요한의 역할과 연결한다.[44]

---

44 참조. K. Backhaus, "Echoes from the Wilderness. The Historical John the Baptist," in T. Holmén/S.E. Porter (ed.), *Handbook for the Study of the Historical Jesus*. Volume Two: *The*

역사비평적 연구는 이 초상을 비판적으로 면밀히 조사해 "역사적 요한"과 초기 기독교의 해석들 사이의 차이점을 밝힌다. ///102/// 특히, 요한이 자기 뒤에 오실 더 강력한 분으로 선포했던 예수에 비해 자기 자신을 더 열등하게 여겼을 것이라는 주장에 의문을 제기한다. 또한 비평주의적 연구는 복음서에 등장하는 예수의 세례에 대한 묘사에 관해 차이를 나타내 보인다. 즉, 예수의 세례에 대한 묘사를 예수의 회개에 대한 상징적 확증과 다가오는 하나님의 진노로부터의 보호에 대한 보증으로 보는 것이 아니라, 예수가 하나님의 영을 받은 것으로 해석하려는 경향을 점점 더 드러내 보인다.

그러나 이러한 차이점을 식별하는 것이 복음서에 나타나는 구현의 이면에 있는 "진짜" 사건들을 재구성하는 것으로 인식해서는 안 된다. 오히려 비평주의적 연구는 유대의 선지자이며 회개를 촉구하는 설교자 요한에 관한 정보에 근거해서, 당시의 유대교라는 맥락 안에서 그의 활동을 해석하고, 이것을 바탕으로 예수와 그의 관계를 묘사한다. 역사가가 요한과 요한의 활동 그리고 예수와 요한의 관계에 대한 어떤 그림을 제공하는 데 역사적 상상력이 필요하다는 사실은 의심의 여지가 없다. 역사가는 자료들 속에 산재해 있는 정보의 조각들 사이의 틈을 메꿔야만 한다. 역사가는 고대 유대교, 선지자적이고 메시아적인 인물들, 그리고 요한이 그의 유대인 청중들을 향해 회개를 촉구한 것의 의미에 대한 자신의 지식에 기초해서 자료들을 해석해야 한다. 그리고 역사가는 자신의 언어로 그리고 해석학적 용어들과 해석된 과거를 현재와 연결하는 관념들을 사용함으로써 요한이라는 인물에 대한 스케치를 제공해야 하며, 이를 통해 현재의 독자들이 이해할 수 있도록 만들어야 한다.

이러한 비평주의적 연구에서 비롯된 학문적 묘사들은 분명 복음서의 묘사와는 거리가 멀다. 왜냐하면 그러한 연구들은 상이한 인식론적 전제들 및 해석학적 전제들에 기초하고 있기 때문이다. 그러나 자료들을 비판적으로 연구하는 역사가 역시도 (선택적이며, 오류를 범하기 쉽고, 수정을 필요로 하는)

Study of Jesus, Leiden and Boston: Brill 2011, 1747-1785; R. L. Webb, "Jesus' Baptism by John: Its Historicity and Significance," in Bock/Webb (ed.), *Key Events* (n. 18), 95-150.

자신의 입장에서 과거의 사건들에 관한 해석을 제공한다. 따라서 자료들은 요한과 예수의 관계에 대한 그럴듯한 가설들의 스펙트럼을 제한한다. 예를 들어, 비평주의적 입장에서 "엘리사벳이 마리아가 문안함을 들으매 아이가 복중에서 뛰노는지라"(눅 1:41)라는 누가의 언급은 아마도 아직 태어나지 않은 요한이 그가 고대하는 예수의 임박한 탄생에 대한 의미를 가리키기 위한 문학적 창작으로 간주할 수 있을 것이다. 그러나 요한의 모습, 요한과 예수의 관계, 예수의 세례의 의미에 대해서는 여전히 다양한 해석들이 가능하다. 다시 말해, 역사가는 왜 누가복음이 엘리사벳과 마리아 사이의 이 특별한 관계에 관해 이야기하는지를 설명할 의무가 있다. "그것이 정말 그러한 방식으로 일어났기 때문에"라고 하는 것은 가능한 여러 설명 중 하나(단 하나)이며, 누가나 (혹은 다른 누군가가) 그것을 창조한 것이며 다양한 요소가 조합된 것이라는 사실을 상정하는 가운데, 역사가는 (앞서 언급한 대로) 누가의 독특한 초상을 설명하는 자신만의 독특한 역사적 서사를 제시함으로써 자신의 특정한 설명에 대한 정당성을 입증해야만 한다. 역사가는 자료들에 대한 설명을 제공하고, 자료들이 이야기하는서사하는 과거와 어떤 방식으로든 연결하는 역할에 대한 책임을 회피할 수 없다. ///103/// 이런 구체적인 문제를 넘어서, 요한은 이스라엘의 역사에 대해 그리고 하나님과 자신과 동시대를 사는 유대인들과의 관계 속에서 자신의 역할에 대해 어떻게 생각했는지, 예수는 왜 요한을 만나기 위해 광야로 갔는지, 예수는 요한과 하나님 나라에 대한 요한의 설교의 의미에 관해 어떻게 인식했는지에 관한 질문들로 넘어가 보면, 이들 각각에 대한 답변은 저마다 다르게 나타날 수 있음을 확인할 수 있어야 한다. 왜냐하면 텍스트는 이러한 질문들에 대한 명확한 답변들을 제공해 주지는 않기 때문이다. 다시 말해, 역사가는 여러 가능성을 모두 따져보고, 이용할 수 있는 자료들과 관련해서 개연성이 있는 시나리오를 만들어서, 요한과 예수의 이야기를 현재의 "역사"로 접할 수 있게 하는 서사를 제공해야만 한다는 것이다.

때때로 여러 해석이 모두 하나같이 개연성이 있거나 이런 저런 가능성을 배제하기에 증거가 충분치 않은 경우가 발생할 수도 있다. 정결에 대한 예수의 태도는 초기의 자료들에서 다양한 방식으로 묘사된다. 마가복음의 유대 정결 규정에 관한 논쟁에 따르면, 예수는 "무엇이든지 밖에서 사람에게로 들어가는 것은 능히 사람을 더럽게 하지 못하되 사람 안에서 나오는 것이 사람을 더럽게 하는 것이니라"(막 7:15)라고 했을 뿐만 아니라, 심지어 "모든 음식물은 깨끗하다"(막 7:19)라고 선언했다. 마가의 텍스트에 대한 마태의 수정에서 정결에 대한 논쟁은 윤리적인 차원에 초점이 맞춰진다. 마태는 막 7:15의 "무엇이든지 밖에서 사람에게로 들어가는 것은 능히 사람을 더럽게 하지 못하되"를 "입으로 들어가는 것이 사람을 더럽게 하는 것이 아니라"로 수정하고, 막 7:19를 생략하였지만, 더럽게 하는 것은 입에서, 결국 사람의 마음에서 나온다는 설명은 그대로 유지한다. 음식이 아니라 악한 생각, 살인, 간음과 더러운 것이 사람을 더럽게 한다(마 15:18-20). 정결이라는 주제는 바울에게도 나타난다. 롬 14:14에서 바울은 "주 안에서"(ἐν κυρίῳ Ἰησοῦ) "무엇이든지 스스로 속된 것이 없으되 다만 속되게 여기는 그 사람에게는 속되니라"라는 결론에 이르렀다. 바울은 공동체의 기본적인 윤리적 규범으로서의 사랑 계명과 비교해 정결 규정을 상대화하기 위해 이렇게 확신 있게 언급했다. 그리고 마침내 행 10장에서는 하늘로부터 들려온 소리가 베드로를 향해 하나님이 깨끗하게 한 것을 속되다 하지 말라고 한다(행 10:15).[45]

이런 다양한 진술은 정결과 부정이 초기 기독교인들에게 얼마나 중요한 문제였는지를 보여준다. 더불어, 이러한 진술들은 이 주제정결과 부정에 대한 초기 기독교인들의 여러 관점이 예수의 활동에 대한 해석이나 예수 그리스도를 통한 하나님의 행함에 관한 그들의 입장에 의해서 매우 크게 영향받았음을 여실히 보여준다. 마가복음과 마태복음에서, 정결에 대한 논쟁은 (비록 목적이 약간 다르기는 하지만) 예수의 활동에 대한 서사로 통합되어 있다. 마가는 정결 규정들에 관한 논쟁과 제자들을 향한 예수의 가르침을 기독교 공동체 안에서 유대 음식법을 준수하는 것에 대한 근본적인 결정의 결과로 묘사한다.

45 이 복합체는 야코비Jacobi에 의해 자세히 분석되었다. *Jesusüberlieferung* (n. 16), 300-386.

대신에 마태는 윤리적 범주로서의 정결에 관심을 두고, 정결을 마음과 연관짓는다. ///104/// 바울은 정결과 부정에 대한 논쟁을 예수와 연결하지 않는다. 예수의 말은 οἶδα καὶ πέπεισμαι ἐν κυρίῳ Ἰησοῦ (“나는 주 예수 안에서 알고 확신한다”)라는 구절로 시작되지 않는다. 오히려 그것은 예수 그리스도를 믿는 믿음으로 말미암아 얻게 된 것으로서의 바울의 확신을 그 특징으로 한다. 이는 ἐγὼ πέποιθα εἰς ὑμᾶς ἐν κυρίῳ (“나는 너희에 대하여 주 안에서 확신한다”, 갈 5:10)과 πέποιθα δὲ ἐν κυρίῳ (“나는 주 안에서 확신한다”, 빌 2:24)의 유사한 공식들에 의해서 확증된다. 이러한 공식들에서 바울은 자신이 주 안에서 얻은 확신을 나타내기 위해서 유사한 구절들을 사용하고 있다.

게다가 οὐδὲν κοινὸν δι᾽ ἑαυτοῦ, εἰ μὴ τῷ λογιζομένῳ τι κοινὸν εἶναι, ἐκείνῳ κοινόν (“무엇이든지 스스로 속된 것이 없으되 다만 속되게 여기는 그 사람에게는 속되니라”)라는 바울의 공식과, 어떤 특정한 공식이 전승되는 역사 속에서 그 연관성이 증명되는 마가복음 및 마태복음에 등장하는 예수 어록들 사이에는 아무런 관련이 없다. 오히려 바울은 부정이 그 사람 자신의 관점에 의존한다는 그의 확신의 기원을 주 예수로부터 찾는다. 하지만 바울은 지상의 예수나 주 예수 그리스도의 어록을 인용하지는 않는다. 또한 사도행전의 관점은 그 나름의 특징들을 가지고 있다. 누가는 정결한 동물들과 부정한 동물들을 아무런 구분 없이 먹으라는 베드로를 향한 명령을 이방인들이 하나님의 백성에 포함되는 토대로서 묘사한다. 이 환상은 베드로에게 다음과 같은 통찰을 전달한다. “하나님은 사람의 외모를 보지 아니하시고 각 나라 중 하나님을 경외하며 의를 행하는 사람은 다 받으시는 줄 깨달았도다”(행 10:34-35). 바울과 마찬가지로, 누가 역시 누가복음과 사도행전에서 정결과 부정에 관한 예수 어록을 언급하지는 않는다. 오히려, 고넬료의 집에서 이방인들에게 성령의 부으심은 예수가 하나님의 보좌 우편에 올라가는 높아짐exaltation의 결과이며(행 2:33), “오래 전”부터(ἀφ᾽ ἡμερῶν ἀρχαίων, 행15:7; 비교. πρῶτον처음, 행 15:14; ἐν ἀρχῇ처음, 행 11:15) 있었던 하나님 계획의 실현, 즉 이방인들도 “그의 이름을 위할 백성”을 삼으려는 계획의 실현이다(행 15:14).

그러므로 초기 기독교 문헌들에서 정결/부정의 주제는 예수 추종자들의 윤리, 기독교 공동체들 안에서 유대인과 이방인의 관계, 그리고 이방인들이 어떻게 하나님 백성의 일부가 될 수 있는가에 관한 문제와 매우 밀접하게 연결되어 있다. 이 주제에 대한 다양한 수용은 예수의 등장이 유대교 정결 규정들 및 유대인과 이방인의 관계를 새로운 관점으로 바라보게 한다는 초기 기독교의 확신에 기인한다. 이 문제에 대한 예수의 프로그램적 진술은 이후에 초기 기독교 공동체들에게 전달되었을 가능성이 있다. 마찬가지로, 가난한 자, 아픈 자, 죄인을 향한, 심지어 이방인을 향한 예수의 태도는 유대인뿐만 아니라 이방인도 복음 선포의 대상이라는 입장으로 발전되었을 가능성이 있다. ///105/// 그러므로, 외부인, 비유대인, 그리고 토라의 의미에 관한 예수 태도의 수용을 근거로, 막 7:15나 마 15:11과 같은 어록이 예수 전승에 있는 해당 주제를 더 보강하기 위해 만들어지고 예수의 입술을 통해 전해졌을 수 있다.

그러므로 초기 기독교 문헌들에서 정결/부정에 대한 다양한 자료들은 예수의 활동 혹은 예수 그리스도를 통한 하나님의 행동은 정결과 부정의 관계에 대한 새로운 평가이자 유대인과 비유대인들의 관계에 관한 새로운 평가로 인식되었음을 보여준다. 예수 어록이 있었든지 없었든지 상관없이, 이 주제는 예수에 대한 초기 기독교 기억의 일부가 되었으며, 초기 기독교 역사에서는 중요한 문제였다. 따라서 그것은 정결하고 부정한 음식에 대한 예수 어록의 역사성에 대한 평가와는 상관없이 예수 초상의 일부가 되어야만 한다.

4. 결론

여기서 제시되었던 고려 사항들은 다음과 같이 요약될 수 있다. 예수 연구에서 "기억"이라는 범주는 개인적 기억이나 예수의 말과 행적에 대한 신뢰할 만한 전달이라는 관점으로 이해해서는 안 된다. 개인적 기억은 현재와 실제적인 과거를 연결하는 다리 역할을 할 수 없는 파악하기 힘든slippery 범주이다. 더욱이 헬레니즘-유대교적 환경이나 혹은 랍비 학파적 환경은 예수 전승의 전달에 대한 사회학적 유비로 기능할 수 없다. 예수 전승은 암기된 어록들이나 어록들의 묶음이라는 형태로 전달되지 않았다. 대신에 예수 전승은 살아있는 전통으로서 전달되었고, 초기 기독교의 다양한 상황에 적용되었으며, 장르들의 형태로 형성되었다(예를 들어, 전기적 장면들을 형성함에 있어서는 크레이아가 사용되었다). 게다가 그 첫 단계에서, 예수 전승은 다양한 의사소통의 상황에 적용할 수 있는 구전 전승으로서 기능하며 전달되었다. 1, 2세기의 여러 복음서는 초기 기독교에서 예수 전승이 이런 방식으로 다루어졌음을 보여주는 수많은 예를 제공한다. 그러므로 "예수 기억"Jesus memory은 초기 기독교 공동체들의 집단적 문화적 기억으로 인식해야 한다. 예수에 대한 초기 기독교 기억은, 앞선 연구에서 종종 가정했던 것처럼, "케리그마"kerygma와 분리하지 않았다. 오히려 예수는 그를 통해 하나님이 인간의 구원을 위해 역사한 사람임을 다양한 방식으로 기억하였다.

또한 "기억"은 "역사"로부터 분리되어서는 안 된다(예를 들어, "기억사" 및 "진정한 역사"와 병치해서). 역사 기술의 해석학에 관한 최근의 논의에서는, 자료들에 대한 비판적 평가가 그 자료들 이면에 있는 "실제 사건들"로 인도하지는 않는다는 사실을 거듭 지적한다. 오히려 역사 기술은 과거의 유적들을 우리 시대의 언어와 관념들을 가지고 그것을 해석하고 또한 그것을 역사적 서사로 통합함으로서 현재와 연관 짓는 과업이다. ///106/// 그러므로 "기억"이라는 범주는 초기 예수 전승의 특징을 묘사하는 데에도 유용하고, 예수에 대한 최근의 비평주의적 학계의 연구를 위해서도 유용하다. 그것은 자료들에 관한 역사비평적 평가와 충돌하게 되는 것은 말할 것도 없거니와, 대안이 될 수 없다. 오히려 그것은 역사적 자료를 해석하고 실제 역사와 **역사로서의**as history 과거 사이의 차이를 해석하는 해석학적 관점을 제공한다. 그러므로 "기억"은 과거가 현재를 향한 지속적인 영향력을 갖는다는 의미를 포함한다는 사실을 잊지 않는 것은 너무나도 중요하다.

이렇게 보게 되면, "기억"은 반드시 과거에 대한 재구현을 포함한다(예를 들어, 역사적 서사 혹은 의례이라는 방식으로). 공관복음서 책들은 전자의 예시들이며, 성찬은 의례의 시행을 통해 예수의 삶과 죽음을 재구현하는 예시이다. 그러므로 "기억"은 "수용"이라는 보다 넓은 범위와 구별되어야만 한다. 예수 수용은 과거의 유적들에 매이지 않는 전설, 허구적 소설 혹은 영화라는 형태를 취할 수도 있다. 다만 "예수 기억"은 초기 예수 전승을 자유롭고 살아있는 전통으로 진지하게 받아들이며, 과거의 유적들에 대한 비판적 평가 방식을 통해 실제적 과거를 현재에 맞게 재구현하여 역사적 서사로 형성하는 것에 관한 역사 기술의 해석학의 도전들에 대응하는 해석학적 범주로 이해해야 한다.

마지막으로, 역사적으로 개연성이 있는 예수에 관한 초상에 이르기 위해서는, 우리가 흔히 예수에 관한 "기본적 이야기"라고 부르는 것과 후대에 완성도를 높이기 위해 정성을 들인 손질elaborations이나 윤색embellishments, 꾸밈을 구분하는 것이 중요하다. 분명 이 "기본적 이야기"를 예수에 대한 "기본적인 역사적 사실들"로 인식해서는 안 된다. 오히려 그것은 가장 초기의 기독교의 예수에 관한 기억과 관련된 측면들의 틀이다. 이 틀은 또한 예수에 대한 역사비평적 초상에서도 중요하다. 여러 역사비평적 도구의 도움을 받아서 이러한 기억들을 정밀하게 조사한다고 해도, 접근할 수 있는 예수에 대한 가장 초기의 기억들이 없이 혹은 그것들에 반하는 그런 초상을 만들 수 있다고 생각하기란 어려운 일이다. 하지만 이러한 도구들이 이런 초기의 기억들 "이면으로" 갈 수 있는 가능성을 제공하는 것은 아니다. 그 도구들은 오히려 최근의 비평적 역사 기술의 기준에 따라 기억들을 좀 더 개연성 있게 만든다. 이 "기본적 이야기"는 예를 들어 이런 것들을 포함한다. 예수는 아우구스투스Augustus 황제가 통치 기간이자, 헤롯 대왕Herod the Great 말년에 태어난 유대인이었고, 티베리우스Tiberius와 분봉왕 안티파스Antipas와 총독 본디오 빌라도Pontius Pilate의 시대에 갈릴리와 주변 지역에서 공식적인 활동을 했으며, 한 무리의 제자를 모았으며, 자신의 활동을 통해 하나님 나라의 설립을 선포하였고, 비유로 가르쳤으며, 치유를 행였고, 자신의 가장 가까이에 있던 추종자 중 한 사람에게 배신당했으며, 마침내 예루살렘에 있던 로마 행정부에 의해 사형 언도를 받고 십자가에 달려 죽었다. 예수의 추종자들은 그분의 활동과 가르침을 죽음으로부터 예수를 부활하게 한 하나님 자신이 허락한 것으로 인식했다. 이 기본적인 이야기는 나중에 다른 전승들, 그중에서도 소위 "외경 복음서"라고 부르는 전승들에서 윤색되었다. /// 107///

또한 예수 기억은 이 접근법을 통하여 다음 사실을 인식할 수 있게 한다. 곧, 기독교를 형성하는 사건들은 구체적인 시간과 장소에서 일어났으며, 나사렛 예수라는 인물 그리고 그분의 활동 및 그분의 운명과 관계가 있다는 것이다. 예수 기억에 대한 해석학적 도전은 우리가 이 인물과 이러한 사건들에 대해 다름 아니라 우리의 취약한 해석을 통해서 알고 있으며, 의례 및 역사적 서사를 통한 과거의 재구현으로 알고 있음을 진지하게 받아들이는 것이다. 과거를 향한 즉각적인 접근법이란 존재하지 않는다. 모든 해석은 우리의 파편적인 지식, 언어, 그리고 사고방식에 의해서 굴절된다. 하지만 오직 이것만이 과거가 현재에 의미를 가지게 되는 유일한 방법이다.

왜 신약성경을 연구하는가

웨인 A. 믹스, 리처드 B. 헤이스 지음 | 김선용, 임충열 옮김

알맹e

일러두기

1. 저자의 이탤릭은 볼드 처리되었습니다.
2. 본문의 괄호는 모두 저자의 것입니다.
3. 이해를 돕기 위해 한자, 외국어, 첨언, 역자 주, 편집자 주는 첨자로 넣었고, 역자 주와 편집자 주의 경우 구분을 위해서 역자 주는 ⓣ로, 편집자 주는 ⓔ로 표시해했습니다.
4. ///987///처럼 /// ///로 표시된 숫자는 원문의 페이지수입니다.
5. 주요 성서학 용어의 번역어는『성서학 용어 사전』(전자책: 알맹e, 2019; 종이책: IVP, 2022)를 따랐습니다.

"Why Study the New Testament" by Wayne A. Meeks

Published in *New Testament Studies* 51 (2005): 155-170.
https://doi.org/10.1017/S0028688505000093

The Korean text used in this edition is translated by Seon Yong Kim.

"Reading the Bible with Eyes of Faith: The Practice of Theological Exegesis" by Richard B. Hays

Published in *Journal of Theological Interpretation* 1.1 (2007): 5-21.
https://www.jstor.org/stable/26421375

The Korean text used in this edition is translated by Chungyeol Lim.

신약학은 '쓸모 있는' '학문'인가?
믹스와 헤이스의 논지를 소개하며

김선용

신약성경을 왜 연구해야 하는가? 놀랍게 들릴지 모르겠지만, 이 근본적 질문과 거하게 한번 씨름하지 않은 신약 연구자가 무척 많다. 출중한 신약학자 웨인 믹스Wayne Meeks와 리처드 헤이스Richard Hays가 이 질문에 직접 답하는 글을 써서 우리의 고민에 도움을 주었다. 그들은 흥미롭게도 "서로 사맛디 아니한"(不相流通) 주장을 한다. 인간의 두뇌는 비교를 통해서만 대상을 제대로 인지할 수 있기에, 각 학자의 논지와 맥락을 잘 이해할 수 있도록 두 개의 소논문을 한데 모아서 비교하며 읽기 수월하게 펴낸다.

웨인 믹스는 역사비평적 연구가 여전히 유용하다고 힘주어 말한다. 단, 조건이 하나 있다. 세계화와 세속화로 급변한 상황에서 신약학이 여러모로 쓸모 있는 학문으로 존속하기 위해서는, 신약 본문을 규범적으로 사용하는 해석을 폐기해야 한다. 간단히 말해, '신약신학'이라는 용어 자체를 없애야 한다는 주장이다. 반면, 리처드 헤이스는 믿음의 눈으로 성경을 읽어야만 성경의 메시지를 제대로 파악할 수 있다고 말한다.

둘 다 새로운 주장은 아니라는 점에서 관성慣性적이다. 관성은 대개 지루함을 자아내기 마련인데, 남다른 박식함과 날카로운 통찰을 지닌 이 두 대가의 글은 그렇지 않다. 싸움 구경이 세상에서 제일 재미있어서가 아니라, 문제 상황을 명징하게 진단하고 해결책 혹은 비전을 제시하면서 읽는 이에게 끊임없이 고민거리를 던지고 더 생산적인 길이 무엇인지 알아보도록 힘을 북돋기 때문이다.

둘 다 일종의 '기획'을 제시하는 글programmatic이기에 신약학의 역사와 현황을 잘 모르는 사람에게는 막연하게 느껴질 수 있다. 이 소개 글은 독자의 이해를 돕기 위해 쓰였다. 세 개의 이슈를 중심으로 헤이스와 믹스의 논점을 요약한 뒤, 한국의 그리스도인들이 이러한 논쟁을 어떻게 받아들여야 하는지 약간의 고민거리를 던지는 것으로 마무리하겠다. 믹스와 헤이스의 논의를 깊이 이해하기 위해서는 세 개의 주제—상황 진단, 인식론적 전제, 그리고 윤리·실천적 의미—에 집중하는 것이 좋다. "왜 신약을 연구해야 하는가?"라는 질문을 이들은 왜 던지고 있는가? 이들은 신약 연구를 통해 어떤 지식을 얻을 수 있다고 생각하는가? 그리고 지식 획득의 가능성이 어디에 있다고 보는가? 신약 연구는 누구를 독자로 여겨야 하는가? 역사비평적 신약 연구는 독자들에게 무용하며 해로운 것인가? 믿음을 기초로 한 신약 연구를 옹호하거나 거부하는 이유는 무엇인가?

상황 진단

'신약학'의 병통病痛이 무엇인지에 대해 유능한 '의사'인 헤이스와 믹스는 서로 다른 진단을 내린다. 믹스는 역사학적 방법론을 사용해 신약을 해석하는 연구가 신약학계 내에서 비판의 대상이 되었음을 인정하고, 대학 사회 및 지성계에서도 소외되고 있다고 상황을 진단한다. 그럼에도 역사비평적 연구는 비판과 수정을 열린 마음으로 적극적으로 수용하면서 자신을 고쳐나갈 능력을 갖추고 있으며, 역사학적 접근이 현 상황에서 해야 할 과제도 산적해 있다고 주장한다. 특히 기독교의 영향력이 급속도로 쇠퇴하는 동시에 세계화되고 다양화된 사회에서 교회 밖의 청중에게 주목해야 한다고 역설한다. 믹스는 타 학문 분야 종사자들과 비그리스도인 가운데 소통할 대화 상대자를 찾을 수 있으며, 신약학이 이들에게 의미 있는 영향을 끼칠 수 있고 이들로부터도 배울 것이 많다고 주장한다. 믹스의 주장에 대항하여, 헤이스는 소위 세속적 신약 연구가 막다른 길에 왔다고 판단한다. 이 위급한 상황에서, 교리와 교회 전통의 영향을 벗어나 차가운 중립적 자세로 신약을 연구해야 한다는 목소리는 허황되다. 헤이스는 교회 바깥에는 신약학자의 말에 귀 기울일 청중이 없다고 단언한다. 신약 연구가 나아갈 길은 교회 공동체의 신앙에 봉사하며, 독자를 변화시키는 힘을 가진 성경의 목소리를 경청하도록 도와주는 것이다.

인식론적·방법론적 전제

믹스와 헤이스는 신약 연구를 통해 어떤 종류의 지식을 얻을 수 있다고 생각하는가? 그리고 어떻게 지식 획득이 가능하다고 보는가? 이 질문은 신약학이 과연 학문인가를 묻는 것과 같다. 믹스는 역사비평적 연구가 다양한 측면에서 비판받은 내력을 간결하게 설명한 뒤, 그 비판들을 현명하게 취사선택한다. 그간 산출된 역사비평의 치명적 맹점들을 전적으로 인정하지만, 역사비평의 폐기를 주장하는 비판은 상당히 과장되었다고 지적한다. 계속 고쳐나갈 수 있다는 점에서 의미 있는 역사비평 연구는 계속 수행될 수 있다. 그의 말을 인용한다.

> 과거를 더 정확하고 정직하게 재구성하는 작업에는 결코 끝이 없습니다. 늘 새롭게 발견된 것들을 소화하고, 간과했던 요소들을 검토하며, 참신하게 작업한 비교 연구를 평가해야 합니다. 우리의 전제에 이의를 제기하는 기발한 관점들이 계속 생겨나고 있습니다. 새로운 시각을 장착해야만 분명하게 보이는 우리의 맹점들이 여전히 있습니다. 모든 역사 기술historiography은 미완적이며 잠정적 성격을 갖고 있습니다.

역사비평적 연구가 산출하는 지식은 미완적이고 잠정적 성격을 지닌다. 하지만, 끝없는 자아비판과 수정을 통해 계속 나아질 가능성이 있는 지식이다. "역사의 물결에서 벗어날 수 있는 사람은 없는데, 마치 그 물결에서 벗어난 것처럼 행사할 때 우리 자신은 물론 다른 사람에게도 해를 끼치게 되므로, 신약을 역사학의 방법으로 연구해야" 한다.

헤이스는 신약 연구의 출발점과 지식 획득 가능성을 전혀 다르게 본다. "신학적 주석은 … 성령님께서 교회들에게 계속해서 말씀하시는 방식을 보도록 할 것이다. 동일한 논지를 조금 다르게 표현하자면, 성령님이 인도하시는 상상력, 곧 말씀에 의해 변화된 상상력은 신학적 주석 작업을 위한 필수적인 능력인 것이다." 헤이스의 글을 읽으면 그가 역사학적 연구의 중요성을 인정하는 것처럼 보이지만, 전혀 다른 의미에서 그러하다. "역사적 연구는 신학적 주석의 실행에 내재되어 있다. 그 이유는 역사적 연구 그 자체가 근본적으로 신학적이기 때문이다. 하나님께서는 물질세계를 창조하셨으며, 역사적 인물인 나사렛 예수 안에서 성자의 성육신을 통해 그 세계를 구속하셨다. 그러므로 역사는 진리에 대한 신학의 확증에 반하거나 그것과 무관할 수 없다." 기독교 신앙이라는 주어진 진리(계시의 우선성이라는 조직신학의 용어가 떠오르지 않는가?)와 성령의 인도가 성경 해석의 출발점이자 가이드이자 올바른 해석을 판별하는 잣대라는 주장이다. 신앙인만이 성경을 제대로 연구할 수 있다는 헤이스의 주장은 현재 활동하는 다수의 유대인 신약학자와 비기독교인 신약학자의 존재 자체와 그들의 기여를 폄하하는 것일 수 있다.

윤리적·실천적 의미

신약학의 쓸모는 어디에 있는가? 이 질문은 윤리와 실천에 직접 관련이 있다. 믹스는 역사비평적 신약학이 윤리적 측면에서 실패한 지점을 통렬하게 인정한다. 나치 독일이 자행한 홀로코스트에 맞서 강한 반대의 목소리를 내지 못하고 반유대주의를 지지하는 데 일조한 것은 역사비평적 신약학의 존립 의의를 위태롭게 만들었다. 신약학이 유럽(계) 백인 남성 중심의 이데올로기적 기능을 행사했고, 유럽과 북미 외의 다른 국가 학자들의 관점은 물론 여성의 목소리를 억압했다. 하지만, 믹스는 (어쩌면 너무) 긍정적인 태도로, 실패를 교훈 삼아 더 나은 역사비평적 연구를 할 수 있다고 주장한다. 그의 주장은 과도하다 느껴질 정도로 역사학적 신약 연구의 존속과 유용성을 옹호하는 측면이 있지만, 신약 본문을 규범적으로 사용하며 저지른 기독교인의 잘못을 교정하는 데에도 역사학 중심의 신약학이 쓸모가 있다는 논지는 타당해 보인다.

헤이스는 여전히 신약 본문을 규범적normative으로 사용하는 것을 옹호하며 신학적 해석이 본문의 규범적 사용(신앙공동체의 신앙과 윤리를 위한 규범으로 해석하기)을 지지한다고 주장한다. 그는 신약학이 비기독교인 청중과도 대화할 수 있다는 믹스의 주장을 받아들이지 않고, 오로지 교회를 위해 봉사해야 한다고 말한다. 헤이스가 신학적 해석의 예로 든 누가복음 단락 해석은 결국 누가복음에 고기독론high Christology이 있다는 결론, 다시 말해 예수에 관한 전통 교리에 부합하는 결론을 낸다. 하지만 헤이스의 주장이 전제하는, 그리고 헤이스의 신학적 해석이 봉사하려는 교회 전통과 교리는 과연 무엇인가? 교회사 연구와 최근 2-4세기 초기 그리스도교 연구만 보아도 무척 다양한 '기독교'가 있었고, 현대적 의미의 복음주의와 같은 모습을 지닌 '단일한 전통'이라는 것이 존재하지 않았다는 것은 자명한데 말이다.[1]

또한, 신약을 신학적으로 해석하고 주석하는 작업이 연구자의 신앙고백적 행위이며 예배와 연결되어 있다는 헤이스의 주장은 일면 수긍이 가지만, 학문적 연구의 본질이 무엇이냐는 질문에 적절한 대답을 주는 것으로 보이지

---

1 예를 들어, 보수적 학자인 카슨의 비판적 평가를 보라. D. A. Carson, "Theological Interpretation of Scripture: Yes, But…" in *Theological Commentary: Evangelical Perspectives*, ed. R. Michael Allen (London: T&T Clark, 2011), 187-207.

않는다. 믿음의 눈이라는 특정한 인식론적 전제와 실재관을 바탕으로 수행된 것을 우리는 학문이라고 부를 수 있는가? '성령의 조명'을 받아 본문이 말하는 바를 제대로 들을 수 있다고 주장하는 사람의 말을 타 학문 분야 연구자들은 어떻게 생각할까? (믹스가 아프게 고백한 대학 내 신약학자의 소외 상황을 생각해 보라.) 교회만을 위한 신약학 연구자가 대학이라는 연구 기관에서 월급을 받으며 공부와 집필을 하고 전통 교리의 정당성을 입증하려는 신약학 논문에 박사(Ph.D.)를 수여하는 것이 정당한가? 예를 들어, 독실한 이슬람교도가 대학에서 특정 이슬람 공동체에 봉사하는 연구물을 산출하는 것의 가치에 대해 헤이스는 무슨 말을 할 것인가?

맺는 말

과연 역사비평적 성서학이 '평신도'에게 긍정적 영향을 끼치지 못했는가? 심지어 믹스도 그렇다고 한다. 하지만, 역사비평 연구를 통해 수많은 편견(예를 들어 고대 유대교에 대한 편견)이 교정되었고, 그 결과 사회와 종교는 더 나아졌다. 헤이스의 신학적 주석도 역사비평에 상당한 빚을 지고 있다. 그러므로 단정적으로 말할 수는 없다. 특히 역사비평적 연구가 교회의 교육과 설교에 거의 영향을 미치지 않은, 보수 교단이 다수를 차지하는 한국 개신교계에 역사비평적 성경 읽기는 종교 문해력 향상의 차원에서도 꽤 건설적인 역할을 할 여지가 있다.

믹스와 헤이스의 글을 읽으면 신약학계에 단 두 갈래의 길이 있는 것처럼 보일 것이다. 하지만 현실은 늘 그렇듯 더 복잡하다. 최근 젊은 신약학자들이 다채로운 관점과 해석과 방법론으로 신선한 연구를 내놓는 것을 보면, 헤이스와 막스가 상정한 두 가지 입장만으로 신약학의 지도를 그릴 수 없음은 명백하다.[2] 믹스의 견해보다 더 적극적으로 페미니스트, 탈식민주의 비평을 수용해야 하고, 헤이스의 주장보다 더 적극적으로 다양화된 사회와 비기독교인과의 대화를 시도해야 한다.

믹스와 헤이스 둘 다 백인 남성 중상층 명문대 은퇴 교수다. 우리가 이들의 말 중에 걸러 들어야 할 것은 무엇인가? 한국에서 빠른 속도로 교회와 신학의 입지가 좁아지고 있다. 하지만, 여전히 대형교회가 위세를 떨치고, 대통령 후보나 국회의원 등 정치가들이 자신의 신념과는 별개로 교회를 방문하고 교계 '지도자'를 만나야 할 만큼 기독교인이 많은 나라다. 차별금지법이나 낙태 등 사회적 문제에 관한 논의도 보수적 교회의 눈치를 봐야 하는 상황이다. 게다가 일종의 식민지 신학을 가지고 있다. 로버트 펑크Robert W. Funk가 미국 성서학계를 묘사한 글을 읽으면 기시감이 들 정도이다.

> [미국의 성서학자들은] 자아 존중감이 매우 낮으며, 자기 정체성이 약하다. 유럽의 전통, 즉 학문이 이루 말할 나위 없이 존경받는 유럽의 풍토에 언제나 향수를 느끼고 있다. 유럽에서 박사는 두 개의 학위와 더불어 종신직을 지니고 있는 사람을 가리키는 증명서와 같은 것이기 때문이다. 미국의 학자들이 인문학재단의 도움을 받아서라도 유럽에 가서 자신의 학문적인 업적을 인정받고 자신의 자아를 윤내는 것은 이상한 일이 아니다.[3]

그렇다면 한국인은 왜 신약을 연구해야 하는가? 누구를 대상으로, 어떤 방식으로 연구해야 하는가?

한국에서도 기독교학을 학문적 대화 상대로 인정하는 학계는 거의 없다. 신학교가 하나씩 하나씩 사라지는 상황에서 학문으로서의 신학이 살아남기

2 꽤 잘 그린 최신 신약학 지형도로는 『신약학 연구 동향』, 스캇 맥나이트, 니제이 굽타 편집(비아토르 근간, 원서: *The State of New Testament Studies: A Survey of Recent Research*)을 추천한다.

3 로버트 펑크, 『예수에게 솔직히』, 김준우 옮김(서울: 한국기독교연구소, 1999), 97. 번역을 약간 수정.

위해서는 다양한 향로를 모색해야 한다. 학문적 유산을 보존하고 전달하기 위해 더욱 역사비평적 연구가 소개되고 교육되어야 한다. 이는 교육 플랫폼이 다채로워진 덕분에 어느 정도 가능한 어젠다가 되었다. 종교 문해력이 대단히 낮은 한국 사회에서 교양으로서의 기독교학의 확산이 필요하다(교양으로서의 불교 연구, 유교 연구, 이슬람 연구도 적극적으로 소개되어야 한다). 종교 관련 과목이 대학의 교양 과목으로 널리 자리 잡아야 한다. 이러한 과목에서 소개되는 기독교의 모습은 비평적 성서학을 기반으로 해야 한다. 한편, 교회 공동체를 위해서는 헤이스 류의 신학적 해석을 쉽게 소개하는 작업이 필요하다. '한국적' 신학·신약학을 하기 위해서는 서양의 학문적 성과를 서양인보다 더 제대로 소화하는 작업이 선결되어야 한다. 그렇지 않으면 알맹이가 별로 없이 과장된 비판만 가득한 글만 나올 뿐이다.

공교롭게도 본 소논문 모음집 발행을 준비하는 중에 듀크Duke대 신학대학원의 캐빈 로우C. Kavin Rowe가 믹스의 소논문과 비슷한 제목으로 전혀 다른 논지를 펴는 글을 *New Testament Studies*라는 학술지에 게재한 글을 보게 되었다. 글의 제목이 "What if it were True? Why Study the New Testament"이다.[4] 로우Rowe는 헤이스보다 더 강하게 (그리고 종종 학문적 담론에서 부적절한 표현을 사용하여) '세속적 신약학'을 비판하고, 믿음의 눈으로 성경을 읽고 성경이 독자에게 던지는 실존적·철학적·신학적 질문에 답해야 한다고 강하게 주장한다. 로우는 주로 스티븐 영Stephen Young의 소논문 "'Let's Take the Text Seriously': The Protectionist *Doxa* of Mainstream New Testament Studies"를 비판 대상으로 삼아 논지를 전개한다. (Young이 믹스의 입장을 대변하는 것이 아님을 염두에 두어야 한다.)[5] 믹스와 헤이스의 대결을 흥미롭게

4　C. Kavin Rowe, "What if it were True? Why Study the New Testament," *New Testament Studies* 68 (2022): 144-155. https://doi.org/10.1017/S002868852100031X.

5　Stephen L. Young, "'Let's Take the Text Seriously': The Protectionist Doxa of Mainstream New Testament Studies," *Method & Theory in the Study of Religion* 32 (2019): 328-363. https://doi.org/10.1163/15700682-12341469. Young의 소논문에 언급되거나 각주에 소개된 연구들 대다수는 매우 참신하고 중요하므로 눈여겨 볼 필요가 있다.

본 독자라면 Young과 Rowe의 논쟁도 재미있게 읽을 것이다.

마지막으로, 역사학적 접근을 하는 신약학자는 최근 역사학계에서 수행되는 연구방법론을 유심히 관찰해야 할 필요가 있고, 신학적 접근을 하는 신약학자는 (최소한) 칼 바르트와 한스-게오르크 가다머에 관한 최신 연구에 귀 기울일 필요가 있다.[6] 믹스가 말했듯, 신약학자는 타 학문 분과에서 철 지난 논의와 방법론을 끌어와 사용하는 경우가 많기 때문이다. 바르트의 로마서 주석의 글을 인용해 신학적 해석의 정당성을 설파하는 것이 과연 옳은지, 가다머의 철학적 해석학을 신약 문서의 분석과 해석에 '그대로' 적용해도 되는지, 그리고 적용한다면 가다머가 말하는 "진리"의 문제를 신약학이라는 학문에서 어떻게 받아들여야 할지 고민하는 과정이 꼭 필요하다.

신약학의 쓸모와 학문성을 묻는 말에 제대로 답하기 위해서는 이 모든 작업을 거쳐야 한다.

---

6 역사학의 본질을 고민하고 나름의 대답을 제시한 최근 학자들의 글을 읽는 것이 도움이 될 것이다. Jens Schröter, *Von Jesus Zum Neuen Testament: Studien zur Urchristlichen Theologiegeschichte und zur Entstehung des Neutestamentlichen Kanons* (Tübingen: Mohr Siebeck, 2007) [=영역: *From Jesus to the New Testament: Early Christian Theology and the Origin of the New Testament Canon* (Waco, Texas: Baylor University Press, 2013)]. Udo Schnelle, Die ersten 100 Jahre des Christentums (Vandenhoeck & Ruprecht, Göttingen, 2019) [=영역: *The First One Hundred Years of Christianity: An Introduction to Its History, Literature, and Development* (Grand Rapids: Baker Academic, 2020)].

더 읽기

각주에 인용한 연구 외에 참고할 글은 다음과 같다.

Fitzmyer, Joseph A. *The Interpretation of Scripture: In Defense of the Historical-Critical Method.* Mahwah, NJ: Paulist Press, 2008.

Gorman, Michael J., ed., *Scripture and Its Interpretation: A Global, Ecumenical Introduction to the Bible.* Grand Rapids: Baker Academic, 2017.

Green, Joel B. *Practicing Theological Interpretation: Engaging Biblical Texts for Faith and Formation.* Grand Rapids: Baker Academic, 2012.

Moore, Stephen D. and Fernando F. Segovia, eds. *Postcolonial Biblical Criticism: Interdisciplinary Intersections.* New York: T&T Clark, 2007.

Porter, Stanley E. and Matthew R. Malcolm, eds. *The Future of Biblical Interpretation: Responsible Plurality in Biblical Hermeneutics*. Downers Grove, IL: IVP Academic, 2013.

Tuckett, Christopher M., "What Is 'New Testament Study'? The New Testament and Early Christianity." *New Testament Studies* 60 (2014): 157–84. https://doi.org/10.1017/S0028688513000416.

Vanhoozer, Kevin J. "Ten Theses on the Theological Interpretation of Scripture," *Modern Reformation* 19 (2010): 16-19. https://modernreformation.org/resource-library/articles/ten-theses-on-the-theological-interpretation-of-scripture/.

왜 신약성경을 연구하는가?

웨인 A. 믹스

김선용 옮김

초록

우리 대부분이 알고 있는 '신약학'이라는 학문은 몇몇 기본 전제에 바탕을 두고 있다. (a) 엄정하고 체계적인 역사 연구를 통해 과거에 대한 객관적이고 견실한 지식을 얻을 수 있다. (b) 확정된 본문의 본래 의미를 신중한 연구 방법론을 통해 알아낼 수 있다. (c) 우리의 말을 진지하게 듣는 청중이 있다. 이 모든 전제는 이제 도전받고 있다. 앞으로도 우리는 역사학적 연구를 포기해서는 안 되지만, 역사를 잘 기술한다는 것이 무슨 의미인지 더욱 긴급하게 고민해야 한다. 기독교 공동체들의 선생으로서 우리는 성경 본문이 사용되는 방식을 검토해야 한다. '성경신학'이 일방적으로 강조하는 성경 본문의 규범적 사용을 대신해, 형성적 방식으로 사용하는 방법을 재발견해야 한다. 마지막으로, 기독교 사회의 쇠퇴를 인정하는 가운데, 범위가 계속 커지는 우리의 토론 상대와 상호교류하기 위해 노력해야 한다. 학계 안은 물론, 다양성이 급속히 증가하면서도 놀라울 정도로 작아지는 세상 안에서 신약학이 고립된 상황을 극복하기 위해 노력하면서 말이다.

일러두기

1. 2004년 8월 3일부터 7일까지 바르셀로나에서 개최된 SNTS 연례 모임에서 회장 취임 연설로 발표되었습니다. 이 한국어 번역에서는 원문인 연설문의 어투를 살리도록 노력했습니다.
2. 본 소논문에서 "text"는 문맥에 따라 텍스트 또는 본문으로 번역했습니다.
3. *NTS*는 직접 인용할 때 작은 따옴표를 쓰는 관계로 그대로 *NTS* 투고 규정대로 번역했습니다.
4. 본 소논문은 조재천(전주대학교 교수)의 감수를 받았습니다.

학회장으로 오늘 여러분 앞에 서게 되었습니다. 제게 큰 영광이며 상당히 뜻밖의 일이기도 합니다. 1947년 이래로 학회장직을 맡았던 수많은 탁월한 학자들을 생각하면 정말 겸허해지게 됩니다. 1947년에 요하네스 드 즈반Johannes de Zwaan, 1883-1957은 본 학회를 탄생시킨 그의 선견적 사고와 불굴의 노력을 인정받아 회장으로 선출됐습니다. 그를 이은 56명의 회장 중 대다수는(전부는 아닐지라도) 우리가 수행하고 있는 이 분야를 정립한 분들입니다. 이 거인들의 어깨에 올라탄 난쟁이 중 한 명이라는 사실을 깊이 인식하면서도, 나는 이 학자들에 관한 여러분의 기억을 불쾌하게 만들거나 여러분의 인내심을 시험할 위험을 감수하면서 다음과 같은 질문을 던집니다. 신약학에서 가장 중요한 것이 무엇입니까? 왜 신약을 연구해야 할까요?

본 학회의 정관에는 이런 말이 있습니다. '본 학회의 목표는 신약학의 발전을 도모하는 데에 있다'its aim shall be the furtherance of New Testament studies. 이 문장은 독자가 '신약학'이 무엇인지 알고 있음을 당연한 전제로 여깁니다. 왜 신약학의 '발전을 도모'해야 하는지는 본 학회의 설립자들에게는 어리석은 질문으로 보였던 것 같습니다. 확신하건대, 학회의 설립자들이 이 질문을 받았다면 답하기에 어렵지 않다고 생각했을 것입니다. 답하기 간단하지는 않지만, 쉬운 질문이라고 생각했을 것이 분명합니다. 한 반세기쯤 전에는 왜why라는 질문이나 ~일지 아니면 ~일지whether라는 질문이 아니라, 어떻게how라는 질문이 어려웠습니다. 요즘은 상황이 크게 달라졌습니다. '왜 신약성경을 연구하는가?'라는 질문은 답하기 쉽지 않습니다. ///156/// 우리가 내놓는 그 어떤 긍정적 답변도 1947년에 제시되었을 법한 답변보다는 훨씬 복잡할 것임이 틀림없습니다. 신약 연구를 업으로 삼은 우리가 가능한 한 솔직하게 이 질문을 던지고, 가장 명징하고, 정직하게 답하는 일은 긴급한 일이라고 저는 믿습니다.

어느 학문 분야든 하늘에서 뚝 떨어지지 않습니다. '신약학'도 역사가 있습니다. 우리 학회원들의 '신약학'이라는 용어에 대한 이해는 문화사cultural history와 심지어 정치사를 포함하는 매우 독특한 영역에 뿌리를 두고 있습니다. 1937년에 에든버러의 한 레스토랑에서 드 즈반은 자기 친구들 및 동료들과 더불어 본 학회와 같은 단체 설립의 가능성을 타진하기 위해 작은 모임을 했습니다. 분명 이들은 자신들이 현대 세계사의 흉흉한 순간에 살고 있음을 예리하게 인식했을 것입니다. 그들의 비전은 당대에 도사린 위험을 넘어서 적대적인 정치적 경계선을 가로지르며, 선전·선동과 절망과 죽음의 시대에 진리와 희망과 소망을 탐구하는 공동 연구 기획의 가능성을 내다보았고, 그러한 비전이 본 학회의 정체성을 처음부터 규정했다고 저는 생각합니다. 7년이나 계속된 전쟁에서 살아남은 본 학회의 설립자들이 1947년 3월 첫 번째 공식 모임General Meeting을 열었을 때, 그들의 정제된, 하지만 대담한 결의가 이 비전에 잘 나타나 있습니다.[1]

바르셀로나 연례 모임에서 학회가 인준한 개정 정관에는 학회의 존립 목적을 담은 문장에 '국제적으로'internationally라는 의미심장한 단어 하나가 추가되었습니다. 즉, SNTS의 '목표는 국제적으로 신약학의 발전을 도모하는 데에 있다.' 희망컨대, 이 부사는 본 학회 설립자들이 암울한 국제 정세 중에도 간직했던 비전을 잊지 않게 해 줄 것입니다. 나는 이 부사에서 다음과 같은 확신이 미세하게 되울리는 것을 듣습니다. '신약학'이라는 독특한 학문, 당연한 것으로 여겨지지만 정확히 정의되지 않은 이 학문이, 학계를 넘어 '실제' 세상에도 영향을 미칠 수 있다는 확신 말입니다. 우리 학회 역사에서 바로 이 특정한 시기에 "국제적으로"라는 부사를 덧붙였다는 사실이 갖는 함의는 생각보다 큽니다. 지난 몇십 년 동안 세상의 경계선들 및 신약성경 연구의 '발전'을 도모할 세상이 크게 팽창했음을 잊지 않게 해줍니다. 게다가, 본 학회는 상징적이면서도 실제적인 방식으로 세상의 확장과 다양성을 수용하고 진작시켰습니다. 그러나, 이러한 역사적인 변화가 우리가 수행하는 '신약학'에 어떤 함의를 지녔는지에 대해 우리는 충분히 토의하지 않았습니다.

내가 이 연설에서 하고 싶은 일은 이 대화를 작게나마 다시 시작하는 것입

1 *Bulletin of the Studiorum Novi Testamenti Societas* 1 (1950): 7-10에 실린 G. H. Boobyer, "The Early History of Studiorum Novi Testamenti Societas"를 보시오. 그의 글은 SNTS 웹사이트에서 볼 수 있다. https://snts.online/s/SNTS-History-Boobyer.pdf.

니다. SNTS의 창립 이래 반 세기 동안 당연한 것으로 받아들여졌던 몇 가지 사항을 열거하며 논의를 시작하겠습니다. 그러고 나서 지나치게 짧긴 하더라도 그러한 전제 하나하나가 우리 시대에 문제 거리가 된 이유에 대해 이야기를 하겠습니다. 마지막으로, 앞으로 나아갈 길에 대해 몇 가지 제안을 하려 합니다. ///157///

당연하다 여겨졌던 것들

철저한 검토 없이 관습적으로 우리가 받아들인 전제를 열거하자면 끝이 없을 것입니다. 하지만 제가 보기에, 우리가 학생 시절에 배운 것 가운데 신약연구의 근본적 요소라고 할만한 것이 세 가지 있습니다. 첫째, 우리는 신약학을 역사학적 학문 분야로 인식해 왔고, 우리 자신을 역사가로 여겨왔습니다. 둘째, 아무리 많은 보조적 방법론을 받아들였더라도 우리의 작업의 핵심은 늘 주석exegesis이었음을 우리는 알고 있습니다. 무엇보다도 우리는 텍스트를 읽는 사람들이었습니다. 셋째, 우리는 우리 작업에 주의를 기울이고 중요하게 여기는 청중이 있다고 여겨왔습니다.

현대 신약학은 역사주의historicism라는 기차를 타고 들판으로 행진해 나갔습니다. 잠깐이긴 했지만, 눈부신 성취였지요. 옛날보다 더 소극적이고 냉소적이 된 요즘, 옛 성취 속의 자잘한 승리들 하나하나가 주었던 흥분을 잊지 맙시다. 우리 중 대다수에게, 그리고 우리의 지적 조상들에게 역사학은 해방의 무기였음을 기억합시다. 종교개혁, 계몽주의, 근대주의자-근본주의자 사이의 논쟁에서 열렬히 싸운 이들이 우리에게 넘겨준 유산입니다. 그리고 우리는 공정하고 정직하게 역사를 서술하려고 노력하면서 그러한 해방의 경험을 했습니다. 과거에 대한 진실이라고 파악한 것, 특히 그저 과거 사건의 시작점에 관해 이야기하는 것만으로도 우리 자신과 우리의 제자들, 그리고 때로는 교회들까지도 게으르고 쉽게 믿는 것에서, 교리에만 몰두하는 것에서, 독극물 같은 선입견에서, 권위적인 구조에서 해방되었습니다. 물론, 제가 사용한 정치적, 군사적 이미지가 의미하는 것처럼, 역사를 기술하는 우리의 작업은 절대로 순진하거나 무해하지 않았습니다. 역사 서술은 권력의 수단 중 하나였습니다. 진실, 즉 사태의 진상wie es eigentlich gewesen을 발견하고 알리는 사람들로서, 우리 신약학자들은 자신을 지도자들이라고 주장했습니다. 특히 신학을 학문으로 다루는 영역에서 지도자라고 자처했습니다. 역사는 우리가 학계와 교회에서 직업을 가질 수 있는 기반이었습니다.

이 모든 것은 계몽주의 시대와 새로운 경험과학empirical sciences이 끝없는 성취를 이룬 시대를 맞아 역사가 새로운 성격을 띠었기 때문에 가능했습니다. 그때 역사는 과학이었고, 학문Wissenschaft이었습니다. 객관성은 우리의 이상이었습니다. 자연과학은, 우리의 귀감까지는 아닐지라도, 최소한 주요한 질투의 대상이었죠. 우리에게 있어서 비교작업은 실험실에서의 실험을 대체하는 것이었습니다.[2]

하지만 신약학자는 단지 역사가가 아니었습니다. 어쩌면 신약학자의 주된 정체성이 역사가는 아니었을 수 있습니다. 신약학자의 가장 중요한 정체성은 주석가exegetes였습니다. 역사가가 되려는 주석가인지, 주석가가 되려는 역사가인지에 대한 문제는 예전이나 지금이나 우리를 갈라놓는 질문이며, 우리 중 많은 이가 개인적으로 상당히 양가감정ambivalence을 느끼는 질문입니다. ///158/// 우리 학회의 명칭이 (말하자면) studiorum religionis christianæ antiquæ societas고대기독교학회가 아니라 Studiorum Novi Testamenti Societas신약학회라는 사실도 문제를 깔끔하게 해결해 주지 않습니다. 본 학회의 이름은 우리가 주석적 관심을 쏟는 핵심 문서들이 교회의 정경에 포함된 27개의 문서임을 시사합니다. 하지만 우리는 결코 저 27개의 문서만 알아야 할 필요가 있다고 생각하지 않습니다. 다른 여러 문서에 대한 이해 없이 이 정경 문서들을 이해할 수 있다고 절대 생각하지 않습니다. 최근 들어 다른 여러 문서의

2 이는 사회과학과 자연과학을 구분한 막스 베버를 따른 것이다. Max Weber, *The Theory of Social and Economic Organization* (trans. and ed. A. M. Henderson and Talcott Parsons; New York: Free Press, 1964), 97.

발견을 통해 이러한 문헌이 몇 배나 많아지면서 이 문제의 심각성이 더 두드러지게 되었습니다. '다른 여러 문서', 특히 새롭게 발견된 문서들 일부가 한때는 어떤 초기 기독교인들에게 '경전'이었다는 사실이 역사가가 직면한 문제를 복잡하게 만듭니다. 게다가 이 사실은 너무 자주 잊히는 묘한 역설을 상기시켜줍니다. 즉 우리가 잘 알기 원하는 초기 기독교 운동이 일어난 시기에 신약은 아직 존재하지 않았다는 역설 말입니다. 그러니 우리가 주석가라는 점, 이 점에 우리 모두 동의합니다. 우리가 전문적으로 다루는 시기보다 조금 후대에 특정 문서들이 신약성경이 되었고, 그 신약성경이 우리가 해석해야 할 주요 대상이라는 점에도 우리 모두 동의합니다. 하지만 왜?라는 질문은 여전히 남습니다. 어쩌면 그보다 더 좋은 질문은 이것입니다. 누구를 위해for whom?

우리가 당연하다고 여기는 전제assumption 가운데 가장 기본적이지만 동시에 가장 덜 검증되었고 가장 깨지기 쉬운 것은, 우리의 말에 귀 기울이는 청중이 존재한다는 생각이었습니다. 청중의 일부는 우리의 작업을 싫어했고, 일부는 좋아했는데, 결국 그들 모두는 우리의 작업에 관심을 보였던 것으로 생각했습니다. 우리에게 귀 기울였던 청중이 자연적으로 존재한 것은 아니라는 분명한 사실을 우리는 잊지 말아야 합니다. 특정 시대와 특정 공간에 이런 청중이 존재했다는 의미에서 역사적 배경이 있다고 할 수 있습니다. 우리가 하는 연구는 특정한 문화적 배경, 곧 서양이 오랫동안 크리슨덤Christendom, 기독교가 지배하는 세상ⓔ이었다는 사실에서 유래한 산물입니다. 신약 연구가 주로 북유럽, 영국, 그리고 유럽인이 이주한 미주 대륙에서 근대성이 최고조에 이른 시기에 발달했기 때문입니다. 우리가 상정한 독자는 개신교도였습니다. 이 상황은 금세 변화를 맞았습니다. 특히 제2차 바티칸 공의회와 *Divino afflante Spiritu*"성령의 영감으로"라는 뜻으로, 교황 비오 12세가 1943년에 본문비평과 역사비평을 (어느 정도) 승인하고 일상어로 성경을 번역할 것을 촉구한 회칙 서한(encyclical letter)을 말한다ⓣ 이후 로마가톨릭교회의 성서학계가 공적으로 변화를 하면서 상황이 극적으로 바뀌었습니다. SNTS에 로마 가톨릭 회원이 급증한 것이 이러한 변화의 한 증거였습니다. 동방교회의 학자들은 더 점진적으로, 그러나 가속도가 붙어서 학회에 들어왔습니다. 하지만 이런 변화들에도 불구하고 우리 대다수가 수행한 종류의 연구는 본질적으로 개신교 정서를 지닌 청중을 상정했었다고 말할 수 있습니다. 주석에 관한 논의에서 설교가 핵심적 위치를 차지했다는 사실이 (내가 방금 말한) 개신교적 편향을 가장 뚜렷하게 보여준 표시입니다. 즉, 우리가 산출한 연구물이 일반인에게 전달·확산되는 구체적 매개체는 설교였습니다. 우리끼리 외에 우리가 저술의 대상으로 상정한 이들은 신학자들이었고, 신학자들은 설교자들의 선생이었습니다. 주석은 우리의 정체성을 가장 분명하게 드러내 주는 장르였습니다. 주석은 설교자들이 매 주일 그들의 양 떼에게 하나님의 말씀을 선포하는 데 도움을 줄 것이라는 희망 가운데 판매되었습니다. 그 희망이 실제로는 허망한 것이기는 했지만 말입니다. 나는 이 모임에서 주석을 쓴 적이 없고 앞으로도 쓸 생각이 없는 극소수에 속합니다. 이렇게 말함으로써, 우리 학계의 공통된 전제에 근거해서 제가 진짜 신약학자인지에 대해 심각한 의문이 제기될 것을 저는 알고 있습니다. ///159/// 물론 신약성경이 교회 안에서 기능하는 방식에 대해 더욱 폭넓은 시각을 가진 분들이 우리 가운데 늘 있었습니다. 심지어 교회 밖의 청중과 교류하려는 길을 찾으려 분투한 분들도 있었고요. 그런데도, 모든 것을 감안하면 나는 다음과 같이 말하는 것이 타당하다고 생각합니다. 우리가 수행해 온, 바로 그러한 종류의 신약학 구조가 상정한 청중은 두드러진 개신교 감성을 지닌 서구 기독교권에 국한되어 왔습니다.

무너져 내리는 기둥들

우리가 수행하는 종류의 신약학을 이루는 토대들 가운데 아무것도 더 이상 당연한 것으로 여길 수 없다는 점을 제가 여러분에게, 특히 젊은 회원들에게 굳이 말할 필요는 없을 것 같습니다. 역사학의 신뢰성, 텍스트의 안정성, 경청하는 청중—우리의 자신감을 지탱하던 이 세 기둥은 무너졌습니다. 지금의 상황에 이르게 한 변화의 역사를 분석하려면 두꺼운 책을 써야 할 것입니다. 우리의 제자 중 누군가가 이 작업을 하면 좋겠습니다. 저는 그런 기획의 윤곽을 잡는 일조차도 할 수 없습니다. 그저 현 상황에 이르기까지 있었던 몇 가지 중대한 시점을 언급만 하려 합니다.

첫째로, 역사학의 문제. 우리가 역사비평 방법이라고 부르는 것—사실 하나의 방법a method이 아니라 다양한 관점의 복합체이자 여러 접근 방식과 관습의 집합체, 즉 하나의 작업a practice[3]—은 약 250년 전에 지금의 모양을 갖추기 시작할 때부터 끊임없이 공격받았습니다. 하지만, 최근까지도 공격자들의 대다수는 우리가 편협한 보수주의자들이라고 간단히 치부하고만, 현대 역사학적 연구의 결과물에 당혹감을 느낀 사람들이었습니다. 때때로 그들은 우리의 성경 해석이 전통적인 신앙을 지지하지 않는다며 화를 냈습니다. 교회는 항상 개혁되어야 한다ecclesia semper reformanda는 모토나 인간 영혼을 계몽해 해방하자는 깃발 아래 행진하던 우리에게 저런 공격은 오히려 우리가 해야 할 연구를 제대로 하고 있음을 보여 주는 표시였습니다. 우리가 직면하는 새로운 상황은 이제껏 우리가 해온 작업에 대한 광범위하고, 계속 확산해 가는 우리 자신의 실망과 환멸입니다. 신약학은 약속했던 결과물을 내는 데 실패했습니다. 우리가 담대하게 주장했던 객관성은 어디에 있습니까? 중립적인 과학적 탐구와 분석을 통해 얻을 수 있으리라 생각한 확신은 어디에 있습니까? 이런 문제에 봉착한 이들이 우리뿐만은 아니라는 사실은 지금은 잠시 제쳐놓겠습니다. 오늘날 여러 다른 학문 분야에서도 우리가 겪는 것처럼 실망과 환멸이 확산되고 있다는 사실이 별로 우리에게 위로를 주지 않습니다. 우리가 수행하는 독특한 작업이 그것의 명백한 (우리 자신에게도 그러했던) 유효성을 잃게 된 몇 가지 이유를 성찰할 필요가 있습니다.

먼저, 우리의 '역사비평 방법'은 특정 역사 철학 및 특정 거대 서사들과 관련되어 있었습니다. '역사비평 방법' 자체의 역사로 인해 거의 우연으로 그러

3 Pierre Bourdieu, *Outline of a Theory of Practice* (trans. Richard Nice; Cambridge Studies in Social Anthropology 16; Cambridge: Cambridge University, 1977)와 *The Logic of Practice* (trans. Richard Price; Cambridge: Polity, 1990)를 보시오. 부르디외가 말하는 practice는 단순히 실천을 의미하는 것이 아니다. 거칠게 단순화시켜 말하면, 규칙을 의식하지 않고서도 일종의 조화를 만들어내는 종합적 행위를 가리킨다ⓣ

한 연관성이 생겼다고 말할 수 있지요. ///160/// 19세기 후반 개신교 자유주의자들이 가졌던 소박한 진보주의적 신념, 신칸트주의의 관념론, 그리고, 가장 포괄적으로는, 육체의 영향을 받지 않은 채 존재하며 진리를 판단하는 이성적 자아라는 개념(데카르트에서 시작된 개념입니다)을 들 수 있습니다.[4] 이러한 거대 서사들이 설득력을 잃으면서 그에 바탕을 둔 연구에 의심의 눈초리가 쏟아졌습니다.

이와 관련해, 우리 작업의 (매우 일반적 의미에서) 이데올로기적 측면을 폭로했다고 부를 만한 발전이 있었습니다. 나치 독일 시대 유럽에서 일어난 홀로코스트와 그 여파는 커다란 충격을 주었습니다. 이 끔찍한 사건의 뿌리를 찾기 위해 노력하면서, 우리는 우리의 주석적 작업이 수백 년 이상 지속된 신약의 반유대적 해석에 반대하는 목소리를 분명하게 내지 못했을 뿐만 아니라, 너무나 빈번하게 반유대주의 정책을 은근히 지지했다는 점을 인정할 수밖에 없게 되었습니다.[5] 이 충격이 우리에게 도움이 되는 결과를 낳았다는 점에는 모두가 동의할 것이라고 생각합니다. 역사에 대한 우리의 시각에 이토록 커다란 맹점이 있었음을 인정하게 되면서 우리는 더 나은 역사 연구를 할 수 있게 되었습니다. 마침 고고학자, 성상 연구자iconographer, 그리고 다른 분야 연구자들이 중요한 발견을 했고, 그에 도움을 받아 봇물 터지듯 수행된 새로운 수정주의적 역사 연구가 고대 유대인과 사마리아인 공동체에 대한 더 나은 이해를 양산했으며, 결과적으로 기독교 운동의 기원에 대해 더 나은 이해를 산출하게 되었습니다.

하지만 충격으로부터 다시 균형을 얻자마자 우리는 연이어 페미니스트, 해방신학자, 탈식민주의 해석자의 공격을 받았습니다(가장 두드러진 그룹만 열

4 이 점에 대해서는 특히 Charles Taylor, *Sources of the Self: The Making of the Modern Identity* (Cambridge, MA: Harvard University, 1989)『자아의 원천들』, 새물결, 2015를 보라.

5 가장 두드러지고 우리에게 교훈을 주는 예로는 게르하르트 키텔(Gerhard Kittel)을 꼽을 수 있다. 키텔은 1938년 버밍엄에서 있었던 SNTS 창립 기획 위원회에 참석했었다. Wayne A. Meeks, "A Nazi New Testament Professor Reads His Bible: The Strange Case of Gerhard Kittel," *The Idea of Biblical Interpretation: Essays in Honor of James L. Kugel* (ed. Hindy Najman and Judith H. Newman; Leiden/Boston: Brill, 2004), 513-44을 보라.

거했습니다). 이들은 우리 대다수가 유럽계 백인 남성이라는 점을 지적했습니다. (그들의 지적은 옳았습니다. SNTS 회장을 역임한 사람들의 목록을 한 번 보십시오. 2005년 독일 할레Halle에서 바바라 알란트Barbara Aland가 회장에 오르면서 여성 출신 회장이 두 명, 그러니까 이전에 비해 딱 '두 배'로 늘었습니다.) 더 중요한 점은, 그들이 우리가 초기 기독교 문서에서 보지 못했던 것들을 우리에게 보여주었다는 것입니다. 우리가 보지 못했던 것들은 객관성이라는 우리의 갑옷에 뚫려 있던 심각한 구멍들이었습니다. 이와 같은 실패는 학문적 관심이 무의식적으로도 특권 유지에 이바지한다는 점을 보여 주었습니다.

최근 몇 년간 이러한 도전을 향해 두 종류의 반응이 제기되었습니다. 첫 번째로 선의의 냉소주의가 있습니다. 모든 역사학자의 연구에는 계급, 젠더, 또는 그룹의 이익이 반영되어 있으므로, 우리가 의식적으로 소외되거나 불이익을 받는 그룹의 이익을 최우선으로 삼아야 한다는 주장입니다. 도덕적 호소력이 있지요. 하지만 문제는 이것입니다. 우리의 학문적 주장의 이면에 노골적 이데올로기가 작동한다면, 그것이 아무리 '선한' 이데올로기라 하더라도, 결국 그러한 작동의 방식은 힘의 행사이지 설득력 있는 논증이 아닙니다. 그렇게 되면 진리 탐구 대신 연구와 소통의 도구들을 장악하려는 투쟁만 남게 될 겁니다. ///161/// 진리를 향한 우리의 탐구가 언제나 정치(학계 내 정치를 포함)에 오염되었다는 점을 인정하는 것과, 진리에 대한 탐구는 오로지 정치의 탈을 쓴 것일 뿐이라는 냉소적 관점에 굴복하는 것은 서로 다른 일입니다.

다행스럽게도 그러한 냉소주의는 지지를 얻지 못했습니다. 더 나은 역사 연구를 하겠다는 결심이 보다 공통되고 희망적인 반응이었습니다. 페미니스트들은 우리에게 페미니스트로서 본문을 읽는 법을 가르쳐 주었습니다. 탈식민주의 해석자들은 역사를 억압적으로 구성하고 오용하는 것에 대해 우리가 경각심을 가질 수 있게 도와주었습니다. 마르크스주의자들은 마치 사실인 척하는 해석들 속에 숨은 권력 구조를 폭로하도록 우리를 이끌어 주었습니다. 사회사 연구자들은 엘리트층에 속한 고대 저자들의 말의 배후로 들어가 기록되지 않은 사람들(초기 기독교인과 그 주변에 있던 사람들이 여기에 속합니다)의 일상적 삶의 흔적을 탐구하는 법을 가르쳐 주었습니다. 역사학적 연구를 수행하는 우리의 기존 방식을 모두 수정하는 것은 중요합니다만, 그런 모든 수정에는 제각기 나름의 문제가 있습니다. 그리고 그러한 다양한 변화에다, 우리 발밑에서 신약학 분야가 계속 변화하고 있기 때문에, 오늘날 우리는 간혹 현기증을 느끼기까지 합니다. 제가 신약 연구 분야에서 사회사social history로의 방향 전환에 몰두하는 사람이므로, 사회과학의 매력을 감소시키는 함정 가운데 하나를 예로 들겠습니다.

1970년대에는 기독교의 기원을 연구하는 이들이 로마 제국 역사를 포함한 역사학의 다른 분과 연구 동향을 따라 이른바 초기 기독교 그룹들의 '사회 세계'를 기술하려는 시도를 시작했습니다. 제법 성공을 거두었다고 저는 평가합니다. 하지만 그들은 금세 현존하는 1차 자료와 고고학자들이 발굴한 유물에서 얻을 수 있는 정보에 한계가 있다는 문제에 직면하게 되었습니다. 과학을 대표하는 특징은 가설의 귀납적 검증입니다. 이러한 귀납적 검증이 난관에 봉착한 그때, 일부 학자는 가설의 귀납적 검증을 사회학 이론이나 인류학 이론의 연역적으로 사용하는 것으로 대체하려 했습니다. 이 시도는 한때 19세기의 역사주의가 성취했다고 주장한 객관성을 다시 확보하고자 시도하면서, 사회적 행동 속에는 어떤 법칙들laws이 있다고 보는 관점에 의존했습니다. 그러한 법칙들로부터 사회의 조직화 및 사회적 행동에 대한 모형들을 끌어낼 수 있고, 그 모형들에 근거해 심지어 근거 자료가 부족한 경우에도 초기 기독교인들이 이러저러했을 것이 분명하다는 추정을 할 수 있다고 주장했습니다. 이러한 시도Meeks는 Bruce Malina를 비롯한 몇몇 학자가 "사회과학적 비평"이라는 이름으로 신약을 연구한 시도를 가리키고 있다. Meeks가 몸담은 사회사(social history) 연구와 Malina의 사회과학적(social scientific) 연구는 서로를 인정하지 않는 분위기였다. 현재는 'social scientific'과 'social'이라는 단어를 의식적으로 구분하지 않는다ⓣ에서 우리는 '물리학에 대한 질투'의 예를 봅니다. 현대 유럽 역사를 연구하는 개디스John Gaddis는 사회과학자들에게서 자주 발견한다고 했던 그 현상 말입니다.[6] 역설적으로 그들이

6 John Lewis Gaddis, *The Landscape of History: How Historians Map the Past* (New York: Oxford University, 2002), 89 및 기타 여러 곳.

부러워하는 물리학은 오늘날 연구되는 물리학과 다릅니다현대 물리학, 특히 양자역학은 확실성이라는 개념을 버리고 확률적 기술을 한다ⓣ. 더욱 역설적인 것은, 확실성을 찾는다면서 보편적 현상에서 특정한 현상을 추론하는 것은 현대 이전의premodern 과학으로 퇴행하는 것과 마찬가지라는 점입니다. 현대 이전의 과학은 전통으로부터 자유로운 스키엔티아scientia, 지식로서, 데카르트가 "생각/의심하고 있는 자아"를 확실한 지식의 '근거'로 삼은 뒤 구출에 나섰던 '실증' 및 '확실함'과 관련되어 있었습니다. 하지만 이제 데카르트적 기획은 포스트모던 철학의 공격을 받고 무너졌습니다.[7] ///162///

우리가 의지하는 두 번째 기둥은 주석exegesis입니다. 설사 모든 게 실패했다 할지라도, 우리가 본문 해석의 전문가라는 생각 덕분에 우리는 든든함을 느낍니다. 게다가 우리가 연구하는 본문은 얼마나 엄청난 것인지요! 스탠리 피시Stanley Fish의 유명한 책 제목인 '이 수업에는 텍스트가 있습니까?'라는 질문을 받아도 우리는 두려워하지 않습니다. 당연히 있지!라고 우리는 답하지요. 하지만 피시Fish의 책 부제목은 우리를 멈칫하게 만듭니다: '해석 공동체의 권위.' 신약학의 기본을 이루는 분야이자 가장 전문적인 분야인 본문비평조차 본문 이전의 원본문Urtext을 찾으려는 노력에서 점차 벗어나, (우리 선배들이 '실수들'로 치부한) 수많은 이문variants이 어떻게 특정 시기 특정 장소에 있던 '해석 공동체'가 본문을 읽고 이해한 방식, 제임스 쿠걸James Kugel이 말한 '그때의 성경'The Bible as It was을 보여주는지를 묻게 되었습니다. 정경에 속하게 된 본문의 이전 역사에 관해 이미 배운 우리에게 유일한 원본문이라는 개념이 의미가 있기나 한 것일까요?[8]

---

7 Jeffrey Stout, *The Flight from Authority: Religion, Morality, and the Quest for Autonomy* (Notre Dame, IN/London: University of Notre Dame, 1981), 6쪽 이하와 37–61.

8 Stanley Fish, *Is There a Text in This Class? The Authority of Interpretative Communities* (Cambridge, MA: Harvard University, 1980). James L. Kugel, *The Bible as It Was* (Cambridge, MA: Harvard University, 1997). 본문비평과 '원본문'에 관한 문제의 맥락을 잘 짚은 글로는 Bart D. Ehrman, "Text and Tradition: The Role of New Testament Manuscripts in Early Christian Studies. The Kenneth W. Clark Lectures, Duke Divinity School, 1997," *TC: A Journal of Biblical Textual Criticism* [http://purl.org/TC] 5 (2000)을 보라.

성경의 '원본문'original text을 복원하는 게 불가능할 뿐만 아니라, '원본문'이라는 개념 자체가 틀린 것이니, 성경 본문의 '본래 의미'original meaning라는 개념에는 얼마나 문제가 많겠습니까? 우리 시대의 철학자와 비판 이론가와 평론가는 서로 다른 목소리로 '변치 않는 의미'(그 의미가 저자의 의도에 있든 텍스트 자체에 있든)를 찾겠다는 목표를 비판했습니다. 그들은 의미라는 것이 언제나 독자와 텍스트 사이의 상호작용의 산물이고, 문장의 힘은 늘 전후 맥락을 통해 드러나며, 모든 텍스트가 고정되어 있지 않고, 텍스트의 기능도 시간에 따라 다른 모습을 띤다고 주장했습니다. 두 개의 예를 인용하는 것으로 충분할 것 같습니다. 첫 번째로 미하일 바흐친Mikhail Bakhtin을 예로 들 수 있습니다. 그는 '의미론의 환경적 모델'ecological model of semantics을 주장했습니다. 바흐친 해석의 권위자 두 사람은 '의미론의 환경적 모델'의 의미를 다음과 같이 요약합니다. '러시아 형식주의자들과 미국의 신비평주의자들이 허무맹랑하게 지어낸 자기 목적적인autotelic 대상이라는 의미의 "텍스트 자체"라는 것은 존재하지 않는다. 주변 환경과 어떻게든 얽혀 있는 텍스트만 있을 뿐이다….'[9] 두 번째 예로 볼프강 이저Wolfgang Iser가 있습니다. 그는 해석 행위에 대한 고전적 패러다임이 우리 시대에는 교체되었음을 알아보았습니다. '개념과 실체가 서로 상응한다는 플라톤적 관점 대신에 이제는 텍스트를 산출한 환경의 사회적·역사적 규범들과 텍스트 사이의 상호 작용 및 독자의 잠재적 편향성potential disposition과 텍스트 사이의 상호작용에 초점을 맞춘다.'[10] ///163/// 텍스트와 독자 사이에는 엄청난 시간의 간극과 문화적 차이가 있는 데다가, 이 텍스트에 성경이라는 지위가 부여되었다는 사실과 '독자의 잠재적 편향성'이 얽혀 복잡해졌으므로, 해석자가 처한 상황은 훨씬 더 복잡해졌습니다.

바흐친과 이저의 관찰을 통해 우리는 무너져 내리고 있는 우리의 세 번째 기둥인 청중에 관한 문제로 곧장 인도됩니다. 누가 우리의 '내포독자'implied read-

9 Katerina Clark and Michael Holquist, *Mikhail Bakhtin* (Cambridge, MA: Harvard University, 1984), 210.

10 Wolfgang Iser, *The Act of Reading: A Theory of Aesthetic Response* (Baltimore, MD: Johns Hopkins University, 1978), 13-14.

ers인가요? 앞에서 저는 신학자들이 우리의 주요 청중이라고 말했습니다. 우리의 작품(대중적 주석서가 대표적 예)을 소비하는 주 소비자층은 설교자들이었습니다. 우리는 교회 밖의 대중이나 다른 학문 분과 연구자들이 문화적으로만 기독교적culturally Christian인 사람이라고 어림짐작하거나, 그들을 청중으로 고려하지 않고 무시해도 된다는 암묵적·무의식적 전제를 가지고 있었습니다. 그러한 전제의 근거였던 사회·문화적 상황이 지금은 완전히 바뀌었습니다. 그 결과, 지금 우리는 전적인 고립 상태로 가고 있습니다. 대학 내에서 고답적인 낡은 기술을 사용하는 고립된 집단으로 간주합니다. 사회적으로는 신앙 공동체 내에서 거의 들리지 않는 희미한 소리가 되었습니다. 우리가 대중의 관심이나 분노를 일으킬 만한 이야기를 할 때를 제외하면, 범세계적인 미디어 매체의 영향을 받는 시끌벅적한 공적 영역에서 우리는 전혀 관심을 받지 못합니다.

세상은 우리의 발밑에서 변화를 거듭하고 있습니다. 신약학이 형성되던 시기에, 비록 그때도 파편화되고 약하긴 했지만, 당연한 것으로 전제되었던 기독교 지배 사회의 문화가 이제는 체셔 고양이의 웃음『이상한 나라의 앨리스』에 나오는 웃는 고양이로 아주 서서히 사라진다. 몸은 사라졌는데 웃음은 남을 정도로 말이다ⓣ처럼 서서히 자취를 감추었습니다. 이러한 변화는 '세속화'보다 더 복잡한 과정을 거쳤습니다. 통계학자들, 사회학자들, 그리고 교회의 모습을 무심코 관찰하는 사람들에 따르면, 교회생활에 활발하게 참여하는 사람이 계속 줄어들고 있습니다. 이런 상황은 전통적인 종교적 믿음에도 해당합니다. 그래서 신약성경이 자신에게 종교적으로 중요하다고 느끼는 사람이 전체 인구 중 소수가 되어 버렸습니다.[11]

북미의 상황은 사뭇 대조적입니다. 여론조사에 의하면 매우 많은 사람이 '신을 믿는다'고 하며, 종교를 자기 삶에 중요한 것으로 생각한답니다. 심지어 조직화된 종교 활동에 정기적으로 참여하는 사람도 많다고 합니다. 달라진

11 '기독교가 쇠퇴한' 문화가 해석학적 작업에 미치는 중요성을 깨달아야 한다는 주장은 Heikki Räisänen, *Beyond New Testament Theology: A Story and a Programme*, 2nd edn (London: SCM, 2000), 152-9과 Ulrich Luz, "Mythos und Christologie," unpublished paper, Seminar: Inhalte und Probleme einer neutestamentlichen Theologie, SNTS 58th General Meeting, Bonn (2003)을 보라.

점이 있다면, 역사비평적 성경 연구가 어느 정도 영향을 끼친 교단들의 신자 수가 전체 인구 대비 줄었다는 것입니다. 달리 말해서, 미국에서 가장 빠르게 성장하는, 그리고 성경을 아주 중요하게 생각하는 기독교 그룹들은 우리가 하는 종류의 학문을 경시하거나 개탄스럽게 여깁니다. 게다가 대중 매체가 일반적인 무신론과 근본주의라는 양극화를 심화시켜서, 그 사이의 중간 지대는 보이지 않게 되었습니다. ///164/// 종교적 사안에 대한 합리적 담론은 공적 영역에서 설 자리를 잃었습니다.

우리 작업을 경청하는 유럽인과 북미인은 줄어들었고 상황은 바뀌었습니다. 그와 동시에 우리는 유럽과 북미가 더 이상 세상의 중심인 척 으스댈 수 없다는 현실을 깨닫게 되었습니다. 세상은 이제 훨씬 다양해졌고, 그에 따라 우리 사회 안에도 다양한 세상이 존재합니다. 제2차 세계 대전, 냉전 시대, 곳곳에서 일어나는 국지적 분쟁, 그리고 최근 수십 년간 계속 변하는 세계 경제 상황 때문에 사람들이 자의나 타의로 이주하면서 전례 없는 규모로 문화 간의 섞임이 발생했습니다. 그 여파로 '신약학'의 본거지였던 나라들에서는 민족적 정체성과 종교적 정체성이 사실상 분리되었습니다. '기독교적 유럽'과 '기독교적 미국'이라는 표현은 이제 실체가 아니라 향수nostalgia에 불과합니다. 유럽 연합의 헌법을 두고 발생한 논쟁이 이러한 상황을 보여 줍니다.

한편, 크리슨덤이라는 신화와는 상관없는 사람들(즉, 우리의 선교 대상이었던 사람들)이 이제 우리의 이웃이 되었습니다. 제가 어떤 도움을 구하기 위해 미국 텍사스에서 전화를 걸면 인도 뭄바이원문에는 봄베이로 되어 있는데, 이는 영국의 인도 강점 후 개명된 영국식 지명이다. 인도에서 1995년 뭄바이로 부르기로 함ⓔ에 있는 기술자가 답변해줍니다. 저의 어릴 적 세상과는 다른 세상임을 깨닫게 됩니다. '세계화'globalization는 현실이 되었습니다. 세계화가 옛적 제국주의의 변형이든 완전히 새로운 것이든, 우리의 의식과 삶에 무시할 수 없는 새로운 변화를 가져왔습니다. 학문적이고 비평적인 신약 해석을 중요하게 여기는 청중이 이 새로운 세상에도 여전히 존재할까요? 네, 존재합니다. 하지만 우리가 이제껏 알고 있는 신약학 연구 단체가 상정했던 청중과는 매우 다른 사람들일 가능성이 높습니다.

앞으로의 향로

저는 선지자도 아니고 선지자의 아들도 아니므로 신약학의 미래에 대한 어떤 예언자적 통찰을 가지고 있지 않습니다. 하지만 40여 년간 고대 세계라는 초원과 과수원에서 "목자요 뽕나무를 재배하는 자"여기에서Meeks는 아모스 7:14의 표현을 사용하고 있다ⓣ로 일하면서 몇 가지 신념을 갖게 되었습니다. 여러분에게 저의 신념 중 몇 가지만 말하려고 합니다. 제 확신어린 제안이 그저 지나가는 말obiter dicta이 아니라 앞으로도 토론할 가치가 있는 것이 되길 바랍니다.

첫째, 역사학적 연구에 관한 제 신념을 말하겠습니다. 역사 연구를 계속해 나갑시다. 미국의 풍자 문학가 마크 트웨인Mark Twain이 자신의 사망 보도를 낸 신문을 향해 말한 것처럼1897년 6월 1일 자 미국의 일간지 뉴욕 헤럴드는 트웨인의 사망 보도를 냈는데 오보였다. 트웨인은 이 오보에 대해 "대단히 과장됐다"(greatly exaggerated)라고 비꼬아 말했다ⓣ 역사비평이 몰락했다는 평가는 대단히 과장되었습니다. 이전의 학계에서 확실한 결론으로 간주한 것 중 많은 것이 지금 문제시되고 있다는 사실이 곧 역사학적 연구의 종언을 뜻하는 것은 아닙니다. 정반대입니다. 과거를 더 정확하고 정직하게 재구성하는 작업에는 결코 끝이 없습니다. 늘 새롭게 발견된 것들을 소화하고, 간과했던 요소들을 검토하며, 참신하게 작업한 비교 연구를 평가해야 합니다. 우리의 전제에 이의를 제기하는 기발한 관점들이 계속 생겨나고 있습니다. 새로운 시각을 장착해야만 분명하게 보이는 우리의 맹점들이 여전히 있습니다. ///165/// 모든 역사 기술historiography은 미완적이며 잠정적 성격을 갖고 있습니다. 우리가 겸손해야 할 또 다른 이유입니다. 우리 중 일부는 이런 상황 때문에 피곤함을 느낀 나머지 신세대 학자들에게 이 시시포스시지푸스의 형벌 같은 과제를 넘겨주고 싶은 마음이 들 것입니다. 하지만 상술한 상황 때문에 절망하거나 포기할 이유는 없습니다. 역사가의 작업이 여전히 가치 있으며 계속되어야 한다는 것을 똑똑하게 보여주는 증표가 있습니다. 대중문화에서 한심하거나 허무맹랑한 모습으로 종교적·성경적 주제들이 끝없이 등장하는 것과

정치 담론에서, 특히 미국의 정치담론에서 성경적 이슈가 그릇되게 사용되는 모습만 보셔도 됩니다. 초기 기독교 운동과 기독교 문서의 역사를 비평적으로 기술하는 작업이 그 어느 때보다도 절실합니다.

그렇다면 어떤 종류의 역사 연구가 필요할까요? 먼저 단순한 질문, 즉 무엇을 연구할 것인지에 관한 이야기부터 해 봅시다. 우리의 저술 대부분은 여전히 개념의 역사, 좀 더 좁혀 말하면 교리의 역사에 초점을 맞출 뿐 공동체들의 역사를 너무 적게 다루고 있습니다. 신학자로 훈련받은 사람에게 그건 자연스러운 현상입니다. 신약학자들이 신학자들을 주요 청중으로 간주한다면 이러한 상황은 절대 변하지 않을 것입니다. 대학이 신약 연구자들과 우리 제자 세대에게 해줄 수 있는 가장 큰 봉사는 교리가 삶의 기반이라는 전제에 딴지를 걸 날카로운 독자로 구성된 폭넓은 청중을 제공하는 것입니다. 불과 몇 년 전에는 상상도 할 수 없던 방식으로, 기독교 기관이나 학과와 완전히 동떨어진 대학의 여러 분과에서 '종교'는 물론 심지어 '성경'을 진지하게 연구합니다. 철학자, 문화분석가, 문학평론가, 사회과학자가 수행하는 이러한 연구 대부분은 성서학자들이 구축한 역사적 서술의 영향을 전혀 받지 않았습니다. 하지만 이들의 연구에는 우리와 진지한 대화를 열어갈 여지가 있습니다. 저는 이들과의 대화에서 반드시 갖추어야 할 요소가 하나 있다고 생각합니다. 개념에 지나치게 초점을 맞출 때 동반되는 관념론적 환원주의를 피하도록, 대화에 참여하는 모든 이가 종교의 사회적 형태에 대해, 그리고 종교가 사회적으로 어떻게 이용되는지에 관해 관심을 기울여야 한다는 것입니다.

둘째, 해석의 역사가 지닌 중요성을 새로운 방식으로 강조해야 합니다. 우리는 텍스트의 이전 역사prehistory를 연구하는 데에는 제법 성공했지만, 텍스트가 후대에 수용된 역사와 텍스트가 끼친 영향의 역사를 다루는 데에는 상당히 미흡했습니다. 신약의 영향사Wirkungsgeschichte 및 신약과 흐릿한 경계 영역에 있었던 비정경 텍스트(최근 들어 비정경 문헌에 대한 많은 연구가 진행되었습니다)의 영향사는 깊이 있는 연구를 해야 하는 방대한 분야입니다. 정경·비정경 문헌의 영향사를 연구하기 위해서는 수많은 인접 학문 연구자들의 도움이 필요합니다.[12] 한마디만 더 하죠. 현대의 대학과 현대 지성 문화에 대한 사회사 연구에 바탕을 두면서도, 역으로 그것에 기여할 수 있는 현대 신약학의 사회사를 다룬 연구서가 절실합니다. ///166///

우리 앞에 우뚝 서 있는 이 모든 실제적 문제들 뒤에는 아주 중요한 해석학적 문제가 놓여 있습니다. 역사란 무엇인가? 그리고 역사의 효용은 무엇인가? 포스트모던 시대의 도전 앞에서 우리는 다시 물어야 합니다. 역사는 예술인가 과학인가? 분명 둘 다입니다. 어떤 면에서 요즘은 역사가 예술이자 과학이라는 점을 더 쉽게 알아차릴 수 있습니다. 최신 비판이론과 과학 철학이 만나는 교집합을 통해 우리는 천체물리학과 시가 단일한 스펙트럼 안에 놓여 있음을 보게 됩니다. 그 스펙트럼은 우리가 참이라고 파악한 것을 체계적으로 표현하기 위해서 구성한 것입니다. 역사학이 그 스펙트럼 안에 정확히 어디 있는지, 시에서 얼마나 멀고 과학과 얼마나 가까운지를 말하기는 어렵습니다. 모든 역사가 만들어진 것fiction이라는 사실을 인정합니다. 하지만 과거에 관해 만들어진 이야기가 다 역사는 아닙니다. 과거에 대한 이야기인데 교정 가능한 것, 그것이 역사입니다. 해석이 가미되지 않은 사실이란 없다는 말은 옳습니다. 그럼에도 사실이란 것은 존재합니다.

자, 그러면 우리가 기대고 있는 두 번째 기둥인 텍스트는 어찌 되었나요? 저는 역사에 대해 쓰는 일이 우리 사명에서 커다란 자리를 차지한다고 믿고, 주석이 우리가 지닌 가장 중요한 기술이라고 믿는 구세대적 사고방식을 가지고 있습니다. 엄청난 변화의 바람을 맞는 중에도 이것만은 단단히 마음에 새깁시다. 편향되지 않고 정직하게 고대 문서를 읽으려면 엄청난 노력이 필요하다는 것을요. 우리가 동원할 수 있는 모든 지식과 기술을 다 쥐어짜야 하지요. 학생들에게 그 어떤 것보다도 고대 문서 해석에 필요한 온갖 지식과 기술을 가르칩시다. 하나 더 이야기하겠습니다. 해체주의가 텍스트를 독자(대개 비

---

12 John Riches, "Text, Church and World: In Search of a Theological Hermeneutic," *Biblical Interpretation* 6 (1998): 205-34. 신학적 해석학에서 수용사reception history가 차지하는 중요성에 대해서는 Francis Schüssler Fiorenza, "The Crisis of Scriptural Authority: Interpretation and Reception," *Interpretation* 44 (2001): 353-68을 보라.

평적 학자)의 재량裁量에 전적으로 맡긴 상황에서 주석가exegete는 텍스트의 온전성integrity을 옹호해야 합니다. 텍스트의 형태를 존중하는 것은 당연히 가장 기본에 속하는 일이지만, 제가 말하는 '온전성'은 형식주의자들이 사용하는 의미와 같지 않습니다. 텍스트 본래의 의미와 영향력을 그 텍스트가 사려 깊은 청중 앞에서 낭독되거나 상연되던 역사적 맥락 안에서 말해야 한다는 뜻입니다. 앞서 저는 텍스트가 사용된·오용된 역사 및 텍스트의 수용과 영향에 더 관심을 기울여야 한다고 촉구했지요. 저는 '역사적 맥락'historical context과 '원래의 맥락'original context을 똑같다고 생각하지 않습니다. 텍스트가 가장 처음 사용된 것과 후대에 사용된 것 사이의 차이를 강조하는 것이 늘 중요하다고 생각하지만 말이죠.

텍스트성경 본문 사용이라는 문제를 해석학적 사고의 가장 중요한 위치에 두어야만 합니다. 올바른 교리를 세우는 것이 성경 텍스트 사용의 핵심이라는 괴상한 편견—대개 서구 교회 내의 논쟁에서 유래했습니다—을 떨쳐 내려면 의식적인 노력을 해야 합니다. 규범을 세우는normative 용도에 골몰하다 보니 우리를 형성하는formative 성경 본문의 기능을 소홀히 했습니다. 우리는 종교역사가들historians of religion, 일반적으로 종교학자를 가리키는 말로 사용되지만, 종교학 내에 여러 분과(예를 들어 인지 종교학)가 있기 때문에 조금 부자연스러운 '종교역사가'라는 번역어를 사용했다. 종교사학자라는 번역어도 종교사학파를 연상시킬 수 있으므로 피했다ⓣ뿐만 아니라 동방교회의 동료들에게서 '형성을 도모하기 위해'formative 텍스트를 사용하는 법을 배울 수 있습니다. 예전, 찬송, 묵상 훈련, 에토스의 함양과 양심의 형성, 담론과 예술의 생성 등, 성장과 양육을 위한formative 본문 사용은 논리적으로나 발전 과정의 측면에서나 본문의 규범적 사용보다 앞에 있습니다.[13] ///167///

---

13 성경의 '규범적'normative 사용과 '형성적'formative 사용(그리고 성경적 해석)에 대해서는 John K. Riches, "Theological Interpretation of the New Testament and the History of Religions: Some Reflections in the Light of Galatians 5:17," *Antiquity and Humanity: Essays on Ancient Religion and Philosophy Presented to Hans Dieter Betz on His 70th Birthday* (ed. Adela Yarbro Collins and Margaret M. Mitchell; Tübingen: Mohr Siebeck, 2001), 245-62, 261-2을 보라. Luke Timothy Johnson, "Fragments of an Untidy Conversation: Theology and the Literary Diversity of the New Testament," *Biblical Theology: Problems and Perspectives* (ed. Steven J.

게다가 크리슨덤 이후 세상에 사는 우리에게는 공적 영역에서 성경 본문을 사용하고·오용하는 일에 대해 심각하게 고민할 기회가 주어져 있고, 고민해야 할 의무가 있습니다. 그리고 이 공적 영역은 이제 엄청나게 다양해지면서 동시에 매우 작아진 세상에 속해 있습니다. 이 사실은 다시 세 번째 문제로 연결됩니다. 우리는 어떤 청중에게 말을 건네야 할까요?

우리가 연구하는 텍스트를 성스러운 경전으로 여기는 각양각색의 신앙 공동체들이 여전히 우리의 주요 청중입니다. 기독교의 영향력이 많이 사라진 이 시대에도, 심지어 종교적 신념이 가치중립적 지적 활동을 오염시킨다고 생각하는 학문 영역에서, 이들 그룹이 독점권을 보유한 자처럼proprietary 우리에게 제시하는 주장에 대해서도 당황할 필요가 없습니다. 성경 본문을 종교적으로 사용했기 때문에 성경 본문이 문화적 영향력을 행사하게 되었습니다. 본문이 문화적 영향력을 얻었기 때문에 본문을 종교적으로 사용하게 된 것이 아니고요. 그러한 역사가 없었다면, 우리가 이 작디작은 텍스트 모음집신약성경에 쏟는 관심은 과도한 것이 되었겠죠. 그러므로, 신자들을 최우선으로 우리의 청중으로 삼는 것은 아주 당연한 일입니다. 다만 신자들에게 우리의 말과 글이 거의 쓸모없었다는 사실 때문에 부끄럽습니다. 가블러Johann Philipp Gabler 이후 이백 년 이상 흘렀고, 브레데William Wrede 이후 백 년이 지났는데도, 우리는 신약을 역사적 맥락 안에서 읽고 초창기 기독교인들에 대해 더 많은 지식을 쌓는 것이 신앙의 실천에 어떤 차이점을 갖다주는지 제대로 말하지 못하고 있습니다. 이 주제에 대해서는 할 말이 많습니다만, 우리가 실제 터놓고 말하기에는 어려움이 있습니다. 제 생각에는 우리가 과거에 대해 지나치게 많은

Kraftchick, Charles D. Myers, Jr, and Ben C. Ollenburger; Nashville, TN: Abingdon, 1995), 276-89를 참조. 또한 모리스 와일즈가 교회에서 성경을 적절하게 사용하는 데 적용할 수 있는 "권위"의 몇 가지 의미에 대해 현명하게 언급한 것을 보라. 그는, "구속력을 행사하는 권위"binding authority로서의 성경이라는 개념과 "성경을 (어떤 주장의) 직접적인 증거로 사용하는 행동"은 "폐기되어야 한다. 저러한 개념과 행동은 변호의 여지가 없다. 저 짐에서 우리를 풀어주고 '다시는 노예의 멍에를 메지 않도록'(갈 5:1) 도움을 준 비평적 성경 연구에 감사해야 한다."라고 말한다. Maurice Wiles, "Scriptural Authority and Theological Construction: The Limitations of Narrative Interpretation," *Scriptural Authority and Narrative Interpretation* (ed. Garrett Green; Philadelphia, PN: Fortress, 1987), 42-58, 50.

것을 단정적으로 말했다는 양심의 가책도 있고, 역사비평을 아예 폐기하려는 이들을 의식한 나머지 방어적 자세를 취하게 되었기 때문이기도 합니다. 텍스트 해석을 둘러싼 어지러운 상황을 깔끔하게 정리하기 위해 해야 할 일이 무엇인지에 대해 쉽게 동의에 이르기는 어렵겠지요. 하지만 일단 논점을 만드는 것부터 시작합시다. 이를 위해 저는 다음과 같은 도발적인 주장을 하겠습니다. 우리는 지금 우리가 사용하는 어휘들 가운데 '성경신학'이라는 단어를 없애는 일부터 시작해야 합니다. 특히 '신약신학'이라는 용어를 없애는 일이 시급합니다. ///168/// 성경신학과 신약신학이라는 개념이 가블러 이후 진행된 논의에 아무리 긍정적 기여를 했다고 하더라도, 이제는 그저 우리의 판단력을 흐리게 만드는 것에 불과합니다. 그 이유는 첫째, '성경신학'이라는 개념은, 그 개념을 수정·보완하려는 큰 노력이 있었음에도, 삶보다 교리를 우선시하는 종교의 인지주의적 모델(조지 린드벡의 유용한 분류를 사용하면)을[14] 몰래 끌어들이려 합니다. 둘째, '성경신학'은 몇몇 신학적 명제들에 마치 본문적 역사적 근거가 있는 것처럼 주장하는데, 사실 그 명제들은 오랜 시간 다양한 장소에서 있었던 성경 본문과 독자 간 지속적인 상호교류transaction에서 나왔을 뿐입니다. '성경신학'은 특정한 신학 명제들에 이런 식으로 은근슬쩍 역사적·본문적 권위를 부여하는 짓에 역사비평학자들을 공모자로 참여하라고 부추깁니다. '성경이 분명하게 가르친다'라는 말이 현대 신학 논쟁에 등장할 때마다, 그런 은근한 권위 바꿔치기가 일어나고 있음을 알아채야 합니다. 셋째, '성경신학'은 신학적 위계질서에서 교회 교사들의 선생으로서의 우리 지위를 공고히 하려는 이데올로기적 기능을 수행했습니다. 교회 교사들의 선생이라는 역할을 제대로 해내지 못했으니, 우리는 그 지위를 포기해야 합니다.

우리가 이야기를 건네야 할 의무가 있는 두 번째 대상인 독자는 편의상 대학교로 대표되는 지성 공동체입니다. 최근 들어서 성서학계에는 학제간 연구가 눈에 띄게 확산되고 있습니다. 미국성서학회Society of Biblical Literature 연차 대회

14 George A. Lindbeck, *The Nature of Doctrine: Religion and Theology in a Post-Liberal Age* (Philadelphia, PN: Westminster, 1984), 16-18 (『교리의 본성』, 도서출판 100).

의 다양한 프로그램을 한번 보기만 해도 압도되는 느낌을 받지요. 물론 실험적인 작업이 대부분이어서 그리 오래 가지는 않겠지만, 그렇다고 걱정할 필요는 없습니다. 실험적 접근은 많을수록 좋으니까요. 더 큰 걱정거리는 소통이 거의 한 방향으로만 이루어진다는 것입니다. 우리는 문학비평, 사회학, 민속지학ethnography 등 다른 학문 분야의 최신 동향을 신약 연구에 적용하려고 적극적인 노력을 기울입니다. (사실 최신 동향은 아닙니다. 우리는 늘 다른 학문에서 개발/연구된 지 십여 년 정도 지난 것들을 사용하니까요.) 그런데 타 학문 분야의 방법론이나 개념이 지닌 한계가 무엇인지, 그리고 학문적 표준이 무엇인지 우리가 알고 싶어할 때 기꺼이 도움을 줄 만큼 우리 연구에 관심을 보이는 타 분야 연구자가 거의 없습니다.[15] 우리의 실험은 물론 계속되어야 하지만, 서로 배움을 교환할 만한 타 학문 분야의 연구자들과 효과적으로 대화할 방법을 찾는 것도 시급합니다. 만약 대화가 성사된다면, 그러한 대화는 우리의 세 번째이자 가장 큰 청중과 교류하는 데에 도움을 줄 것입니다.[16]

우리에게 가장 큰 청중은 세계입니다(너무 원대한 것처럼 들리지 않으면 좋겠습니다). 구체적으로는, 이전 세대가 상상조차 못한 방식으로 갑자기 우리의 이웃이 된, 세계 인구의 대다수를 차지하는 비기독교인이 우리의 가장 큰 청중입니다. ///169/// 21세기에 우리가 직면할 가장 흥미롭고 중요한 도전은, 그들의 말을 경청하는 방법과 그들에게 말하는 방법을 배우는 것입니다. 그들은 정말 엄청나게 다양합니다. 전통적 종교들을 과격한 방식으로 대표하는 사람, 서구 사회가 '종교'라고 정의한 것과 전혀 맞지 않는 전통 안에서 사는 사람, 불과 한 세대만에 '종교적' 사회에서 '세속화된' 사회로 변한 세상에서 사는 사람을 다 아우르는 청중도 있습니다. 당연히 서로 충돌하는 실

---

15 데리다Derrida 같은 철학자들이 특정한 성경적·종교적 질문을 놀라운 방식으로 '재발견'한 것을 살펴보면, 학문의 경계를 넘어 소통하려는 우리의 노력이 실패했음을 알게 된다.

16 여기에서 내가 말하는 '대화'가 신약학자들이 통상적으로 '학제간 연구'라고 생각하는 것과 얼마나 다른지는 다음의 예를 보라. 한스 휘프너는 자신의 "학제간"disziplinenübergreifend 연구가 교회사, 조직신학, 루터 연구, 구약 주석을 포함하고 있다며 자랑스러워한다. Hans Hübner, *Biblische Theologie des Neuen Testaments* (Göttingen: Vandenhoeck & Ruprecht, 1990–5), 1: 7.

재에 관한 생각들을 불편한 마음으로 다 붙들고 있는 사람(우리 가운데 이런 사람이 많지요)도 있습니다. 그러니 당연히 우리의 사고방식은 19세기와 20세기 초 서양인들의 거대한 선교 운동을 촉발했던 사고방식과는 전적으로 달라야 합니다. 하지만 우리는 그때의 선교 운동이 거둔 성공적 결실에서 도움을 얻을 수 있습니다. 우리 가운데는 그때의 선교사들이 세운 교회에서 양육된 사람들이 있습니다. 이들은 크리슨덤이라는 신화와는 거리가 먼 환경에서 살아온 경험으로 우리의 대화를 풍성하게 합니다. 그들로부터 배울 것이 너무나 많습니다.[17]

모든 세상이 우리처럼 되기를 하나님이 원하지는 않을 것이라는 점을 우리는 알아야 합니다. 사도 바울은 이 점을 직관적으로 파악했습니다. 하지만 그는 베드로가 이 점을 알아차리지 못했다고 생각했습니다(갈 2:11-16). 바울과 베드로의 후예 중 대다수도 이 점을 깨닫지 못했습니다. 기독교인과 비기독교인 간에 새롭게 대화해야 한다는 필요가 절실한 상황에서 저는 성서학자가 중요한 역할을 할 수 있을 거라고 믿습니다. 뛰어난 선교사들은 그러한 대화의 성공을 가늠하는 척도가 개종에 있지 않다는 사실을 이미 알고 있었습니다. 신약학자도 이 점을 알아야 한다고 생각합니다. 진정한 대화가 진행되기 위해서는, 기독교인만 성경 본문을 제대로 이해할 수 있다고 주장하는 신앙지상주의적fideist 해석학의 교만함을 버려야 합니다. 어떤 텍스트를 이해하고도 그 내용에 동의하지 않을 수 있습니다.[18] 절대 기독교인이 되지 않을 이에게도 신약 본문이 큰 영향을 끼칠 수 있고, 그와 반대로 비기독교인이 우리가

17 식민지 이후의 세계에 사는 성경 해석자의 의무를 고찰하는 연구가 늘고 있다. 예를 들어 다음의 연구를 보라. Heikki Räisänen et al., *Reading the Bible in the Global Village* (Atlanta, GA: Society of Biblical Literature, 2000). SNTS는 1999년 남아공 하만스크랄Hammanskraal에서 개최된 연례 모임 이후, 아프리카에서 진행되는 사업과 특별한 관계를 맺고 있다. 아프리카 상황에서 생산된 해석학적 전략은 엄청나게 다양하다. Gerald O. West and Musa W. Dube, eds, *The Bible in Africa: Transactions, Trajectories, and Trends* (Leiden: Brill, 2000)을 보라.

18 신학적 해석학에 관한 찰스 우드의 통찰력 있는 언급을 참조하라. "이해와 이용을 연결 짓는 것이 중요한 것만큼이나, 어떤 텍스트를 이해하는 것을 그 텍스트에 동의하는 것으로 동일시하지 않는 것은 매우 중요하다…" Charles M. Wood, *The Formation of Christian Understanding: An Essay in Theological Hermeneutics* (Philadelphia, PN: Westminster, 1981).

전혀 관심을 기울이지 않았던 것들에 대해 우리에게 가르침을 줄 수 있습니다. 간디의 예만 봐도 그렇지 않습니까! '종교적'이든 '세속적'이든 우리와 아주 다른 문화 속에 사는 사람들로부터 신약성경에 대해 많은 것을 배울 수 있습니다. ///170/// 비평학자라는 바로 그 자격으로서 우리는 그들이 자신들의 전통과 문화를 새로운 방법으로 이해하는 데 도움을 주고, '근대화'와 '세계화'에 대한 논쟁에 있어서 모든 사람에게 유익한 방식으로 논쟁할 수 있도록 도움을 줄 수 있습니다.

연설 초두에 던졌던 질문으로 돌아가겠습니다. 왜 신약성경을 연구하는가? 각양각색의 청중들이 있음을 감안하면서, 신약을 연구해야 하는 매우 타당한 이유들을 꼽을 수 있습니다. 신약이 모든 기독교 공동체를 이루는 근간 가운데 하나이므로, 신약을 연구해야 합니다. 신약은 예술, 문학, 사상 등 문화 전반에 스며들어 있는 요소로서 서양을 넘어서 광범위한 영향을 여전히 끼치고 있으므로, 신약을 연구해야 합니다. 기독교인은 물론 기독교를 적대시한 사람 모두가 신약을 사용했고 오용했기 때문에, 신약을 비평적으로 연구해야 합니다. 역사의 물결에서 벗어날 수 있는 사람은 없는데, 마치 그 물결에서 벗어난 것처럼 행사할 때 우리 자신은 물론 다른 사람에게도 해를 끼치게 되므로, 신약을 역사학의 방법으로 연구해야 합니다. 우리가 결정적이고 최종적인 답을 가지고 있지 않으므로, 열린 마음과 겸손한 자세로 미래를 염두에 두고 신약을 연구해야 합니다. 한스 프라이Hans Frei가 적확하게 표현했듯이, "성경의 바른 해석이라는 개념 자체는, 무의미한 것은 아니지만 종말론적입니다."[19] 프라이의 말은 아주 유명한 선각자의 말을 메아리처럼 반향하고 있습니다. 그 선각자는 이렇게 말했습니다. "우리가 지금은 거울로 보는 것 같이 희미하나 그 때에는 얼굴과 얼굴을 대하여 볼 것이요, 지금은 내가 부분적으로 아나 그 때에는 주께서 나를 아신 것 같이 내가 온전히 알리라"(고전 13:12).

19 Hans W. Frei, *Types of Christian Theology* (ed. George Hunsinger and William C. Placher; New Haven, CT/London: Yale University, 1992), 56, 90.

믿음의 눈으로 성경 읽기

신학적 주석의 실행

리처드 B. 헤이스

임충열 옮김

초록

이 소논문은 믿음이 성경을 잘 읽기 위한 인식론적 전제조건이라고 제안하며, 신학적 성경 주석exegesis의 회복을 주장한다. 간단한 서론에 이어, 소논문의 두 번째 부분은 비신학적 주석에 대한 최근의 주장들을 비판적으로 검토한다(라이새넨, 폭스, 믹스). 소논문의 세 번째 부분은 신학적 주석이 방법method이 아닌 실행practice임을 주장한 뒤에, 신학적 주석의 실행에 관한 열 두 가지의 특징들을 차례로 제시한다. 이 소논문의 마지막 부분은 눅 7:18-23에 관한 한 가지 읽기를 제시함으로써 여기서 제안하는 접근방식의 구체적인 예를 제공한다. 근대의 비평적 연구의 결과들과는 반대로, 누가는 저 기독론low Christology을 대변하지 않는다. 우리는 이 구절에서 떠오르는 구약의 상호텍스트들(특히, 사 35장)에 좀 더 충분한 주의를 기울임으로써 누가의 증언과 예수님의 정체성에 대한 교회의 교리적 전통, 그리고 이 둘 사이에 존재하는 신학적 일관성을 좀 더 확실히 이해하게 된다.

주제어 신학적 주석, 믿음, 성경, 실행, 전통, 상호텍스트성, *Kyrios*(주), 기독론, 눅 7:18-23

일러두기

*이 소논문은 앞서 2006년 5월 23일에 the Center for Catholic and Evangelical Theology 가톨릭과 복음주의 신학 센터 주최로 듀크대학교 신학대학원에서 개최되었던 "Preaching, Teaching, and Living the Bible"성경을 설교하고, 가르치고, 살아내기라는 컨퍼런스의 주제 논문으로 발표되었다. 이 소논문은 나중에 J. Buckley, ed., *Sharper Than a Two-Edged Sword: Preaching, Teaching, and Living the Bible* (Grand Rapids, MI: Eerdmans, 근간2018) 이라는 책에 포함될 예정이다. 이 소논문을 *Journal of Theological Interpretation*의 창간호에 개제할 수 있도록 허락해준 가톨릭과 복음주의 신학 센터 및 어드만스 출판사에 감사를 전한다(2020년에 이 아티클은 다시 *Reading with the Grain of Scripture*라는 제목으로 Hays의 논문 모음집에 출간되었다ⓒ).

"무엇이 보이느냐?"
회복된 비전을 추구함

이 소논문의 제목은 2006년에 백 번째 생신을 맞은 저명한 성서학자 미니어Paul Minear의 저작을 상기시키며 그것을 기념한다. ///6/// 예일대학교 신학대학에서 오랫동안 신약을 가르쳤던 미니어가 도전적인 계획을 가지고 저술했던 이 책, *Eyes of Faith: A Study in the Biblical Point of View*믿음의 눈: 성경적 관점에서 본 연구가 출간된 지도 이제 정확히 60년이 되었다.[1] 미니어의 이 저작의 중심에는 한 가지 반짝이는 통찰이 있다. 그것은 우리가 통상 "진짜"라고 받아들이는 것이 실제로는 세상에 대한 왜곡된 그림일 뿐이며, 인간 경험의 군상을 이해하는 참된 빛을 비춤과 동시에 우리의 보는 능력시력ⓣ을 회복시키는 것은 오직 하나님의 말씀의 계시적 능력이라는 사실이다.

미니어는 인간의 시각 기관인 눈을 "흐릿한 창문"으로 묘사하는 블레이크William Blake의 글로 그의 책 서문을 시작한다:

> 이 생명의 흐릿한 영혼의 창문은
> 극에서 극으로 하늘을 왜곡시키고
> 당신이 거짓을 믿도록 이끈다
> 당신이 눈을 통해서가 아닌, 눈으로 볼 때에

누군가는 블레이크의 이 구절을 보면서 영지주의나 플라톤의 '동굴의 비유'

---

1 P. S. Minear, *Eyes of Faith: A Study in the Biblical Point of View* (Philadelphia: Westminster, 1946). 미니어는 이 책에서 설명하기를, 자신의 의도는 "성경신학의 체계를 세우는 것이 아니라, 그것의 전제가 되는 맥락들, 즉 너무 깊이 뿌리내리고 있어서 당연하게 여겨지는 자명한 태도들과 신념들을 제시함으로써 그러한 신학을 위한 서문을 제공하는 것"이라고 했다." (1-2쪽). 다시 말해, 미니어는 성경신학을 구성하기 위한 인식론적 전제들의 개요를 서술하는 서론prolegomenon을 제공하고 있다는 것이다.

를 받아들이라는 초청으로, 즉 어떤 초월적인 관념의 세계를 위해 감각적 경험을 포기하라는 초청으로 이해할 수도 있을 것이다. 하지만 사실 미니어는 그것과는 전혀 다른 생각을 가지고 있었다. 미니어가 "믿음의 눈"을 통해 보는 것을 이야기할 때, 그가 가리키는 것은 성경의 내레이터들 그리고 선지자들과 사도들이 우리에게 제공하는 구체화된 현실에 관한 매우 구체적이고도, 근본적으로 충격적인 비전이다. 세상에 대한 이러한 비전에서 볼 때, 인간의 삶에 관한 진리는 오직 성경 안에서만, 다시 말해, 오직 이스라엘의 선택 그리고 예수님의 죽으심과 부활에 나타난 하나님의 신비로운 일하심을 통해서만 얻을 수 있다. 그래서 미니어의 이 책 마지막 장이 책의 '에필로그'를 가리킴ⓣ의 인용구가 블레이크가 아닌 바르트의 로마서 주석에서 왔다는 사실은 결코 우연이 아니다. 성경신학에 대한 미니어의 접근은 우리의 모든 인식이 예수 그리스도 안에서 계시된 하나님의 말씀에 의해 검증되고 재형성되어야 한다는 바르트의 급진적인 요청에 근거를 두고 형성되었던 것이다.[2]

현실 세계에 대한 놀라운 진리를 이해하기 위한 인식론적 전제조건으로서 "믿음의 눈"이라는 이 이미지는 성경 해석학과 "신학적 주석"에 관한 우리의 성찰에 있어서 입구와 같은 역할을 수행한다. 미니어의 이 시각적 이미지는 마가복음에 등장하는 한 가지 독특한 이야기를 생각나게 할는지도 모른다. 그것은 바로 예수님께서 독특한 두 단계의 과정을 통해 벳새다의 맹인을 치유하셨던 이야기이다(막 8:22-26).[3] 예수님께서는 맹인의 눈에 침을 뱉으시고 안수하신 후에 "무엇이 보이느냐?"라고 물으셨다. ///7/// 그 사람은 대답하기를, "사람들이 보이기는 하지만, 마치 나무 같은 것들이 걸어가는 것처럼 보입니다"라고 했다. 그다음에, 마가는 예수님께서 그 사람의 눈에 두 번째로 안수하셨고, "그가 주목하여 보았다"라고 했으며 (흥미롭게도, 동사가

2 나중에 바르트의 중요성에 대한 미니어의 평가에 관해서는, 그의 소논문 "Barth's Commentary on the Romans, 1922-1972, or Karl Barth vs. the Exegetes," in *Footnotes to a Theology: The Karl Barth Colloquium of 1972* (ed. H. M. Rumscheidt; Waterloo, Ont.: Corporation for the Publication of Academic Studies in Religion in Canada, 1974), 8-29를 보라.

3 흥미롭게도, 미니어는 그의 책 어디에서도 이 이야기를 언급조차 하지 않았다.

διαβλέπω이다. 블레이크의 시를 고려해서, 나는 그 동사를 “그는 눈을 통해서 보았다”라고 번역하고 싶다(접두어인 δια(‘~통해서’)의 의미를 강조한 번역임ⓣ), 마침내 “그의 시력이 회복되어서 모든 것을 밝히 보게 되었다”라고 했다. 대부분의 경우에, 우리는 예수님을 보고 감동을 받을 테지만, 유감스럽게도 우리 성서학자들은 이 성경 본문을 볼 때, 나무들이 걷는다는 것을 본다(혹은 어쩌면 경우에 따라서, 나무가 베어지고, 쪼개지고, 장작 더미로 쌓이는 것을 보게 될지도 모르겠다). 하지만 나의 간절한 소망은 우리의 시야가 밝아질 수 있도록, 우리가 예수님께 다시 만짐을 받는 그 새로운 역사적 순간에 들어서게 되는 것이다.

흐릿한 비전, 갈림길들

앞서 언급했듯이, 시야를 분명하게 하는 것은 매우 긴급하게 필요한 일이다. 왜냐하면 지난 두 세기 동안 성경에 관한 비평적 연구는 우리를 양 갈래의 갈림길 앞으로 이끌었기 때문에, 이제 우리는 우리 눈 앞에 놓인 도로 표지판을 읽어야만 하기 때문이다. 핀란드의 신약학자인 라이새넨(Heikki Räisänen)은 이 갈림길을 다음과 같이 설명한다:

> 성서학자들은 이제 갈림길 앞에 놓인 자신을 발견하게 될 것이다. 소중하게 간직해 온 신앙고백적 전통의 수호자로 남아서, 거룩한 성경 본문으로부터 짜낼 수 있는 규범적 지침이라면 뭐든 제공하고자 계속 애를 쓸 것인가? 아니면 진정한 의미에서 에큐메니칼적이고 세계적인 관점으로 대담하게 성경 자료를 성찰하는 … 선구자적인 신학자들의 뒤를 따를 것인가?[4]

이렇게 묘사된 선택의 기로 앞에서, 라이새넨 자신의 마음이 어느 쪽에 더 기울고 있는지를 확인하기란 어렵지 않다. 그는 ‘그리스도 사건’에 대해 초기

---

4 H. Räisänen, *Beyond New Testament Theology* (2nd ed.; London: SCM, 2000), 209.

기독교인들이 부여했던 절대적 해석은 "다소 과장된 것이며,"[5] "진지한 학자"의 의무는 성경 본문에 대해 순수하게 역사적인 설명을 제시하는 것이라고 확신하고 있다. 결국, "신약 신학"의 기존 프로젝트는 이제 두 가지의 다른 프로젝트들로 대체되어야 한다: (1) 냉철하게 중립적인 관점으로 초기 기독교 사상의 역사를 기술하는 것,[6] (2) 종교 다원주의에 대한 근대적 인식의 영향을 받은 철학적 관점을 가지고 신약과 신약의 영향사에 대한 비판적 성찰을 하는 것.[7] 라이새넨은 신약 해석에서 진정한 역사적 프로젝트가 신정통주의 신학의 영향(구체적으로, 바르트와 불트만의 영향)으로 인해서 백 년이 넘도록 샛길로 빠지게 된 것을 매우 유감스럽게 생각한다. ///8/// 그러나 이제 마침내 밝고 새로운 시대의 세계가 도래하게 됨으로써, 신약학자들은 ("세계적인 관점으로"[이것이 무엇을 의미하건 간에] 성경에 접근하는 용감한 선구자들을 따라서) 순수하게 역사적인 해석으로 나아가는 일과 교리적 제약들을 내려놓는 일에 대해서 자유롭게 되었다. 만약 이 모든 것이 이상하게도 19세기를 회상하게 하는 것으로 들린다면, 그것은 그런 이유 때문일 것이다.

적어도 라이새넨의 경우, 그는 자신이 제안하는 것에 대한 19세기의 지적 원천에 관해 분명히 인식하고 있었으며, 자신의 시도가 그간 있어왔던 중요한 신학 연구의 오랜 전통의 "결에 반하는"against the grain 개정안을 제시하는 것이라는 사실도 잘 알고 있었다. 하지만, 유감스럽게도, 성서학 길드의 회원들 사이에서는(특히 미국에서는), 항상 그렇지는 않았다. 불과 한 세대 전만 해도, 성서학에서 역사적 연구와 신학적 연구 사이의 생산적인 통합이 가능하다는 사실은 광범위하게 받아들여졌지만, 이제 그러한 주장은 명시적으로 종교적이거나 신학적 관점이라면 어떤 것이라도 배제하려는 일부의 끈질긴 목소리로 인해서 성경에 대한 학문적인 연구의 장에서는 점점 더 강한 도전을

5 위의 책, 202.

6 물론 이것은 이미 1897년에 브레데William Wrede에 의해 통렬하게 제시되었다. 라이새넨은 자신의 건설적 제안이 브레데와 *religionsgeschichtliche Schule*종교사학파의 비평적 프로그램으로 돌아가는 것이라고 분명히 기술한다.

7 Räisänen, *Beyond New Testament Theology*, 8 그리고 도처에.

받게 되었다. 2006년 봄, 위스콘신대학교의 히브리 성서학 교수인 폭스Michael V. Fox는 미국성서학회SBL의 웹사이트에 소논문 하나를 게재했다. 이 소논문에서, 폭스는 "믿음에 기반한 연구"faith-based study는 성서학계에서 발붙일 곳이 없다고 말했다. "믿음에 기반한 연구는 … 나름의 목적을 위해 성서학계에 살짝 발을 담글 수는 있겠지만, 그 연구가 학계에 기여할 수는 없다." 또한 폭스는 다음과 같은 경멸적인 발언을 계속했다. "훈련된 학자들은 어떤 저자와 어떤 책이 믿음에 의해 지배되는지를 빨리 파악하여, (편견 때문이 아니라, 그것들은 학문적 과업과는 무관하다는 인식으로 인해) 그것들을 제쳐 두는 경향이 있다. 믿음이 동기가 된 책을 살펴보면서 쓸모없는 것 중에서 쓸만한 것을 골라내는 일이 때로 가치 있는 일이긴 하지만, 시간은 한정되어 있다."[8]

라이새넨과 폭스는 그저 주변적이고 특이한 관점을 대변할 뿐이라고 치부하지 않도록, 나는 신약 학자들의 주요한 국제적 학회인 세계신약학회Studiorum Novi Testamenti Societas, SNTS의 2004년 바르셀로나 연례 모임에서 발표되었던 믹스Wayne Meeks의 회장 취임 연설을 근거로 제시하고자 한다. "왜 신약성경을 연구하는가?"Why Study the New Testament?라는 제목이 붙은 이 강연에서, 믹스는 신약 해석에 있어서 전통적인 신학적 접근방식은 본문으로부터 "규범을 세우는"normative 의미들을 발견하려고 하므로 해로운 영향을 끼친다고 주장한다. 대신 신약학도는 이제 신약의 "형성하는"formative 영향, 즉 신약이 문화 형성에 미친 영향을 추적해야 한다는 것이다. 믹스는 성서학자들이 "우리가 연구하는 텍스트를 성스러운 경전으로 여기는 각양각색의 신앙 공동체들"과 지속적으로 대화할 수 있음을 인정한다. 심지어 그는 "이들 그룹이 독점권을 보유한 자처럼proprietary 우리에게 제시하는 주장에 대해서도 당황할 필요가 없"다라고 관대하게 말한다.[9] ///9/// 여전히 우리의 "가장 큰 청중"은 "세계 인구

8　M. V. Fox, "Bible Scholarship and Faith-Based Study: My View," *SBL Forum* (http://www.sbl-site.org/Article.aspx?ArticleId=490).

9　W. A. Meeks, "Why Study the New Testament?" *NTS* 51 (2005): 155-70 (인용은 167에서, 강조는 첨가된 것). "이들 그룹"과 "우리" 사이의 확실한 구분은 저자의 해석학적 위치를 웅변적으로 보여준다.

의 대다수를 차지하는 비기독교인"이며, 그 청중을 다루는 것은 "21세기에 우리가 직면할 가장 흥미롭고 중요한 도전"이다.[10]

거대한 비기독교 세계가 SNTS의 학문적 숙고에 대해 일시적 흥미 이상의 관심을 가지겠다고 생각하는 환상은 그래도 예일대학교의 세속적인 종교연구 분야에 속한 학과에서 뛰어난 경력을 이루어낸 최고의 학자의 봐줄 만한 기벽foible이라 할 수 있을 것이다. 하지만 이보다 더 우려스러운 것은, 믹스가 신약학계의 향후 진로에 관해 희망하는 것들 가운데에는 비기독교 세계를 다루어야 한다는 도전뿐만 아니라, 신약학자들이 교회의 교사로서의 역할을 포기해야 한다는 주장도 포함하고 있다는 사실이다. 그는 자기 생각을 이렇게 표현했다. "우리는 지금 우리가 사용하는 어휘들 가운데 '성경신학'이라는 단어를 없애는 일부터 시작해야 합니다. 특히 '신약신학'이라는 용어를 없애는 일이 시급합니다. 성경신학과 신약신학이라는 개념이 가블러 이후 진행된 논의에 아무리 긍정적 기여를 했다고 하더라도, 이제는 그저 우리의 판단력을 흐리게 만드는 것에 불과합니다."J. P. 가블러는 1787년 알트도르프 대학교 취임 강연에서 교의신학과 구별되는 의미에서 "성경신학"이라는 용어를 최초로 사용한 사람으로서, 성경신학의 시작을 상징하는 인물임ⓣ 이는 이러한 용어들이 "종교의 인지주의적 모델을 몰래 끌어들이려" 하기 때문이며,[11] 또한 그것들이 후대 해석 공동체들의 관심으로 인해 생겨난 부수적 산물에 불과한 규범적 명제들에 대해서 "본문적 역사적 근거가 있는 것처럼 주장하"기 때문이다. 그리고 마지막으로 믹스는 주장하기를, "'성경신학'은 교회의 교사들의 교사로서 신학적 위계 구조 내에서 우리 자신의 입장을 지켜내려는 시도 가운데 이데올로기적으로 기능했다. 우리는 그 역할을 잘 수행해내지 못했기에, 이제 우리는 그것을 그만 포기해야 한다."[12]

---

10 위의 책, 168-69, 강조는 저자의 것.

11 여기서 우리는, 라이새넨에게 보았던 것과 마찬가지로, 사상이나 교리의 표현 보다는 종교적 공동체들의 살아있는 경험에 우선순위를 부여하고자 하는 religionsgeschichtliche Schule 종교사학파의 지속적인 영향력을 다시 한번 확인하게 된다. 역사상 기독교 공동체들에서 "인지적"cognitive 가르침이 가졌던 실제적 중요성을 고려할 때, 이러한 이분법은 신약과 초기 기독교에 대한 연구를 통해 밝혀진 것보다는 덜할 수도 있다.

12 Meeks, "Why Study," 167-68.

이것이 SNTS 회장의 입장이라면, 학계의 “먹이 사슬” 아래쪽에서 보는 성서학의 미래는 어떨까? 이번에는 훨씬 더 최근에 SBL 웹사이트에 게시된 소논문을 살펴보고자 한다. 그것은 아이오와 주립대학교의 아발로스Hector Avalos가 저술한 “The Ideology of the Society of Biblical Literature and the Demise of an Academic Profession”미국성서학회의 이데올로기와 학계의 종말이라는 제목의 소논문이다.[13] 아발로스는 “성서학에 대한 학계의 점점 심화되는 무관심”에 대해 일목요연하게 묘사하는 가운데, “신앙 공동체 바깥에 있는 사람들의 이러한 무관심에도 불구하고, 성서학자들이 계속 고용 유지되도록 하는 것이 SBL의 주된 임무”라고 말했다. 하지만 이것은 암울한 도전이다. 왜냐하면 “성경은 실질적인 가치나 혜택이 없기 때문이다. ///10/// 그것의 가치는 사회적 구조이며, SBL은 성서학이 중요하다는 입장을 계속 함양함으로써 자신의 가치와 고용을 유지하기를 원하는 엘리트 계층의 대행자이다.” 계속해서 아발로스는 “자신의 정체를 밝히는 가운데” 자신을 “세속적 인본주의자”로 묘사하며, 자신은 성경 연구를 좋아하지만 (이는 그의 글에 있는 다른 어떤 주장으로도 입증되지 않는 의외의 진술이다), “내 양심은 점점 인류를 위해 보다 더 유익한 일을 하라고 한다”라고 고백했다. 아발로스의 글에 표현된 생각에 비춰볼 때, 아마도 이것은 지혜로운 직업적 판단일 것이다.

바로 이것이 내가 주장하는 바이다. 일면, 중요한 의미에서 아발로스는 옳다. 성경에 대한 집중적인 학문적 연구는 실제로 신앙 공동체 밖에서는 중요하지 않다. 일단 누군가가 갈림길에서 라이새넨, 폭스, 믹스와 같은 이들이 학문적 길드를 향해 손짓하는 그 길로 나아가게 된다면, 결국에는 아이오와의 에임스에서 온 아발로스의 우울한 편지아발로스의 소논문을 가리킴ⓣ에 묘사되었던 바로 그 막다른 길에 이르게 될 것이다. 결국 그 목적지에 도착하게 되면, 성경이라고 불리는 것을 연구하는 그 프로젝트는 이제 지적인 차원에서는 논리적 일관성이 없는 것이 되어버리고 말게 될 것이다. 젠슨Robert Jenson이 신랄하게

13 Hector Avalos, “The Ideology of the Society of Biblical Literature and the Demise of an Academic Profession” (http://www.sbl-site.org/Article.aspx?ArticleId=520).

말했던 것과 같이, "교회 밖에서는 기독교의 성경과 같은 것이 존재할 이유가 전혀 없다." 성경은 교회의 메시지를 보존하고 선포하는 데 도움을 주기 위해, 교회에 의해서 그리고 교회를 위해서 수집된 문헌들의 모음집이다. 그러므로 "결국 문제는 성경을 교회적으로 읽는 것이 정당화될 수 있는지가 아니다. 문제는 무엇이 그밖에 다른 것을 정당화할 수 있는지이다."[14]

좀 더 구체적으로, 성경에 대한 세속주의적 연구가 막다른 길에 이르렀다는 사실이 점점 더 명확해지면서, 분별력 있는 많은 해석자는 그 갈림길의 다른 쪽 길에 대해 연구를 하기 시작했다. 지난 십년 동안 신학적 성경 해석에 대한 관심은 놀라울 정도로 되살아나고 있으며, 매우 흥미로운 몇몇 새로운 프로젝트들이 진행의 초기 단계에 있다는 사실을 말하게 되어 기쁘게 생각한다. 특히 주목할 만한 사실은 이러한 많은 계획이 성경 해석에서 교회의 고대 전통들에 대한 공감적 이해를 회복하기 위해서 지속해서 노력하고 있다 것이다.[15] ///11/// 실제로 많은 학문적 노력이 신학적 주석theological exegesis에 쏟아 부

14 R. W. Jenson, "Scripture's Authority in the Church," in *The Art of Reading Scripture* (ed. E. F. Davis and R. B. Hays; Grand Rapids, MI: Eerdmans, 2003), 27-37 (인용은 27, 29에서).

15 신학적 주석에 대한 관심이 증가하고 있음을 보여주는 실례로서, 나는 다음과 같은 학자들의 저서에 주의를 기울이도록 촉구하고자 한다: 차일즈Brevard Childs, 파울Stephen Fowl, 왓슨Francis Watson, 라이트N. T. Wright, 존슨Luke Timothy Johnson, 자이츠Christopher Seitz, 모벌리R. W. L. Moberly, 데이비스Ellen Davis, 해링크Douglas Harink, 돈프리드Karl Donfried, 그리고 복뮬Markus Bockmuehl. 또한 다음과 같은 프로그램들이 시작된 것 역시 주목할 만하다: 프린스턴의 신학 연구센터에서 시작된 the Scripture Project성경 프로젝트, 영국에서 시작된 the Scripture and Hermeneutics Seminar성경과 해석학 세미나. 더불어서 이러한 신학적 주석이 다시 부활하고 있음을 여실히 보여주는 한 가지 지표는 이 새로운 사상적 흐름의 통로 역할을 하는 주요한 학술지, 주석 시리즈, 그리고 다른 출판물들의 숫자가 계속 증가하고 있다는 사실이다. 예를 들어, *Pro Ecclesia*, *Journal for Theological Interpretation*, *Ex Auditu*, *Horizons in Biblical Theology*, the Brazos Theological Commentary on the Bible, the Two Horizons Commentary, (초기의) the Interpretation Commentaries series, Baker Academic 출판사의 새 시리즈인 Studies in Theological Interpretation, the *Dictionary of Theological Interpretation of the Bible*, The Ancient Christian Commentary on Scripture, 그리고 The Church's Bible을 보라. 특히 오늘날의 논의에 진입하는 시점에서 유용한 자료들로는, Ellen F. Davis and Richard B. Hays, eds., *The Art of Reading Scripture* (Grand Rapids, MI: Eerdmans, 2003) (『성경 읽기는 예술이다』, 성서유니온선교회, 2021); Stephen E. Fowl, ed., *The Theological Interpretation of Scripture: Classic and Contemporary Readings* (Oxford: Blackwell, 1997); Brevard S. Childs, *The Struggle to Understand Isaiah as Christian Scripture* (Grand Rapids, MI: Eerdmans, 2004); R. R. Reno, "Biblical Theology and Theological Exegesis," in *Out of Egypt: Biblical Theology and Biblical Interpre-*

어지고 있다. 이런 시도들에 있어서, 초기의 결실들은 당연히 질적인 면에서 뒤섞여 있다고 말할 수도 있겠지만, 신학적 주석은 본문의 세부 사항들에 주의를 기울이게 하는 읽기를 제공하며, 동시에 (말하기엔 이상하지만) 교회를 성숙하게 하는 등의 여러 가지 고무적인 징후들을 보여준다.

하지만 신학적 주석이라는 이 포괄적인 용어가 정확히 무엇을 의미하는지는 늘 명확하지 않다. 누군가는 신학적 주석은 마치 포르노 같다고 제안할지도 모르겠다. 우리는 그것을 어떻게 정의해야 할지 잘 모르지만, 일단 그것을 보면 알게 된다. 그래서 어쩌면 그것을 그대로 남겨두는 것이 지혜로운 것일 수도 있을 것이다. 하지만 반대로 나는 우리가 격려하고 회복하고자 하는 이런 종류의 주석에서 식별되는 특징들을 제공하는 것이 가치가 있는 일이라고 생각한다. 우리가 추구하는 목표들에 이름을 붙이는 것은 참으로 가치 있는 일이다. 그래서 이제 이 글의 나머지 부분에서는 다음의 두 가지를 제시하고자 한다: (1) 내가 생각하는 신학적 주석의 특징에 관한 간략한 설명, 그리고 (2) 내가 믿음의 눈으로 성경을 읽고자 시도했던 최근의 예시.

신학적 주석은 무엇인가?

주석을 "신학적"인 주석으로 만드는 것은 무엇인가? 신학적 주석은 하나의 "방법"이 아니다. 그것은 본문비평이나 편집비평과 나란히 놓일 수 있는 개별적 절차들의 세트가 아니다. 오히려 신학적 주석은 복합적인 실행practice,[16] 즉 믿음의 눈으로 성경에 접근하며, 신앙 공동체 안에서 이해를 시도하

tation (ed. C. Bartholomew et al.; Scripture and Hermeneutics Series 5; Grand Rapids, MI: Zondervan, 2004), 385-408; Markus Bockmuehl, *Seeing the Word: Refocusing New Testament Study* (Studies in Theological Interpretation; Grand Rapids, MI: Baker Academic, 2006)을 보라.

16 매킨타이어Alasdair McIntyre가 정의한 의미에 따르면: "내가 말하고자 하는 '실천'은, 특정 활동 형식에 적합하고, 또 부분적으로는 이 활동 형식을 통해 정의된 탁월성의 기준을 성취하고자 하는 시도의 과정에서 이 활동 형식에 내재하고 있는 선들이 이 활동을 통해—탁월성을 성취할 수 있는 인간의 힘과, 관련된 목표와 선들에 관한 인간의 표상들이 체계적으로 확장되는 결과를 가져오는 방식으로—실현되는, 사회적으로 정당화된 협동적 인간 활동의 모든 정합적·복합

는 방식이다. 그렇다면 이 작업의 두드러진 특징은 무엇인가? 나는 열두 가지로 그 특징들을 제시해보고자 한다.

(1) 신학적 주석은 교회의 실행인 동시에 교회를 위한 실행이다. ///12/// 우리는 성경 본문들에 많은 관심을 쏟아 붇는다. 왜냐하면 이 성경 본문들은 하나님께서 우리를 구원하시기 위해 행하셨던 사건들에 관한 특별하고도 귀중한 증언인 교회의 전통을 통해 우리에게 전해졌기 때문이다. 다시 말해, 신학적 주석은 이 본문들을 그저 역사적인 관심을 가지고 접근하는 고대 문헌들의 모음집이 아니라, 성경'경전'으로서의 성서ⓣ으로 간주한다. 그러므로 성경 문헌들의 관념적인 내용에 대한 개괄적 설명("누가의 신학"과 같은 것)은 지금 여기서 의미하는 차원에서의 신학적인 것은 아닌 것이다. 믹스가 비록 그것이 옳음에도 불구하고 못마땅한 듯이 말했던 바와 같이, 신학적 주석은 성경을 공동체를 위한 규범으로 읽고자 한다.

(2) 신학적 주석은 자기 참여적 담화self-involving discourse이다. 성경을 신학적으로 읽는 해석자들은 본문에서 말하는 하나님의 말씀이 우리에게 주어진 것이며 우리에게 요구되는 것이기 때문에 우리 모두는 그 말씀 앞에서 책임 있는 자들이라는 인식을 가지고 본문에 접근한다. 이러한 이유로 인해, 진정으로 신학적인 주석은 1인칭과 2인칭 대명사를 사용하는 문장을 자주 포함하게 된다. 엄밀한 3인칭 형식의 담화는 저자가 본문의 세계에 관여하지 않고 분리될 수 있는 순수한 서술 양식에나 적합하다. 그러나 신학적 주석은 우리를 본문의 세계로 끌어들여 우리의 반응을 요구한다. 신학적 주석은 자기 참여적 고백의 행위로서 예배 행위와 매우 밀접하게 연결된다.

(3) 동시에, 역사적 연구는 신학적 주석의 실행에 내재되어 있다. 그 이유는 역사적 연구 그 자체가 근본적으로 신학적이기 때문이다. 하나님께서는 물질세계를 창조하셨으며, 역사적 인물인 나사렛 예수 안에서 성자의 성육신을 통해 그 세계를 구속하셨다. 그러므로 역사는 진리에 대한 신학의 확증에

적 형식을 뜻한다"(*After Virtue: A Study in Moral Theory* [2nd ed.; Notre Dame, IN: University of Notre Dame Press, 1984], 187 『덕의 상실』, 문예출판사, 1997.

반하거나 그것과 무관할 수 없다. 우리가 1세기 팔레스타인의 역사적 배경에 대하여 더 정확하게 이해할수록, 우리는 성육하신 말씀께서 가르치셨고, 행하셨으며, 겪으셨던 것에 대해 더 정확하고 충실하게 이해하게 될 것이다. 우리가 고대 그리스-로마의 지중해 세계에 대해 더 많이 알게 될수록, 우리는 신약 서신서들이 그들의 독자들을 상상력의 전환으로 이끌어내는 방식에 나타나는 뉘앙스를 더 많이 깨닫게 될 것이다.[17]

(4) 신학적 주석은 성경에 담긴 개별적인 증언의 문학적 전체성the literary wholeness of the individual scriptural witnesses에 주의를 기울인다. 내가 제안하고자 하는 이것은 지난 50년간 신학의 과제에 있어서 성서학이 이루어낸 대표적인 공헌들 가운데 하나이다. 성경은 일관성이 없는 신학적 어구들의 모음집으로 읽히거나, 하나의 획일적인 이야기로 읽혀서는 안 된다. 더욱이 그 메시지는 교회의 예배에서 접하게 되는 발췌문들만으로는 올바르게 파악될 수 없다. ///13/// 오히려, 성경은 다양한 목소리들로 이루어진 합창을 포함하고 있으며, 그 합창에서 각 파트가 가지는 독특한 완전성은 대위법 연주에 있어서 필수적이다. 특히, 이 사실은 응집력 있는 서사 형식으로 우리에게 다가오는 복음서와 같은 본문에 적용될 수 있을 것이다. 이레네우스Irenaeus, 이레나이우스가 주장했던 것처럼, 우리는 단 하나의 통일된 복음서가 아니라, 마태, 마가, 누가, 그리고 요한이라는, 별개의 목소리들이 들릴 수 있으며 또한 들려야만 하는, 사중으로 구성된 복음서를 가지고 있다. 신학적 주석은 각 증인의 독특한 증언에 애정 어린 관심을 기울인다.

(5) 다섯 번째 특징은 (4)에 대하여 변증법적으로 정반대이다. 신학적 주석은 단지 개별 성경 저자들의 신학적인 관점들을 기술하는 것만으로는 결코 만족할 수 없다. 대신, 그것은 정경적 일관성에 대한 종합적인 질문synthetic question of canonical coherence으로 항상 나아가게 한다. 물론 이것은 종종 발생하듯이 한 가지의 단일한 교리적 규범에 모든 것을 동화시켜 버리는 것을 의미하지 않

17 나의 저서 *Conversion of the Imagination: Paul as Interpreter of Israel's Scripture* (Grand Rapids, MI: Eerdmans, 2005) 『상상력의 전환: 구약성경의 해석자 바울』, QTM, 2020를 보라.

는다. 예를 들어, sola fide오직 믿음를 통한 칭의가 모든 성경 본문을 해석하는 단일한 렌즈가 되는 경우에서처럼 말이다. 그러나 이것은 신학적 주석가들이 큰 그림을 발견하고자 한다는 사실을 의미한다. 어떤 특정한 성경 본문이 어떻게 하나님의 은혜로운 행하심에 관한 더 넓은 성경 이야기에 부합되는지를 물으면서 말이다. (이것은 루크 티모시 존슨과 내가 지속해서 의견을 달리하는 지점들 가운데 하나이다. 그는 우리가 정경의 각 증언을 개별적으로 듣게 되면 곧장 현대적 전용contemporary appropriation, 현대적으로 적용하여 사용함ⓣ으로 나아갈 수 있다고 믿지만, 나는 역사적으로 기독교의 신학적 주석은 다양한 성경의 증인증언이 "서로 대화하도록" 하여서 어떤 복합적 통일성을 표현하고자 시도해왔다고 주장한다.)[18]

(6) 신학적 주석은 주된 관심을 성경 본문 뒤에 있는 가상의 역사에 두지 않으며, 독립적인 문학 작품으로서의 본문의 의미에 우선적인 관심을 가지지도 않는다. 오히려, 신학적 주석은 증언으로서의 본문texts as testimony에 초점을 맞춘다. 이는 우리가 증인들이 서 있는 곳에 서서 그들이 가리키는 곳을 바라보는 법을 배워야 함을 의미한다. 우리가 이렇게 하는 한, 우리는 그들이 보는 방식으로 보는 것을 배우게 될 것이다. 미니어의 책 *Eyes of Faith*가 약속하는 바와 같이, 우리는 새롭게 훈련된 우리의 비전을 보게 될 것이다. 우리가 본문을 증언으로 읽으면, 우리는 성경이 인간의 종교적인 열망과 권력의 투쟁에 관한 것이 아니라 오로지 하나님에 관한 것임을 계속해서 상기하게 될 것이다.[19]

(7) 신학적 주석의 언어는 그 성격에 있어서 본문 내재적intratexual이다.[20]

---

18 예를 들어, Luke Timothy Johnson and William S. Kurz, *The Future of Catholic Biblical Scholarship: A Constructive Conversation* (Grand Rapids: Eerdmans, 2002), 129-30을 보라; 또한 나의 저서 *Moral Vision of the New Testament* (San Francisco: Harper San Francisco, 1996), 187-205『신약의 윤리적 비전』, IVP, 2002와 비교해 보라.

19 "하나님은 성경 서사에서 드러나는 가장 중요한 주인공이다"라고 선언하는 the Scripture Project성경 프로젝트의 첫 번째 테제를 보라(Davis and Hays, eds., *Art of Reading Scripture*, 1『성경 읽기는 예술이다』, 22.

20 나는 린드백George Lindbeck이 설명하는 의미에서 "본문 내재적"intratextual이라는 용어를 사용하고 있다. George Lindbeck, *The Nature of Doctrine: Religion and Theology in a Postliberal Age*

///14/// 본문 내재적인 신학적 주석에서, 우리의 해석은, 성경 증언의 특수성으로부터 성경의 이미지를 또 다른 개념적 용어로 "번역"하려는 시도 가운데 이차적 추상화의 언어로 옮겨가기보다는, 증인들의 일차적 언어에 가깝게 머무르게 될 것이다. 물론 이런 종류의 "번역" 작업은 불트만의 해석학 프로그램의 중심에 있던 것이다. 그러나 그 의도는 칭찬할 만하더라도, 그것은 신학적으로 볼 때 공허하고 무익한 것이다. 리노R. R. Reno가 불만을 제기하는 바와 같이, 동시대의 신학적 주석 가운데 실패한 많은 시도는 정확히 이와 같은 "번역"의 오류를 범하고 있다. 불트만의 저작에 나타나는 해석학적 정교함도 없이 말이다.[21]

(8) 신학적 주석은, 신약의 증인들의 언어와 개념에 가까이 머물러 있는 한, 스스로가 성경의 상호본문성intertexuality의 복잡한 거미줄 망 안으로 끌려 들어가게 되는 것을 확인하게 될 것이다. 신약은 지속적으로 구약을 인용하고 암시하며, 이스라엘의 이야기와 예수님의 이야기 사이의 서사적 연속성을 주장하고, 그 둘 사이의 모형模型과 대형對型; anti-type을 발견함으로서 그 연속성을 해석한다. 따라서, 신학적 주석은 증언들 사이에 있는 이러한 복잡한 상호텍스트적 대형들을 추적하고 해석하는 것에 관심을 가진다.

(9) 따라서 신학적 주석은 성경 본문에 있는 다층적 의미들을 발견하고 설명하는 데 집중한다. 구약 본문들은, 예수님의 이야기와 함께 읽을 때, 구약의 저자들과 원 독자들의 역사적 지평을 훨씬 더 뛰어 넘는 사건들을 예시하

(Philadelphia: Westminster, 1984), 118 『교리의 본성』, 도서출판100, 2021, 284: "텍스트 내재적 신학은 성경을 성경 바깥의 범주로 번역하기보다, 현실을 성경의 틀 안에서 다시 기술한다. 말하자면, 세계가 텍스트를 흡수하는 것이 아니라, 텍스트가 세계를 흡수한다".

21 Reno, "Biblical Theology," 도처에. 그의 소논문은 수많은 예시를 제공한다. 하지만 나는 실례를 보이기 위한 목적으로 그 중에서 단 한 가지만을 인용하고자 한다. 바울은 롬 8:26-27에서 성령님이 우리의 약함을 도우시며 우리를 하나님과 중재하신다고 선언하지만, 이 구절에 대한 존슨의 주석은 논의의 범주를 "하나님과 인간의 자유 사이의 친밀함"으로 바꾼다 (L. T. Johnson, *Reading Romans: A Literary and Theological Commentary* [Reading the New Testament; New York: Crossroad, 1997], 131; Reno의 391쪽에서 인용됨). 이런 식으로, 이차적 성찰의 언어로 이동하는 것이 그 자체로 부적절한 것은 아니다. 사실 어떤 면에서 그것은 필요할지도 모른다. 하지만 이런 종류의 언어가 본문의 논평의 대상이 되는 일차적 언어를 희미하게 하거나 그것을 대체하게 되면, 어려움이 발생하게 되는 것이다.

는 가운데, 새로우면서도 전에는 예상치 못했던 반향들을 가지게 된다. 신약의 예수님에 대한 이야기는, 오래 전부터 있었던 약속의 신비한 성취로 이해될 때에, 최근의 사건에 관한 보고로서의 문자적 의미를 넘어서는 깊이를 가지게 된다. 본문은 성령님께서 신실하고 참을성 있는 독자들에게 드러내 보이시는 여러 층위의 의미를 가지고 있다.[22]

(10) 믿음의 눈으로 본문 읽기를 배우는 것은 우리가 기독교 전통에 의해 가르침을 받은 기술이다. 따라서, 신학적 주석은 스스로가 고대의 생동감 있는 대화의 일부임을 자각한다. ///15/// 우리는 결코 마치 성경을 읽는 첫 번째 사람들인 것처럼 혹은 성경을 올바르게 읽는 첫 번째 사람들인 것처럼 성경에 접근할 수 없다. 우리는 우리 앞에 있는 이 본문들을 깊이 성찰해 온 사람들의 지혜를 통해 배울 점이 많다는 사실을 안다. 따라서, 신학적 주석은 교회의 교리적 전통들로부터 방해가 아니라, 해석학적 도움을 얻게 될 것이다.[23]

(11) 그러나 신학적 주석은 전통적 해석들을 단순히 반복하는 것을 넘어선다. 오히려, 전통적 읽기의 실례를 통해 가르침을 받아서, 신학적 해석자들은 참신한 읽기 방식들과 성경의 의미를 파악하는 새로운 시도들을 만들어 낼 것이다. 그리하여 믿음의 눈으로 새롭게 본문을 대하도록 하며, 전통을 통해 우리에게 전해진 이 동일한 고대의 본문을 통하여 성령님께서 교회들에게 계속해서 말씀하시는 방식을 보도록 할 것이다. 동일한 논지를 조금 다르게 표현하자면, 성령님이 인도하시는 상상력, 곧 말씀에 의해 변화된 상상력은 신

---

22 the Scripture Project의 네 번째 테제를 보라: "성경 본문에는 원 저자의 의도에 국한된 하나의 의미만 있는 것이 아니다. 우리는 유대교와 기독교의 여러 전통에 따라, 성경이 이 성경이라는 드라마 전체의 저자인 하나님이 주신 여러 복합적 의미를 갖고 있음을 강조한다"(Davis and Hays, eds., *Art of Reading Scripture*, 2 『성경 읽기는 예술이다』, 24.

23 이 주장에 대한 변호에 대해서는, D. S. Yeago, "The New Testament and the Nicene Dogma: A Contribution to the Recovery of Theological Exegesis," in *The Theological Interpretation of Scripture: Classic and Contemporary Readings* (ed. S. E. Fowl; Oxford: Blackwell, 1997)을 보라. 파울Fowl이 편집한 이 모음집은 그 자체가 지금 내가 주장하는 논지에 대한 증언이라 할 수 있다. 최근의 특별히 주목할 말한 사례 연구에 관해서는, Childs, *Isaiah as Christian Scripture*를 보라.

학적 주석 작업을 위한 필수적인 능력인 것이다.

(12) 마지막으로, 우리가 신학적 주석에 대해서 말할 때, 특히 성령님의 역할을 인정할 때, 우리는 우리가 주로 이야기해야 할 것은 우리 자신의 기발한 읽기 방식이나 본문의 구성이 아니라, 하나님께서 본문을 통해 역사하시며 우리를 새롭게 빚어 가시는 방식이라는 사실을 늘 기억해야 할 것이다. 미니어의 최근의 소논문 모음집 서문에서 마틴J. Louis Martyn은 벵겔Johann Albrecht Bengel의 유명한 격언을 인용한다. "너 자신을 전적으로 성경 본문에 적용하라. 그리고 그 본문을 전적으로 너에게 적용하라." 그런데 마틴은 이 격언을 다음과 같이 바꾸어야 한다고 제안한다. "너 자신을 전적으로 본문에 적용하라. 그러면 그 본문은 전적으로 너에게 적용될 것이다."[24] 만일 우리가 히브리서의 저자와 더불어서 "하나님의 말씀은 살아 있고 활력이 있어 좌우에 날선 어떤 검보다도 예리하여"(히 4:12)라고 고백하는 것이 참이라면, 우리는 우리가 읽은 바와 같이 실제로 우리가 변화될 것을 기대해야 한다. 이것은 신학적 주석이 늘 말씀 앞에서 기도와 겸손의 자세로 이루어져야 함을 의미한다. 『로마서 주석』의 영문판 서문에서, 바르트Karl Barth는 자신의 책이 누구를 그리고 무엇을 섬기게 될 것인지를 묻는다. 그리고 그 질문에 대해 그는 이렇게 답한다. "의심의 여지없이 이 책은 이 책을 읽는 모든 이들을 섬기게 될 것이다. 하지만 그 무엇보다도 이 책은 예수 그리스도께서 임재하시는 교회의 그 다른 책성경ⓣ을 섬겨야 할 것이다. 신학은 하나님의 말씀을 섬기는 것이다ministerium verbi divini. 그 이상도 이하도 아니다."[25] 만약 이것이 일반적으로 신학에 대해서 참이라면, 분명 신학적 주석에 대해서는 더 강력한 이유로a fortiori 참일 것이다. ///16///

"가서 너희가 보고 들은 것을 말하라": 신학적 주석의 실행

24 J. L. Martyn, "Foreword" to P. S. Minear, *The Bible and the Historian: Breaking the Silence about God in Biblical Studies* (Nashville: Abingdon, 2002), 11.

25 K. Barth, *The Epistle to the Romans* (London: Oxford, 1933), x『로마서』, 복있는사람, 2017.

이제 이 소논문의 마지막 부분에서, 나는 실제로 신학적 주석을 설명하기 위한 읽기를 실행해보고자 한다. 나는 이 읽기가 앞서 내가 기술했던 신학적 주석의 특징들을 어떻게 예증하고 있는지에 관한 모든 것들을 다 설명하지는 않을 것이다. 하지만 나는 그러한 연결들 가운데 어느 정도는 분명해지기를 바란다.

현대의 신약 비평에서 통념이 된 한 가지 사실은 누가복음이 "저" 기독론low 혹은 "원시" 기독론primitive을 대표한다는 것이다.[26] 이 견해에 의하면, 누가는 예수님을 성령의 기름부음을 받은 선지자, 신적 지혜의 선생, 그리고 의로운 순교자로 묘사한다고 한다. 하지만 누가의 묘사에는 예수님의 선재preexistence와 성육신incarnation의 교리가 결여되어 있으며, 예수님이 하나님과 동일한 분이라는 정체성에 관한 분명한 주장이 결여되어 있다는 것이다. 그러나 우리가 보게 되겠지만, 누가복음에 대한 주의 깊은 신학적 주석은 우리에게 누가의 기독론에 대한 이러한 특징화에 대해 의문을 제기할 만한 실질적인 이유를 제공한다.[27]

눅 7:18-23에서, 감옥에 갇힌 세례 요한은 예수님의 정체에 대해 질문을 하도록 그의 제자들을 예수님께로 보낸다.[28] 그들은 요한이 그들에게 가르쳐준

26 대표적인 견해를 확인하기 위해서는, 예를 들어, John Drury, "Luke, Gospel of," in *A Dictionary of Biblical Interpretation* (ed. R.J. Coggins and J. L. Houlden; London: SCM, 1990), 410-13을 보라. 드루어리Drury는 이렇게 썼다. "누가는 다른 복음서 저자들에 비해 '저' 기독론을 가지고 있으며, 요한과 비교할 때는 훨씬 더 낮은 기독론을 가지고 있다는 것은 오래 전부터 알려져 왔던 사실이다." 마찬가지로, 터켓Christopher M. Tuckett은 이렇게 말한다. "많은 사람은 누가의 견해를 파악하는 한 그 그림은 근본적으로 '종속주의적'인 것이라고 주장해왔다. 예수님은 무엇보다도 하나님께 종속된 인간으로 제시된다" ("The Christology of Luke-Acts," in *The Unity of Luke-Acts* [ed. Joseph Verheyden; Leuven: Leuven University Press, 1999], 133-64 [인용은 148-49에서]).

27 이후에 이어질 여러 주석적 관찰들은 다음의 나의 소논문을 각색한 것이다. "Die Befreiung Israels im lukanischen Doppelwerk: Intertextuelle Erzählung als kulturkritische Praxis," in *Die Bibel im Dialog der Schriften: Konzepte Intertextueller Bibellektüre* (ed. S. Alkier and R. B. Hays; Tübingen: Francke, 2005), 117-36.

28 거의 동일한 기사가 마 11:2-6에도 등장한다. 따라서 이 구절은 때때로 가설적인 Q자료라고 불려지는 자료에 속한다. 나는 Q가설에 대해 심각하게 의문을 제기하는 사람들 가운데 한 명이며, 어차피 지금 우리의 주된 관심사도 자료비평적인 이슈가 아니다. 유감스럽게도, 지면의 제약으로 인해서 이 이야기가 누가복음과 마태복음 안에서 기능하는 약간 다른 방식에 대한 비

대로 "당신이 ὁ ἐρχόμενος (오실 그이개역개정판은 "오는 자"ⓣ) 입니까, 아니면 우리가 다른 이를 기다려야 합니까?"라고 묻는다. 이 질문은 19절과 20절에 반복적으로 등장함으로써 특히 더 강조된다(마 11:3과는 대조적으로). 이것은 구약의 서사 스타일에 대한 누가의 모방을 보여 주는 좋은 예이기도 하지만, 이것은 또한 독자들로 하여금 이 질문에 머무르도록 하여서 그것의 중요성을, 특히 ὁ ἐρχόμενος라는 용어의 중요성을 다시 생각하게 하는 중요한 목적을 수행한다. 신중하게 선택된 질문에 등장하는 이 용어는 할렐Hallel 시편 묶음(시 113-118편)의 절정에 있는 송영적 구절인 시 118:26(시 117:26, 칠십인경 기준)을 떠오르게 한다. "여호와의 이름으로 ὁ ἐρχόμενος가 복이 있음이여." ///17/// 할렐 시편은 이스라엘의 중요한 국가적 절기인 초막절과 유월절에 불렸다. 이 두 절기는 모두 이스라엘이 애굽의 속박으로부터 해방된 것과 관련되었으며, 따라서 (1세기 상황에서) 이 두 절기는 로마의 지배로부터의 미래적 해방과 새로운 왕의 출현에 대한 소망과도 연결되었던 것이다. 다른 공관복음서들에 비해, 누가복음은 예수님의 예루살렘 입성 기사에서 이러한 왕에 대한 소망을 더욱 분명하게 드러낸다. 군중들은 시 118:26의 말씀을 사용하면서 노래한다. "찬송하리로다 ὁ ἐρχόμενος, 주의 이름으로 오시는 왕이여"(눅 19:38)개역개정판은 "오실 그이"와 "왕"을 합쳐서 "오시는 왕이여"라고 번역했음ⓣ.[29] 그러므로, 누가의 서사 문맥에서 회고적으로 읽게 되면, 우리는 눅 7:19-20에 등장하는 세례요한의 이 질문이 정치적으로 무게감이 실린 질문이라는 사실을 깨닫게 된다. 세례 요한은 지금 예수님 자신이 오랫동안 기다려왔던 다윗의 왕국을 회복하실 이스라엘의 통치자라고 선포하시는 것인지를 질문했던 것이다. 그래서 요한은 물었다. "당신이 오실 그이, 오실 그 왕이십니까?"

예수님의 대답은 그 질문에 직접적인 대답을 하지 않은 채로도 많은 것을 말한다. "너희가 가서 보고 들은 것을 요한에게 알리되 맹인이 보며 못 걷는

교를 할 수 없을 것이다. 대신, 우리의 관심은 특별히 누가의 배경 속에서 이 구절에 대한 신학적 주석에 집중될 것이다.

29 오직 누가만이 여기 "오실 그이"에 대한 설명적 주석으로써 ὁ βασιλεύς그 왕을 포함하고 있다(비교. 마 21:9, 막 11:10).

사람이 걸으며 나병환자가 깨끗함을 받으며 귀먹은 사람이 들으며 죽은 자가 살아나며 가난한 자에게 복음이 전파된다 하라 누구든지 나로 말미암아 실족하지 아니하는 자는 복이 있도다"(눅 7:22). 지금 예수님의 이 답변은 이스라엘 유배의 종말과 하나님의 종말론적 국가 회복에 관한 이사야의 묘사에 등장하는 수많은 모티프가 반영된 것임을 인식하게 될 때에라야 온전히 이해될 수 있다. 요한의 사절단을 향한 예수님의 대답에 등장하는 첫 번째이자 가장 중요한 반향은 사 35:5-6a을 떠오르게 한다:

그때에 맹인의 눈이 밝을 것이며,
못 듣는 사람의 귀가 열릴 것이며,
그때에 저는 자는 사슴같이 뛸 것이며,
말 못하는 자의 혀는 노래하리니.

이 감동적인 이미지들은 유배되었던 이스라엘 백성들이 기적적인 대로에서 사막을 지나 시온으로 돌아오는 이사야의 비전의 일부이다. 이사야는 이 종말론적 시기를 하나님께서 모든 것을 바로 잡고 부서진 모든 것을 치유하시는 모습으로 그린다. 찰스 웨슬리Charles Wesley의 찬송가 "O for a Thousand Tongues"만입이 내게 있으면는 정확하게 이런 이미지들을 그리고 있다 한국어 찬송가에는 흔히 4절까지만 있지만, 웨슬리가 작사한 가사는 원래 18절까지 있다. 아래의 가사는 12절임ⓣ:

못 듣는 자여, 그분의 말씀을 들어라, 그의 찬양을,
말 못하는 자여, 자유롭게 된 혀로 노래하라;
눈 먼 자여, 네 구주가 오심을 보라,
저는 자여, 기뻐하며 뛰어라.[30]

30 *The United Methodist Hymnal* (Nashville: United Methodist Publishing House, 1989), 57.

그런데 또한 "가난한 자에게 복음이 전파된다"라는 구절에서 예수님의 대답은 두 번째이자 다소 덜 눈에 띄는 반향이 울려 퍼지게 한다. ///18/// 여기에 등장하는 그리스어 표현인 πτωχοὶ εὐαγγελίζονται는 앞서 예수님께서 공적 사역을 시작하시기 위해 나사렛의 회당에서 읽으셨던 사 61장의 구절을 떠올리게 한다.

> 주의 성령이 내게 임하셨으니,
> 이는 가난한 자에게 복음을 전하게 하시려고 내게 기름을 부으시고
> (εὐαγγελίσασθαι πτωχοῖς),
> 또 나를 보내사 포로된 자에게 자유를,
> 눈 먼 자에게 다시 보게 함을 전파하며.[31]

그 때에 예수님은 놀라운 말씀을 하셨다. "이 글이 오늘 너희 귀에 응하였느니라"(눅 4:16-21). 그러므로 눅 7장에서 예수님께서 요한의 제자들을 향해 보이셨던 수수께끼 같은 이 반응은 사실 너무나 분명하고도 상호본문적으로 암호화된 표현이 담겨 있는 반응인 것이다.[32] 예수님께서는 사 35장과 61장을 떠오르게 하심으로써 요한의 제자들이 보았던 예수님이 행하신 기적적인 행위들을 이해하는 성경적 해석의 틀을 제시해 주셨던 것이다. 이사야의 구절들은 요한에게 (혹은 이스라엘의 성경에 깊숙이 잠겨 있는 모든 청중에게) 신호를 보낸다. 그것은 곧, 예수님의 행하심은 이스라엘이 갈망했으며 요한 역시 기다렸던 다가올 하나님 나라의 개시로서 이해되어져야 한다는 신호이다.

그러나 동시에 이 구절들은 이스라엘의 국가적 희망에 대한 극적인 재구성

---

31 눅 4:18-19에 인용된 사 61장의 본문은 마소라 본문보다는 칠십인경을 훨씬 더 밀접하게 따르고 있으며, 또한 그 본문은 희년에 대한 암시(레 25:10)와 더불어서 사 58:6에 대한 단편적인 반향("압제 당하는 자를 자유하게 하며")도 포함하고 있다. 이러한 각각의 사항들은 눅 4장의 해석에 있어서는 주요한 관심사항이지만, 이 논문에서는 그것들에 대해 더 자세한 논의를 하지 않을 것이다.

32 암시적 병행들의 전체 목록을 확인하기 위해서는 다음을 보라: Dale C. Allison Jr., *The Intertextual Jesus: Scripture in Q* (Harrisburg, PA: Trinity Press International, 2000), 109-14.

을 나타낸다. 요한의 제자들을 향한 답변에서 예수님이 선택하신 모티프들은 분명한 군사적 정복의 이미지들을 피하고 있다. 대신 그 모티프들은 치유와 회복의 행위에 집중된다.[33] 바로 이렇게 함으로써, 그 모티프들은 요한과 그의 제자들에게 "오실 그이"에 대한 새롭고도 비폭력적인 이미지를 제공하며, 그들로 하여금 새로운 눈으로 이스라엘의 성경을 읽도록 가르친다. 실제로, 요한의 제자들에게 이사야의 말씀에 비추어서 예수님의 사역을 "읽는" 방법을 가르치신 예수님의 행위는 그것 자체로 눈먼 자의 눈을 뜨게 하시는 사역의 일부인 것이다.

"나로 말미암아 성내지 아니하는 자는 복이 있도다"(μὴ σκανδαλισθῇ ἐν ἐμοί, 문자적으로 번역하면 "나로 말미암아 걸려 넘어지지 아니하는"개역개정판은 문자적 번역("나로 말미암아 실족하지 아니하는")을 취하고 있음ⓣ)라고 하는 결론적인 축복 선언도 이제 어쩌면 또 다른 반향으로 이해되어야 할지도 모른다. 다시 말해, 지금 이 선언은 시온에 놓인 돌이라는 이사야의 이미지를 가리킨다는 것이다(사 28:16). 그 돌은 이스라엘에게 걸림돌이 될 것이다(사 8:14; 또한 이 두 본문을 합친 롬 9:32-22을 보라). 이사야의 유명하고도 수수께끼 같은 이 "돌"의 이미지는 하나님의 약속에 대한 선지자의 신뢰 그리고 군사력을 안전의 근원으로 의지하는 이스라엘의 불신 사이의 뚜렷한 대조를 만들어 낸다. ///19/// 결국 논지는 요한과 그의 제자들이 하나님의 약속된 통치를 가져오는 예수님의 예상치 못한 평화로운 방식에 "걸려 넘어지지" 말아야 한다는 것이다. (이후에 누가는 빈 무덤에 대한 보고를 들었음에도 불구하고 실망하여서 예루살렘을 떠나고 있는 엠마오 도상의 두 제자의 이야기를 함으로써 서사적으로 자신의 주장을 강조한다. 그들은 "우리는 이 사람이 이스라엘을 속량할 자라고 바랐노라"라고 말했다[눅 24:21]. 다시 말해, 그들은 틀에 박힌 군사적인 왕적 구원자를 기대하고 있었다.) 19세기의 찬송가인 "Lead On, O King Eternal"영원한

33 사해 사본은 이 시대의 다른 유대 해석자들이 종말론적 시대에 있을 주님의 구원 행위에 대한 묘사로서 정확히 동일한 이 이사야 본문들을 사용했음을 증거로 보여준다. 특별히, 4Q521을 보라4Q521은 『메시아 묵시』로써, 사 35장과 61장의 메시아에 관한 어구들을 포함하고 있음ⓣ.

왕 되신 주의 작사가는 이 점을 너무도 잘 알았다.

창 검이 쓸데없고 군마도 덧없네
사랑과 자비로써 천국 문 이르리.[34]

누가는 불필요한 언어와 문학적 힘을 생략하는 가운데 암시allusion와 환용metalepsis을 통해서 이 모든 것들을 스케치한다.[35] 시편과 이사야를 잘 알고 있는 독자는 이러한 점을 충분히 이해하게 될 것이다. 시 118편과 이사야의 반향에 비추어 볼 때, 독자로서 우리가 요한의 질문을 향해 제시할 대답은 다음과 같다. "예수님은 오실 그이인가? 그렇다, 예수님은 시편 118편이 가리키고 있는 오실 그 왕, 할렐 시편이 불릴 때마다 고대되었던 바로 그 종말론적 구원자이시다. 예수님은 우리가 기대하던 그분이시다. 그러나 다가오는 그분의 나라는 폭력적이거나 강압적인 힘의 관점이 아니라, 신적 자비와 회복에 관한 이사야의 이미지에 비추어 해석되어야 한다."

이 본문에 관해 반드시 이야기 해야할 중요한 사실이 한 가지 더 남아 있다. 요한을 향한 예수님의 대답은 이에 더해서 예수님이 선포하신 복음의 중심에 있는 좀 더 심오한 진리에 대한 힌트를 제공한다. 또한 예수님의 대답에 반향되는 선지자 이사야의 본문들은 주님께서 시온으로 귀환하는 것에 관한 개요를 알려준다. 이사야에 따르면, 이스라엘이 구원받는 것은 그들을 유배생활로부터 돌아오게 할 인간 지도자에 의해서가 아니다. 도리어, 하나님 자신이 그 현장에 나타나셔서 유배자들을 돌아오게 하시는 그 승리의 행렬을 이끄실 것이다. 이미 우리가 보았던 것처럼, 예수님은 사 35:5을 분명하게 암

34 E. W. Shurtleff, "Lead On, O King Eternal," in *The United Methodist Hymnal* (Nashville: United Methodist Publishing House, 1989), 580.

35 환용은 저자가 전조적 본문의 일부분만을 인용하는 문학적 장치이다. 독자나 청중은 인용된 부분의 완전한 의미를 이해하기 위해서는 반드시 그 인용이 등장하는 더 큰 맥락을 상기해야만 한다. 추가적인 논의를 위해서는, 나의 저서를 봐라: *Echoes of Scripture in the Letters of Paul* (New Haven: Yale University Press, 1989), 14-21『바울서신에 나타난 구약의 반향』, 여수룬, 2017; 같은 저자, *Conversion of the Imagination*, 2-3, 특히, 각주 5번.

시하고 있다("그때에 맹인의 눈이 밝을 것이며 못 듣는 사람의 귀가 열릴 것이며"). 하지만 그러한 구원의 행위들이 어떻게 일어나는가? 이 구절 바로 앞에 있는 구절인 사 35:4을 보아야 한다. "겁내는 자들에게 이르기를 '굳세어라, 두려워하지 말라, 보라 너희 하나님을 … 그가 오사 너희를 구하시리라.'" 우리는 이 반향을 오실 그이의 정체성은 세례 요한이 상상했던 것보다 훨씬 더 큰 것이라는 환용적인 힌트로 들어야 하는가?

복음서 저자인 누가가 그의 복음서 전반에 걸쳐 예수님의 정체성을 섬세하게 서술하는 방식을 좀 더 광범위하게 고려하기 전까지 이 제안은 다소 억지스럽게 보일 수도 있을 것이다. ///20/// 누가는 지속적으로 κύριος를 예수님의 칭호로 사용하는 유일한 복음서 저자이다. 물론 κύριος는 하나님의 거룩하신 이름, (종종 현대 영어 번역 성경에서는 "Yahweh"라고 표기되기도 하는) 신명사문자Tetragrammaton을 번역하기 위해 칠십인경에서 사용되었던 그리스어 단어이다. 누가복음에는 복음서의 저자가 예수님을 κύριος라고 부르는 경우가 적어도 15회 등장한다.[36] 다음에 이어지는 예시들을 확인해 보라: "내 주의 어머니가 내게 나아오니 이 어찌 된 일인가?"(눅 1:43); "오늘 다윗의 동네에 너희를 위하여 구주가 나셨으니 곧 그리스도 주시니라"(2:11); "주께서 과부를 보시고 불쌍히 여기사 울지 말라 하시고"(7:13); "마리아가 주의 발치에 앉아"(10:39); "주께서 돌이켜 베드로를 보시니"(22:61); "주께서 과연 살아나시고"(24:34). 그리고 가장 적절하게도, 우리가 지금 살펴보고 있는 구절에서도 그런 경우를 발견하게 된다: "요한이 그 제자 중 둘을 불러 주께 보내어 이르되 …"(7:18b-19a). 한 마디로, 지금 누가는 정말 놀랍게도 κύριος라는 이 칭호를 이스라엘의 하나님,[37] 그리고 나사렛 예수님에게 모두 사용하고 있는 것이다(때때로 예수님의 형상에 있어서 신성과 인성이 신비롭게 융합되어 있음을 제안하는 방식으로 말이다).[38]

36 이 통계는 호격 κύριε와 다른 애매한 경우들을 포함하지 않은 것이다.

37 이러한 예는 수없이 많다. 특히, 분명한 예는 눅 1:16이다. "이스라엘의 자손을 주 곧 그들의 하나님께로 많이 돌아오게 하겠음이라."

38 누가의 서사적 기독론에 등장하는 이 주목할 만한 현상에 대해 철저하고도, 신학적으로 엄밀

누가가 서사 안에서 반복적으로 κύριος를 사용하는 것의 해석학적 효과는 사 45:23에서 강조적으로 오직 하나님께만 돌려질 것으로 예상되었던 종말론적 주재권이 놀랍게도 예수님께 돌려지고 있는 빌립보서 2장의 바울의 그리스도 찬가의 마지막 부분에 등장하는 효과와 다르지 않다. "모든 무릎을 예수의 이름에 꿇게 하시고 … 모든 입으로 예수 그리스도를 주(퀴리오스)라 시인하여, 하나님 아버지께 영광을 돌리게 하셨느니라"(빌 2:10-11). 그 동일한 고백에서, 누가는 함께 동참하도록 우리를 초대한다. 결국, 예수님께서 요한의 메신저들에게 "누구든지 나로 말미암아 실족하지 아니하는 자는 복이 있도다"(눅 7:23)라고 말씀하셨을 때, 예수님의 축복은 호명을 하면 답을 하는 방식으로, 요한의 질문이 암시하고 있는 본문인 시 118:26로 답을 하는 것이다. "주(퀴리오스)의 이름으로 오는 자가 복이 있음이여"한글개역판에는 '주' 대신 '여호와'라고 되어 있음ⓣ. 인간의 모든 가능한 기대를 뛰어 넘어서서, 예수님은 ὁ ἐρχόμενος, 오실 그이이신 동시에, 또한 구체화된 형태로 ὁ κύριος, 주님이심이 밝혀진 것이다.

이러한 주석적 결과들을 토대로, 이제 나는 다음과 같은 결론을 내릴 위험을 기꺼이 감수하고자 한다. 근대의 비평이 누가복음에서 인식했던 "저" 기독론은 보다 광범위한 정경적 증인(특히, 누가의 이야기에 있는 구약의 암시들)과의 해석학적 연관성을 배제함으로써 나타난 인위적인 해석이다. ///21/// 우리는 누가의 복음서에 있는 구약 암시들에 좀 더 주의를 기울이게 됨으로써 누가의 증언과 교회의 교리적 전통이 예수님의 정체성에 관해 확증해왔던 것 사이의 신학적 일관성에 대해 보다 깊고 견고한 이해를 가질 수 있게 된다.

그래서 비록 우리가 의심에 사로잡히게 될지라도, 하나님 나라가 도래하는 때가 더뎌 보일지라도, 여전히 폭력의 힘이 지배하고 있는 것처럼 보일지라

한 분석을 확인하기 위해서는, C. Kavin Rowe, *Early Narrative Christology: The Lord in the Gospel of Luke* (BZNW 139; Berlin: de Gruyter, 2006)을 보라. 그가 관찰한 좀 더 이전의 간단한 개관을 확인하기 위해서는, 같은 저자, "Luke and the Trinity: An Essay in Ecclesial Biblical Theology," *SJT* 56 (2003): 1-26을 보라.

도, (그의 복음서가 그것이 가리키고 있는 상호본문적인 망조직network 안에서 읽히게 될 때) 우리는 누가로부터 가난한 자들에게 복음을 전하신 그 예수님을 우리의 주님으로 인식하도록 가르침을 받게 된다. 이것을 인식하게 되면서, 우리는 우리의 눈이, 엠마오 도상에 있던 제자들의 눈과 같이, 모세와 모든 선지자의 글에서 복음의 증언에 관한 진리를 보고 밝아지게 되는 것을 깨닫게 된다. "굳세어라, 두려워하지 말라, 보라 너희 하나님을 … 그가 오사 너희를 구하시리라."

알맹e 출간 목록

2024년 2월 현재 목록입니다. 각 책에 관한 상세정보와 더 나올 책들은 www.rmaenge.com에서 확인할 수 있습니다(e=전자책 / p=종이책).

쁘띠 알맹e

- 신학 부문(편집장 민경찬, 차보람)

현대 영국 신학의 흐름. 데이비드 F. 포드. 권헌일 역. 2023-08-02. ("British Theology" and two other articles from *the Christian Century*) e.

아돌프 폰 하르낙의 치명적 단순함. 로완 윌리엄스. 양세규 역. 2023-12-17. ("The Deadly Simplicities of Adolf von Harnack," *Legatum Lecture Transcript*) e.

- 신약학 부문(편집장 김선용)

병행구절광증. 새뮤얼 샌드멜. 김선용 역. 2022-01-04. ("Parallelomania," *JBL* 81 [1962]: 1-13) e.

초기 기독교의 가족, 개정판. 캐롤린 오시에크. 임충열 역. 2024-02-25. ("The Family in Early Christianity: 'Family Values' Revisited," *CBQ* 58/1 [1996]: 1-24) e.

왜 신약성경을 연구하는가. 웨인 믹스, 리처드 헤이스. 김선용, 임충열 역. 2022-08-23 e.

헬레니즘계 종교로서의 기독교의 출생. 한스 디터 벳츠. 진규선 역. 2023-06. ("The Birth of Christianity as a Hellenistic Religion," *JR* 74.1 [1994]: 1-25) e.

기억, 역사 이론, 그리고 예수 수용. 옌스 슈뢰터. 임충열 역. 2023-11. ("Memory, Theories of History, and the Reception of Jesus," *JSHJ* 16 [2018]: 85-107) e.

왜 로마제국은 바울에게 중요치 않았는가. 존 M. G. 바클레이. 임충열 역. 2024-3 예정. ("Why the Roman Empire Was Insignificant to Paul") e.

Paul and Jewish Apocalyptic Eschatology. Martinus C. de Boer. 임충열 역. 2024년 근간 e.

알맹e 크리티카 성경 주석

마태복음 1권. W. D. 데이비스, 데일 앨리슨. 박규태 역. 2024 근간. (*The Gospel According to Saint Matthew*, Vol. 1, ICC, T&T Clark (Bloomsbury Academic), 1988) p&e.

누가복음 1, 2권. I. 하워드 마샬. 강요섭 역. 2023-10-13. (*The Gospel of Luke*, NIGTC, Eerdmans, 1978) p&e.

요한 복음 1, 2권. C. K. 바레트. 한국신학연구소 번역실 역. 2023-12-1. (*The Gospel According to St. John*, 2nd ed. SPCK, 1978) p&e.

로마서: 로마인들에게 보낸 바울의 편지에 대한 성경 주석. 에른스트 케제만. 한국신학연구소 번역실 역. . 2023-12-25. (*An die Römer*, HNT, Mohr Siebeck, 1980) p&e.

갈라디아서: 갈라디아 교회에 보낸 바울의 편지에 대한 주석. 한스 디터 벳츠. 한국신학연구소 번역실 역. 2023-06-17. (*Galatians*, Hermeneia, Fortress, 1979) p&e.

알맹e 성경 주석서 가이드

갈라디아서 주석서 가이드. D. A. 카슨, John F. Evans 외. 맹호성 편집. 2023-06-17 p&e.

신행사전

1 개혁신학 용어 사전. 켈리 M. 캐픽, 웨슬리 밴더 럭트. 송동민 역. 2017-10-31. (*Pocket Dictionary of the*

Reformed Tradition, 미국 IVP, 2013) e / 도서출판 100p 출간. 2018-03-01.

2 성서학 용어 사전. 아서 G. 팻지아, 앤서니 J. 페트로타. 하늘샘, 맹호성 역. 2019-08-23. (*Pocket Dictionary of Biblical Studies*, 미국 IVP, 2022) e / IVPp 출간. 2021-10-28.

3 윤리학 용어 사전. 스탠리 J. 그렌츠, 제이 T. 스미스. 이여진 역. 2018-03-25. (*Pocket Dictionary of Ethics*, 미국 IVP, 2003) p&e.

4 신학 용어 사전. 스탠리 J. 그렌츠, 데이비드 거레츠키, 체리스 피 노들링. 진규선 역. 2018-10-29. (*Pocket Dictionary of Theological Terms*, 미국 IVP, 1999) e / IVPp 출간. 2022-03-28.

5 교회사 용어 사전. 네이선 P. 펠드머드, 이재근(한국 교회사 부분 저자 및 번역 감수). 송동민 역. 2022-08-15 (*Pocket Dictionary of Church History*, 미국 IVP, 2008) e / IVPp 출간. 2022-08-29.

6 철학 변증학 용어 사전. 도서출판 100p&e.

신행신학

예수와 유대교. E. P. 샌더스. 이정희 역. 2022-05-05. (*Jesus and Judaism*, SCM Press; Fortress Press, 1985) p&e. M어게인.

바울의 신학과 윤리. 빅터 퍼니쉬. 김용옥 역. 2022-02-28. (NTL *Theology and Ethics in Paul*, Westminster John Knox Press, 2009) 2009년 리처드 헤이스 개관 포함. p&e. M어게인.

바울, 율법, 유대인. E. P. 샌더스. 김진영, 이영욱 역. 2021-08-18. (*Paul, the Law, and the Jewish People*, Fortress Press, 1983) 종이책은 감은사 출간. 2021-08-25. M어게인.

바울과 팔레스타인 유대교. E. P. 샌더스. 박규태 역. 2018-07-10. (*Paul and Palestinian Judaism*, SCM Press; Fortress Press, 1977, 2017) p&e.

바울과 팔레스타인 유대교 간추린판. E. P. 샌더스. 박규태 역. 김선용 편집. 2020-10-29. e / 비아토르p.

하나님과 성의 수사학. 필리스 트리블. 유연희 역. 2022-07-18. (*God and the Rhetoric of Sexuality*), Fortress Press, 1978) p&e. M어게인.

히브리성서 개론. 존 콜린스. 유연희 역. 2021-05-26. (*A Short Introduction to the Hebrew Bible*, Fortress Press, 2007) e / 한국기독교연구소p 출간. 2011-03-20. M어게인.

수사비평: 역사, 방법론, 요나서. 필리스 트리블. 유연희 역. 2021-05-26. (*Rhetorical Criticism*, Fortress Press, 1995) e / 한국기독교연구소p 출간. 2007-10-20. M어게인.

이야기 마태복음 개정증보 2판. 잭딘 킹스베리. 권종선 역. 2021-08-13. (*Matthew as Story* 2nd ed., Fortress Press, 1988) p&e. M어게인.

이야기 마가복음 개정 3판. 데이비드 로즈·조안나 듀이·도널드 미키. 양재훈 역. 2022-10-12. (*Mark as Story* 3rd ed., Fortress Press, 2012) e / 이레서원p. M어게인.

요한복음 해부. R. 앨런 컬페퍼. 권종선 역. 2021-12-25. (*Anatomy of the Fourth Gospel*, Fortress Press, 1987) p&e. M어게인.

성경해석의 역사. 개정증보판. 로버트 M. 그랜트, 데이비드 트레이시. 이상훈, 임충열 역. 2022-12-17. (*A Short History of the Interpretation of the Bible*, Fortress Press, 1984) p&e. M어게인.

윗필드 씨! 제발 좀 마이크 내려놓고 쉬세요! 아놀드 A. 댈리모어. 오현미 역. 2021-12-31. (*George Whitefield: God's Anointed Servant in the Great Revival of the Eighteenth Century*, Crossway Books, 2010) e / 이레서원p. M어게인.

신 계시 권위 1-4. 칼 헨리. 맹용길 & 이상훈 역. 2022-01-21. (*God, Revelation and Authority* 1 -4, Crossway Books, 1999) p&e. M어게인.

기후 변화와 신학의 재구성. 샐리 맥페이그. 김준우 역. 2021-05-26. (*New Climate for Theology*, Fortress Press, 2008) e / 한국기독교연구소p 출간. 2008-09-25. M어게인.

예수와 창조성. 고든 카우프만. 김진혁 역. 2021-05-26. (*Jesus and Creativity*, Fortress Press, 2009) e / 한국기독교연구소p 출간. 2009-06-30. M어게인.

하나님의 말씀에 사로잡혀. 미로슬라브 볼프. 홍병룡 역. 2021-08-09. (*Captive to the Word of God*, Wm. B. Eerdmans Publishing Co., 2010) e / 국제제자훈련원p. 2012-12-05. M어게인.

태초에 창조성이 있었다. 고든 카우프만. 박만 역. 2021-05-26. (*In the Beginning… Creativity*, Fortress Press, 2000) e / 한국기독교연구소p 출간. 2013-10-01. M어게인.

현대 영국 신학자들과의 대담. 이승구. 2023-09-11. p&e. M어게인.

알맹4U

도널드 밀러는 인생 편집 중 – 〈천년 동안 백만 마일〉 일러스트레이션판. 도널드 밀러. 윤종석 역. 2022-12-25. (*A Million Miles in a Thousand Years*, Thomas Nelson, 2009) p&e. 100부 한정판.

도널드 밀러의 오색사막 순례 이야기. 도널드 밀러. 허진 역. 2022-07-04. (*Through Painted Deserts*, Thomas Nelson, 2005) e / 잉클링즈p. 2022-06-30.

천년 동안 백만 마일. 도널드 밀러. 윤종석 역. 2021-09-03. (*A Million Miles in a Thousand Years*, Thomas Nelson, 2009) e / IVPp 출간. 2010-10-27.

메리에게 루이스가. C. S. 루이스. 이종태 역. 2021-07-23. (*Letters to an American Lady*, Wm. B. Eerdmans Publishing Co. 1967, 2014) e.

버거킹에서 기도하기. 리처드 마우. 강봉재 역. 2023-11-10. (*Praying at Burger King*, Wm. B. Eerdmans Publishing Co. 2007) e / IVPp.